€ 21

GRANDS DOCUMENTS HACHETTE

SOUVENIRS ENTOMOLOGIQUES

Études sur l'instinct et les mœurs
des insectes

JEAN-HENRI FABRE

LE SCARABÉE SACRÉ

LA CIGALE
LA MANTE RELIGIEUSE

*Préface
et notes de mise à jour par
Claude Nuridsany et Marie Pérennou*

Texte intégral

GRANDS DOCUMENTS
HACHETTE

Édition publiée
sous la direction de
Claude Nuridsany et Marie Pérennou.

La présente édition est conforme au texte de
l'édition originale des
Souvenirs entomologiques (5ᵉ série),
Delagrave, Paris 1897.

© Hachette, Paris 1980.

PRÉFACE

« La biologie de l'insecte m'est échue, je ne sais trop comment. J'y suis et j'y reste, n'ayant pas le temps de choisir mieux [...]. Il m'arrive de morigéner sur ce travers qui m'achemine à tout, excepté à savoir gagner de l'argent et à me mettre à l'abri des misères qui me guettent. C'est plus fort que moi : la Bête me mène », écrivait Fabre à son ami Delacour, un an avant la parution du présent volume en 1897.

Malgré les difficultés financières qui l'assaillent depuis quelques années, Fabre poursuit avec autant d'ardeur ses recherches dans son *Harmas,* la maison provençale où il vit loin du monde depuis maintenant presque vingt ans. Son temps est entièrement partagé entre l'observation de ses « chers insectes », le seul vrai bonheur de sa vie comme il aimait le rappeler, et la rédaction des *Souvenirs.*

Dans le calme de cette retraite, derrière les hauts murs d'un jardin sauvage où nulle contrainte extérieure ne vient entraver l'œuvre patiemment entreprise, il découvre les mœurs souterraines, inconnues jusqu'alors, du Scarabée sacré.

Une trentaine d'années plus tôt Fabre s'était déjà penché sur le comportement de cet insecte. Il enseignait alors à Avignon. Mais ses escapades « sur le terrain », au plateau des Angles, étaient alors encore trop fugitives pour entreprendre l'étude en profondeur qu'il aurait si ardemment souhaitée. Il se contenta de relater la « vie publique » du Scarabée. Celle qui, dans la garrigue, s'étale sous le soleil aux yeux de tous.

Maintenant que son rêve de vivre « en tête à tête » avec l'insecte est enfin réalisé, Fabre peut suivre dans ses moindres détails l'histoire du Scarabée sacré et celle des autres coprophages. Il a plus de soixante-dix ans quand il expose sa grande découverte sur la nidification de ce héros légendaire. Les révélations de Fabre dépassent en singularité les mythes de l'ancienne Égypte et toutes les thèses erronées qui les suivirent.

Ce qu'il nous apprend sur les mœurs du Scarabée sacré et de ses émules (Copris, Onthophages, Géotrupes et Gymnopleures), ces nettoyeurs de nos campagnes, ces manipulateurs de bouse et de crottin nous ouvrent des horizons insoupçonnés qui battent en brèche nos préjugés. Mais « il suffit de s'imaginer un peu bousier pour changer de fond en comble le langage », dit Fabre. Il est vrai qu'à la lecture de la vie des bousiers « l'odieux, l'encombrant » devient gâteau délicieux. C'est que le « merveilleux vrai » existe dans l'objet en apparence le moins digne de notre admiration, à condition de savoir l'y découvrir.

Les derniers chapitres du volume sont consacrés à la Cigale et à la Mante religieuse. Fabre découvre chez ces insectes une forme transitoire, au moment de la naissance, qu'il baptise simplement « larve primaire ». Il refusa toute sa vie d'embarrasser ses écrits de noms savants, termes barbares, pensait-il, qui encombrent la science. Il laisse à d'autres le travail de nomenclateur, persuadé que la véritable entomologie, « la seule vraiment digne de nos méditations » est celle du biologiste. Car, dit-il, « je ne connaîtrai réellement la bête que lorsque je saurai sa manière de vivre, ses instincts, ses mœurs […] ».

CLAUDE NURIDSANY
MARIE PÉRENNOU

J.-H. Fabre au moment de son installation à Sérignan.

AVANT-PROPOS

La construction du nid, sauvegarde de la famille, donne l'expression la plus élevée des facultés instinctives. Ingénieux architecte, l'oiseau nous l'enseigne ; encore plus diversifié dans ses talents, l'insecte nous le répète. Il nous dit : « La maternité est la souveraine inspiratrice de l'instinct. » Préposée à la permanence de l'espèce, de plus grave intérêt que la conservation des individus, elle éveille de merveilleuses prévisions dans l'intellect le plus somnolent ; elle est le foyer trois fois saint où couvent, puis soudain éclatent ces inconcevables lueurs psychiques qui nous donnent le simulacre d'une infaillible raison. Plus elle s'affirme, plus l'instinct s'élève.

Les plus dignes de notre attention sous ce rapport sont les hyménoptères, à qui incombent, dans leur plénitude, les soins de la maternité. Tous ces privilégiés des aptitudes instinctives préparent pour leur descendance le vivre et le couvert. A l'intention d'une famille que leurs yeux à facettes ne verront jamais et que néanmoins connaît très bien la prévision maternelle, ils passent maîtres en une foule d'industries. Tel devient manufacturier en cotonnades et foule des outres d'ouate ; tel s'établit vannier et tresse des corbeilles en morceaux de feuilles ; celui-ci se fait maçon, il édifie des chambres en ciment, des coupoles en cailloutis ; celui-là monte un atelier de céramique où la glaise se pétrit en élégantes amphores, en jarres, en pots ventrus ; cet autre s'adonne à l'art du mineur et creuse dans le sol de mystérieux hypogées aux tièdes moiteurs. Mille et mille métiers analogues aux nôtres, souvent même inconnus de notre industrie, sont en œuvre pour la préparation de la demeure. Viennent après les vivres des futurs nourrissons : amas de miel, gâteaux de pollen, conserves de gibier savamment paralysé. En de semblables travaux, dont l'objet exclusif est l'avenir de la famille, éclatent, sous le stimulant de la maternité, les plus hautes manifestations de l'instinct.

Pour le reste de la série entomologique, les soins maternels sont en général très sommaires. Déposer sa ponte en lieux propices où la larve, à ses risques et périls, puisse trouver gîte et nourriture, voilà tout à peu près dans la majorité des cas. Avec cette rusticité d'éducation, les talents sont inutiles. Lycurgue* bannissait de sa république les arts, accusés d'amollir. Ainsi sont bannies les supérieures inspirations de l'instinct chez les insectes élevées à la spartiate. La mère s'affranchit des douces sollicitudes du berceau, et les prérogatives de l'intellect, les meilleures de toutes, s'amoindrissent, s'éteignent, tant il est vrai que, pour la bête comme pour nous, la famille est une source de perfectionnement.

Si l'hyménoptère, soigneux à l'extrême de sa descendance, nous a émerveillés, les autres, abandonnant la leur aux éventualités de la bonne et de la mauvaise fortune, nous paraîtraient, en comparaison, d'un médiocre intérêt. Ces autres sont la presque totalité ; du moins, à ma connaissance, dans la faune de nos pays, il n'y a qu'un second exemple d'insectes préparant à leur famille les vivres et le logement comme le font les collecteurs de miel et les enfouisseurs de bourriches de gibier**.

Et, chose étrange, ces émules en délicatesses maternelles de la gent apiaire butinant sur les fleurs, ne sont autres que les Bousiers, exploiteurs de l'ordure, assainisseurs des gazons contaminés par le troupeau. Des corolles embau-

AVANT-PROPOS

mées du parterre il faut passer au monceau de bouse laissé sur la grand'route par le mulet, pour retrouver des mères dévouées et de riches instincts. La nature abonde en pareilles antithèses. Que sont pour elle notre laid et notre beau, notre propre et notre sordide ? Avec l'immondice, elle crée la fleur ; d'un peu de fumier, elle nous extrait le grain béni du froment.

Malgré leur ordurière besogne, les Bousiers occupent rang fort honorable. Par leur taille, en général avantageuse ; leur costume sévère, irréprochablement lustré ; leur tournure replète, ramassée dans sa courte épaisseur ; leur ornementation bizarre, soit du front, soit aussi du thorax, ils font excellente figure dans les boîtes du collectionneur, surtout quand à nos espèces, d'un noir d'ébène le plus souvent, viennent s'adjoindre quelques espèces tropicales, où fulgurent les éclairs de l'or et les rutilances du cuivre poli.

Ils sont les hôtes assidus des troupeaux ; aussi divers exhalent un doux fumet d'acide benzoïque, l'aromate des bergeries*. Leurs mœurs pastorales ont frappé les nomenclateurs, qui, trop souvent, hélas ! peu soucieux de l'euphonie, cette fois se sont ravisés pour mettre en tête de leurs diagnoses les dénominations de Mélibée, Tityre, Amyntas, Corydon, Alexis, Mopsus. Il y a là toute la série des appellations bucoliques rendues célèbres par les poètes de l'Antiquité. Les églogues** virgiliennes ont fourni leur vocabulaire à la glorification des Bousiers. Il faudrait remonter aux gracieuses élégances des papillons pour rencontrer nomenclature aussi poétique. Là sonnent, empruntés au camp des Grecs et au camp des Troyens, les noms épiques de l'*Iliade*. C'est peut-être un peu trop de luxe guerrier pour ces pacifiques fleurs ailées dont les mœurs ne rappellent en rien les coups de lance des Achille et des Ajax. Bien mieux inspirée est l'appellation bucolique appliquée aux Bousiers ; elle nous dit le caractère dominant de l'insecte, la fréquentation du pâturage.

Les manipulateurs de bouse ont pour chef de file le *Scarabée sacré*, dont les étranges manœuvres attiraient déjà l'attention du fellah, dans la vallée du Nil, quelques milliers d'années avant notre ère. Quand il arrosait son carré d'oignons, le paysan égyptien voyait, de temps à autre, le printemps venu, un gros insecte noir passer à proximité et rouler à la hâte, à reculons, une boule en fiente de chameau. Il regardait, ébahi, la machine roulante comme regarde aujourd'hui le paysan de Provence.

Nul n'échappe à la surprise quand il se trouve pour la première fois devant le Scarabée, qui, la tête en bas, les longues jambes postérieures en haut, pousse de son mieux la volumineuse pilule, cause de fréquentes et gauches culbutes. A coup sûr, devant ce spectacle le fellah naïf se demandait ce que pouvait être cette boule, quel intérêt avait la bête noire à la rouler avec tant de véhémence. Le paysan d'aujourd'hui se fait la même question.

Aux temps antiques des Rhamsès et des Thoutmosis, la superstition s'en mêla : on vit dans la sphère roulante l'image du monde en sa révolution diurne ; et le Scarabée reçut les honneurs divins : il est le *Scarabée sacré* des naturalistes modernes, en souvenir de sa gloire d'autrefois.

Depuis six à sept mille ans que le curieux pilulaire fait parler de lui, est-il bien connu dans l'intimité de ses mœurs? Sait-on à quel usage précis il destine sa boule? Sait-on comment il élève sa famille? Nullement. Les ouvrages les plus autorisés perpétuent sur son compte de criantes erreurs.

La vieille Égypte racontait que le Scarabée fait rouler sa boule d'orient en occident, sens dans lequel se meut le monde. Il l'enfouit après sous terre pendant vingt-huit jours, durée d'une révolution lunaire. Cette incubation de quatre semaines anime la race du pilulaire. Le vingt-neuvième jour, que l'insecte connaît pour être celui de la conjonction de la lune avec le soleil, et celui de la naissance du monde, il revient à sa boule enterrée ; il l'extrait, l'ouvre et la jette dans le Nil. Le cycle se termine. L'immersion dans l'eau sainte fait sortir un Scarabée de la boule.

Ne sourions pas trop de ces récits pharaoniques : quelque peu de vérité s'y trouve, en mélange avec les extravagances de l'astrologie. D'ailleurs une bonne part du sourire reviendrait à notre propre science, car l'erreur fondamentale, consistant à regarder comme berceau du Scarabée la boule que l'on voit rouler à travers champs, persiste encore dans nos livres. Tous les auteurs qui parlent du Scarabée la répètent ; depuis les époques si lointaines où s'édifiaient les Pyramides, la tradition s'est conservée intacte.

Il est bon de temps en temps de porter la hache dans l'épais fourré des traditions ; il est avantageux de secouer le joug des idées reçues. Il peut se faire que, dégagée de scories encombrantes, la vérité resplendisse enfin, magnifique, bien supérieure à ce qui nous était enseigné. Ces audaces du doute parfois me sont venues ; et bien m'en a pris, notamment, au sujet du Scarabée. L'histoire du pilulaire sacré m'est aujourd'hui connue à fond. Le lecteur verra combien elle dépasse en merveilleux les contes de l'Égypte.

Les premiers chapitres de mes recherches sur l'instinct ont déjà démontré, de la façon la plus formelle, que les pilules rondes çà et là roulées sur le sol par l'insecte jamais ne contiennent de germe et ne peuvent vraiment pas en contenir. Ce ne sont pas là des habitacles pour l'œuf et la larve ; ce sont des vivres que le Scarabée se hâte d'entraîner loin de la mêlée pour les enfouir et les consommer dans le recueillement d'un réfectoire souterrain.

Depuis que, sur le plateau des Angles, au voisinage d'Avignon, je recueillais passionnément les bases de mes affirmations contraires aux idées reçues, près de quarante ans se sont écoulés, et rien n'est venu infirmer mon dire ; loin de là : tout l'a corroboré. La preuve sans réplique aucune est enfin venue avec l'obtention du nid du Scarabée, nid authentique cette fois, récolté en tel nombre que je l'ai désiré, et dans certains cas façonné même sous mes yeux.

J'ai dit mes vaines tentatives d'autrefois pour trouver la demeure de la larve ; j'ai dit le piteux échec de mes éducations en volière, et peut-être le lecteur a-t-il compati à mes misères en me voyant, autour de la ville, cueillir honteusement, à la dérobée, dans un cornet de papier, l'offrande qu'un mulet passant déposait pour mes élèves. Non, certes : dans les conditions où je me trouvais, l'entreprise n'était pas facile. Mes pensionnaires, grands consommateurs, ou pour mieux dire grands dissipateurs, oubliaient les ennuis de la volière en se livrant à l'art pour l'art dans les joies du soleil. Les pilules se succédaient, superbement arrondies, puis étaient abandonnées sans emploi après quelques exercices de roulement. Le monceau de vivres, ma pénible acquisition dans les mystères de la nuit tombante, se gaspillait avec une désespérante rapidité, et le pain quotidien finissait par manquer. D'ailleurs la filandreuse manne du cheval et du mulet ne convient guère à l'œuvre maternelle, je l'ai appris depuis. Il faut quelque chose de plus homogène, de plus plastique, que seul peut fournir l'intestin un peu relâché du mouton.

Bref, si mes premières études me mirent au courant des mœurs publiques du Scarabée, pour divers motifs elles ne m'apprirent rien sur ses mœurs privées. Le problème de la nidification restait aussi ténébreux que jamais. Pour le résoudre, sont loin de suffire les ressources étriquées d'une ville et le savant outillage d'un laboratoire. Il faut séjour prolongé à la campagne ; il faut la société du troupeau, en plein soleil. Ces conditions, mères d'un succès certain, pourvu que la patience et le bon vouloir s'en mêlent, je les trouve à souhait dans la solitude de mon village.

Les vivres, mon grand souci d'autrefois, surabondent aujourd'hui. A côté de ma demeure, sur la grande route, des mulets vont et viennent, allant aux travaux des champs, en revenant ; matin et soir des troupeaux de moutons passent pour se rendre au pâturage ou pour rentrer à la bergerie ; retenue par une corde dans un cercle déterminé de pelouse à tondre, la chèvre de ma voisine bêle à quatre pas de ma porte. Et si dans mon étroit voisinage il y a disette, de jeunes pourvoyeurs, affriandés par un berlingot, vont à la ronde cueillir le menu de mes bêtes.

Ils arrivent, dix pour un, avec leur cueillette dans les récipients les plus imprévus. Dans cette théorie de choéphores* d'un nouveau genre, s'utilise toute chose concave qui

Scarabées sacrés roulant leurs boules.

tombe sous la main : calotte de vieux chapeau, fragment de tuile, débris de tuyau de poêle, fond de toupin, restes de panier, reliques de soulier racornies en nacelle, au besoin même casquette du collecteur. — C'est du nanan cette fois, semblent me dire leurs yeux luisants de joie ; c'est du choisi, première qualité. — La marchandise est louée suivant ses mérites et sur-le-champ soldée comme il est convenu. Pour clore la séance de réception, je conduis les approvisionneurs aux volières et je leur montre le Scarabée roulant sa pilule. Ils admirent la plaisante bête qui semble jouer avec sa boule ; ils rient de ses culbutes, ils s'esclaffent de ses gauches efforts quand il gigote affalé sur le dos. Charmant spectacle, alors surtout que le berlingot fait protubérance au coin de la joue et délicieusement se fond. Ainsi s'entretient le zèle de mes petits collaborateurs. N'ayons crainte que mes pensionnaires jeûnent : leur garde-manger sera largement pourvu.

Ces pensionnaires, qui sont-ils ? Et tout d'abord le Scarabée sacré, le principal sujet de mes recherches actuelles. Le long rideau de collines de Sérignan pourrait bien être son extrême limite vers le nord. Là se termine la flore méditerranéenne, dont les derniers représentants ligneux sont la bruyère en arbre et l'arbousier ; là probablement aussi le grand pilulaire, ami passionné du soleil, met fin à son extension septentrionale. Il abonde sur leurs chaudes pentes tournées au midi et dans l'étroite zone de plaine qu'abrite ce puissant réflecteur. D'après toutes les apparences, là s'arrêtent pareillement le gracieux Bolboceras gaulois et le robuste Copris espagnol, tous les deux aussi frileux que lui. A ces curieux bousiers, si peu connus dans l'intimité de leurs mœurs, adjoignons les Gymnopleures, le Minotaure, les Géotrupes, les Onthophages. A tous je fais les honneurs de mes volières, car tous, j'en ai d'avance la conviction, nous réservent des surprises dans les détails de leur industrie souterraine.

Mes volières ont environ un mètre cube de capacité. Sauf la façade, en toile métallique, le reste est en menuiserie. J'évite ainsi l'accès trop abondant des pluies, qui convertiraient en boue la couche de terre de mes appareils en plein air. Le trop d'humidité serait fatal aux reclus, qui ne peuvent, dans l'étroit manoir artificiel, prolonger indéfiniment leurs fouilles, comme ils le font en liberté, jusqu'à la rencontre d'un milieu favorable à leurs travaux. Il leur faut terrain perméable, un peu frais, sans jamais tourner au boueux. Le sol des volières se compose donc de terre sablonneuse, passée au crible, légèrement humectée et tassée au point convenable pour éviter les éboulis dans les galeries futures. Son épaisseur n'est guère que de trois décimètres. C'est insuffisant dans certains cas ; mais si quelques-uns d'entre eux, les Géotrupes par exemple, affectionnent les galeries profondes, ils savent très bien se dédommager suivant l'horizontale de ce que leur refuse la verticale.

Bolboceras.

La façade en treillis regarde le midi et laisse entrer en plein dans l'habitation les rayons du soleil. Le côté opposé, tourné au nord, se compose de deux volets superposés, mobiles et retenus en place par des crochets ou des verrous. Le supérieur s'ouvre pour la distribution des vivres, l'assainissement du local, l'entrée de nouveaux élèves à mesure que la chasse m'en fournit. C'est la porte de service pour les quotidiens usages. Le volet inférieur, qui maintient en place la couche de terre, ne s'ouvre que dans les grandes occasions, lorsqu'il faut surprendre l'insecte dans les secrets du chez soi et constater l'état des travaux souterrains. Alors les verrous sont retirés ; la planche, munie de charnières, s'abat, et le sol montre à découvert sa tranche verticale, condition excellente pour scruter de la pointe du couteau, avec tous les soins requis, l'épaisseur de terre où gît l'ouvrage des Bousiers. Ainsi s'obtiennent avec précision et sans difficulté des détails d'industrie que ne donneraient pas toujours les laborieuses fouilles en plein champ.

Les recherches dans la campagne sont néanmoins indispensables ; elles dépassent bien des fois en importance ce que nous révèle l'éducation domestique ; car si quelques Bousiers, insoucieux de la captivité, travaillent en volière avec l'habituel entrain, d'autres, de caractère plus craintif, mieux doués peut-être en prudence, se méfient de mes palais de planches et ne me livrent leurs secrets qu'avec une extrême réserve, séduits de temps à autre par la persévérance de mes soins. Et puis faut-il, pour bien conduire ma ménagerie, savoir ce qui se passe au-dehors, ne serait-ce que pour être renseigné sur les époques favorables à mes desseins. Aux études faites en domesticité doivent forcément s'adjoindre, dans une large mesure, les observations sur les lieux mêmes.

Ici un aide me serait très utile, ayant loisir, œil perspicace et naïve curiosité sœur de la mienne. Cet auxiliaire, je l'ai, comme jamais encore je n'en avais trouvé de pareil. C'est un jeune berger ami de la maison. Frotté d'un peu de lecture et désireux de savoir, il ne s'effarouche pas trop des termes de Scarabée, de Géotrupe, de Copris, d'Onthophage, quand je lui dénomme les insectes qu'il a exhumés la veille et qu'il me réserve dans une boîte.

Au pâturage dès la première aube pendant les mois caniculaires de juillet et d'août, époque de la nidification des rouleurs de pilules ; le soir, quand la chaleur commence à tomber, au pâturage encore jusque bien avant dans la nuit, il déambule au milieu de mes bêtes, attirées à la ronde par le fumet des victuailles que sème le troupeau. Stylé comme il convient sur tel et tel autre point de mes problèmes entomologiques, il surveille les événements et m'en avertit. Il épie l'occasion, il inspecte les pelouses. De la pointe du couteau, il met à découvert la crypte que trahit sa taupinée ; il gratte, il fouille, il trouve : superbe diversion à ses vagues songeries pastorales.

Ah! les belles matinées passées ensemble, dans la fraîcheur de l'aube, à la recherche du nid du Scarabée et du Copris. Faraud est là, assis sur quelque tertre et dominant du regard la plèbe moutonnière. Rien, pas même le croûton présenté par une main amie, ne le distrait de ses hautes fonctions. Certes, il n'est pas beau avec son long poil noir emmêlé, que souillent mille graines crochues ; il n'est pas beau, mais quel talent dans sa bonne tête de chien pour distinguer le permis et le défendu, pour reconnaître l'absence d'un étourdi oublié derrière un pli du terrain! Il sait, on le dirait, ma foi, le nombre des moutons confiés à sa vigilance, moutons qui sont les siens, même sans nul espoir d'un manche de gigot. Il les a comptés du haut de son tertre. Un manque. Voilà Faraud parti. Le voici de retour, ramenant au groupe l'égaré. Clairvoyante bête, j'admire ton arithmétique sans parvenir à comprendre de quelle façon ta rude cervelle peut l'avoir acquise. Oui, nous pouvons compter sur toi, brave chien ; nous pouvons, ton maître et moi, rechercher le Bousier à notre aise et disparaître dans le taillis ; en notre absence, nul ne s'écartera, nul ne portera la dent sur la vigne voisine.

C'est ainsi qu'en société du jeune berger et de notre ami commun Faraud, parfois aussi moi-même unique pasteur à la tête des soixante-dix ouailles bêlantes, se sont glanés, le matin, avant que le soleil devînt intolérable, les matériaux pour cette histoire du Scarabée sacré et de ses émules

I

LE SCARABÉE SACRÉ*. — LA PILULE

Il serait inutile de revenir sur le Scarabée travaillant au grand jour ou bien consommant son butin sous terre, soit seul, cas habituel, soit en compagnie d'un convive : ce que j'en ai dit autrefois suffit, et les observations nouvelles n'ajouteraient rien de saillant aux détails fournis par les anciennes**. Un point seul mérite de nous arrêter. C'est la confection de la pilule sphérique, simples vivres que l'insecte cueille pour son propre usage et achemine vers une salle à manger creusée en lieu propice. Les volières actuelles, bien mieux conditionnées que celles de mes débuts, permettent de suivre à loisir cette opération, qui nous fournira des documents de haute valeur pour expliquer plus tard le mystérieux travail du nid. Voyons donc, encore une fois, le Scarabée à l'œuvre des victuailles.

Venus du mulet ou mieux du mouton, des vivres frais sont servis. Le fumet du monceau répand la nouvelle à la ronde. D'ici, de là, les Scarabées accourent, étalant et remuant les feuillets roux de leurs antennes, signe de vif empressement. Ceux qui faisaient la sieste sous terre crèvent le plafond sablonneux et sortent de leurs caveaux. Les voilà tous attablés, non sans querelles entre voisins qui se disputent le meilleur morceau et qui, de brusques revers des larges pattes antérieures, se culbutent les uns les autres.

Le calme se fait, et, sans autre noise pour le moment, chacun exploite le point où l'on conduit les chances du hasard.

D'habitude, un lopin, rond de lui-même par à peu près, est la base de l'œuvre. C'est le noyau qui, grossi de couches superposées, deviendra la pilule finale, du volume d'un abricot. L'ayant dégusté et reconnu à sa convenance, le propriétaire le laisse tel quel ; d'autres fois, il l'épluche légèrement, il en ratisse l'écorce souillée de sable. Sur cette base, il s'agit maintenant d'édifier la pelote. Les outils sont le râteau à six dents du chaperon en demi-cercle, et les larges pelles des jambes antérieures, pareillement armées, au bord externe, de vigoureuses dentelures, au nombre de cinq.

Scarabée sacré.

Sans se dessaisir un instant du noyau qu'enlacent les quatre jambes postérieures, surtout celles de la troisième paire, plus longues, l'insecte tourne, un peu de-ci, un peu de-là, sur le dôme de sa pilule naissante, et choisit à la ronde, dans le tas, les matériaux d'accroissement. Le chaperon décortique, éventre, fouille, ratisse ; les pattes antérieures ensemble manœuvrent, cueillent et amènent une brassée, aussitôt appliquée sur la masse centrale à petits coups de battoir. Quelques vigoureuses pressions des pelles dentelées tassent au degré voulu la nouvelle couche. Ainsi, brassée par brassée, mise en place dessus, dessous, sur les côtés, s'accroît la bille primitive jusqu'à devenir grosse boule.

Dans son travail, le manufacturier ne quitte jamais la coupole de son œuvre : il pirouette sur lui-même pour s'occuper de telle et telle autre partie latérale, il s'incline pour façonner la région inférieure jusqu'au point de contact avec le sol ; mais du commencement à la fin la sphère ne bouge sur sa base, et l'insecte la tient constamment enlacée.

Pour obtenir exactement forme ronde, nous avons besoin du tour, dont la rotation suppléa à notre maladresse ; pour grossir sa pelote de neige et faire l'énorme boule que ses efforts ne pourront plus ébranler, l'enfant la fait rouler sur la couche neigeuse : le roulement donnera la régularité de forme que refuseraient le travail direct des mains et le coup d'œil inexpert. Plus habile que nous, le Scarabée n'a besoin ni du roulement ni de la rotation ; il pétrit sa boule par couches juxtaposées, sans la remuer de place, sans même descendre un instant du haut de sa coupole et s'enquérir de l'ensemble par un examen à la distance requise. Le compas de ses jambes courbes lui suffit, compas vivant sphérique, vérificateur du degré de courbure.

Je ne fais, du reste, intervenir ce compas qu'avec une extrême réserve, bien convaincu par une foule d'exemples que l'instinct n'a pas besoin d'un outillage spécial. S'il en fallait une nouvelle preuve, on la trouverait ici. Le Scarabée mâle a les jambes postérieures sensiblement arquées ; au contraire, bien plus habile, apte à des ouvrages dont nous admirerons bientôt l'élégance exquise, supérieure à celle d'une monotone sphère, la femelle a les siennes presque droites.

Si le compas courbe n'a dans tout ceci qu'un rôle secondaire, peut-être même nul, quelle doit être la cause régulatrice de la sphéricité ? A ne consulter que l'organisation et les circonstances dans lesquelles le travail est accompli, je n'en vois absolument pas. Il faut remonter plus haut, il faut remonter aux dons instinctifs, guides de l'outillage. Le Scarabée a le don de la sphère comme l'abeille a le don du prisme hexagone. L'un et l'autre arrivent à la perfection géométrique de leur ouvrage sans le concours d'un mécanisme particulier qui leur imposerait forcément la configuration obtenue.

Pour le moment, retenons ceci : le Scarabée fait sa boule en juxtaposant des matériaux cueillis une brassée après l'autre ; il l'édifie sans la déplacer, sans la retourner. Il n'est pas ouvrier tourneur, mais bien artiste modeleur, qui façonne la bouse sous la pression de ses brassards dentés, comme le modeleur de nos ateliers façonne sa glaise sous la pression du pouce. Et l'œuvre n'est pas une sphère approximative, à surface bosselée ; c'est une sphère correcte, que ne désavouerait pas l'humaine industrie.

Le moment est venu de se retirer avec son butin pour l'enfouir plus loin à peu de profondeur et le consommer en paix. La boule est donc extraite du chantier, et le propriétaire, suivant les us et coutumes, se met aussitôt à la rouler çà et là sur le sol, un peu à l'aventure. S'il n'a pas assisté au début de la chose, quiconque voit la roulante pièce poussée par l'insecte, à reculons, aisément s'imagine que la forme ronde est la conséquence du mode de charroi. Cela roule, donc cela s'arrondit, de même que s'arrondirait une informe motte d'argile véhiculée de cette façon. Dans son apparente logique, l'idée est fausse de tout point : nous venons de voir l'exacte sphéricité acquise avant que la pelote ait bougé de place. Le roulement n'est pour rien dans cette précision géométrique ; il se borne à durcir la surface en croûte résistante, à la polir un peu, ne serait-ce qu'en incrustant dans la masse les brins grossiers qui pouvaient, au début, la rendre hirsute. Pilule roulée pendant des heures et pilule encore immobile sur le chantier ne diffèrent pas de configuration.

A quoi bon cette forme invariablement adoptée dès le début de l'œuvre ? Le Scarabée retirerait-il quelque avantage de la courbure sphérique ? Il faudrait avoir des coquilles de noix en guise de verres optiques pour ne pas voir d'emblée que l'insecte est excellemment inspiré quand il pétrit en boule son gâteau. Les vivres, si peu nutritifs alors que le quadruple estomac du mouton en a déjà retiré, de guère s'en faut, toute substance assimilable, les vivres, maigre pitance parmi les plus maigres, doivent compenser par la quantité ce qui leur manque en qualité.

Même condition s'impose aux divers bousiers. Ils sont tous gloutons insatiables ; il faut à tous de volumineuses victuailles, que ne feraient pas soupçonner les modestes dimensions du consommateur. Le Copris espagnol, gros comme une forte noisette, amasse sous terre, pour un seul repas, un pâté du volume du poing ; le Géotrupe stercoraire thésaurise, au fond de son puits, une saucisse longue d'un empan* et de la grosseur d'un col de bouteille.

À ces puissants mangeurs, la part est faite belle. Ils s'établissent directement sous le monceau déposé par quelque mulet stationnaire ; ils y creusent galeries et salles à manger. Les vivres sont à la porte du logis ; ils lui font couverture. Il suffit de les introduire par brassées n'excédant pas les forces, brassées que l'insecte répète autant qu'il le désire. Au fond de paisibles manoirs dont rien au-dehors ne trahit la présence, ainsi s'amassent, de façon très discrète, des provisions de bouche scandaleuses par leur quantité.

Le Scarabée sacré n'a pas cet avantage de la case sous le monceau où se cueillent les vivres. D'humeur vagabonde, et, quand vient l'heure du repos, n'aimant guère à voisiner avec ses pareils, insignes larrons, il doit chercher au loin, avec sa récolte, un emplacement pour s'y établir en solitaire. Sa provende est relativement modeste sans doute ; elle ne peut soutenir la comparaison avec les énormes gâteaux du Copris et les opulentes saucisses du Géotrupe. N'importe : si modeste qu'elle soit, elle est, par son volume et son poids, trop au-dessus des forces de l'insecte qui s'aviserait de la porter d'une façon directe. C'est trop lourd, énormément trop lourd pour être transporté au vol entre les pattes ; c'est absolument impossible à traîner, happé par les crocs des mandibules.

A cet ermite, pressé de se retirer de ce monde, une seule ressource resterait pour amasser, dans sa lointaine cellule, en se servant du transport direct, de quoi suffire au repas du jour : ce serait d'emporter au vol, l'une après l'autre, des charges en rapport avec ses forces. Mais alors que de voyages, que de temps perdu avec cette récolte par miettes! Et puis, à son retour, ne trouverait-il pas déjà desservie la table où picorent tant de convives? L'occasion est bonne ; peut-être de longtemps ne se présentera-t-elle plus. Il convient d'en profiter, et sans retard aucun ; il faut, en une seule fois, prélever sur le chantier d'exploitation de quoi garnir le garde-manger au moins pour une journée.

Alors comment faire? C'est tout simple. Ce qui ne peut se porter se traîne; ce qui ne peut se traîner se charrie par roulement, témoin tous nos appareils de chariots montés sur roues. Le Scarabée adopte donc la sphère, la forme roulante par excellence, qui n'a pas besoin d'essieu, qui se prête à merveille aux divers accidents du sol et fournit en chaque point de sa surface l'appui nécessaire au déploiement du moindre effort. Tel est le problème de mécanique résolu par le pilulaire. La forme sphérique de sa récolte n'est pas l'effet du roulement, elle lui est antérieure; elle est modelée précisément en vue du roulage futur, qui rendra possible aux forces de l'insecte le charroi du lourd fardeau.

Le Scarabée est fervent ami du soleil, dont il imite l'image par les dentelures rayonnantes de son chaperon arrondi. Il lui faut la vive lumière pour exploiter le monceau où se puisent tantôt les vivres et tantôt les matériaux à nidification. Les autres, pour la plupart, Géotrupes, Copris, Onitis, Onthophages, ont des mœurs ténébreuses; ils travaillent, invisibles, sous la toiture de l'excrément; ils ne sont en recherche qu'aux approches de la nuit, dans les lueurs mourantes du crépuscule. Lui, plus confiant, cherche, trouve, exploite dans les liesses du plein jour; il fait récolte aux heures les plus chaudes et les plus lumineuses, constamment à découvert. Sa cuirasse d'ébène reluit sur le monceau alors que rien ne dénote la présence de nombreux collaborateurs appartenant à d'autres genres et se taillant leur part dans la couche inférieure. A lui la lumière, aux autres l'obscurité!

Cet amour du soleil sans écran a ses joies, comme le témoigne de temps à autre, par d'allègres trépignements, l'insecte enivré de chaleur; mais il présente aussi quelques désavantages. Entre Copris, entre Géotrupes voisins de porte, je n'ai jamais surpris de noise au moment de la récolte. Opérant dans les ténèbres, chacun ignore ce qui se passe à côté. Le riche morceau dont s'empare l'un d'entre eux ne saurait exciter la convoitise des voisins, n'étant pas aperçu. A cela tiennent peut-être les relations pacifiques entre Bousiers travaillant dans les profondeurs obscures du tas.

Le soupçon est fondé. Le rapt, l'exécrable droit du plus fort, n'est pas l'apanage exclusif de la brute humaine ; la bête aussi le pratique, et le Scarabée particulièrement en abuse. Le travail s'effectuant à découvert, chacun sait ou peut savoir ce que font les collègues. On se jalouse mutuellement les pilules, et des rixes éclatent entre le nanti, qui voudrait bien s'en aller, et le pillard, qui trouve plus commode de détrousser un camarade que de se pétrir lui-même un pain rond dans le tas. Le propriétaire, en vedette au sommet de sa boule, fait face à l'assaillant qui tente l'escalade ; d'un coup de levier de ses brassards, il le repousse au large, culbuté sur le dos. L'autre gigote, se relève, revient. La lutte recommence. Le dénouement n'est pas toujours en faveur du droit. Alors le voleur décampe avec sa prise, et le volé revient au tas s'amasser une autre pilule. Il n'est pas rare qu'au moment de l'assaut survienne un autre larron qui met les contestants d'accord en s'emparant de la chose en litige. J'incline à croire que de pareilles mêlées ont donné lieu au conte puéril de Scarabées appelés à la rescousse et donnant un coup de main à un confrère dans l'embarras. On a pris d'effrontés larrons pour des aides secourables.

Le Scarabée est donc ardent pillard ; il partage les goûts du Bédouin, son compatriote en Afrique ; lui aussi pratique la razzia. La disette, la faim, mauvaises conseillères, ne peuvent être invoquées pour expliquer ce travers. Dans mes volières, les vivres abondent ; jamais, sans doute, en leurs jours de liberté, mes captifs n'ont connu telle somptuosité de service ; et cependant les rixes sont fréquentes. On se dispute les pilules en de chaudes bourrades, comme si le pain manquait. Certes, le besoin n'est pas ici en cause, car bien des fois le larron abandonne son butin après l'avoir roulé quelques instants. On pille pour le plaisir de piller. Il y a, comme le dit si bien La Fontaine,

> double profit à faire :
> Son bien premièrement, et puis le mal d'autrui.

Étant connue cette propension à détrousser, que peut faire de mieux un Scarabée quand il a consciencieusement confectionné sa boule ? C'est de fuir la compagnie, c'est de quitter le chantier et de s'en aller au loin consommer ses provisions au fond d'une cachette. Ainsi fait-il, et à la hâte : le caractère de ses pareils lui est trop bien connu.

Ici se montre la nécessité d'un charroi facile pour véhiculer, en une seule fois et aussi vite que possible, provisions suffisantes. Le Scarabée aime à travailler en pleine lumière, au soleil. Son acquis, amassé à la vue de tous, n'a de secrets pour aucun des travailleurs accourus au même tas. Ainsi s'allument des convoitises, ainsi s'impose la retraite au loin pour éviter le pillage. Cette rapide retraite demande aisé charroi, et celui-ci s'obtient avec la forme ronde donnée à la récolte.

Conclusion inattendue, mais très logique, je dirais même évidente : le Scarabée façonne en sphère ses munitions de bouche, parce qu'il est l'ami passionné du soleil. Les divers bousiers travaillant en pleine lumière, Gymnopleures et Sisyphes de nos régions, se conforment au même principe mécanique : tous connaissent la sphère, la meilleure machine roulante ; tous s'adonnent à l'art des pilules. Les autres, ouvriers ténébreux, ne pratiquent rien de pareil : leurs amas de vivres sont informes.

La vie en volière nous fournit quelques autres documents non indignes de l'histoire. Aux provisions renouvelées, tièdes encore, accourent empressés, avons-nous dit, les Scarabées errant à la surface. Les effluves du mets attirent rapidement aussi ceux qui sommeillent sous terre. Des monticules de sable çà et là se soulèvent, se crevassent comme pour une éruption, et l'on en voit émerger d'autres convives qui, du plat de la patte, se lustrent les yeux poudreux. La somnolence dans une chambre souterraine et l'épaisse toiture du manoir n'ont pas mis en défaut la

La pilule d'un scarabée sacré est convoitée par deux de ses compagnons.

finesse de leur flair : les déterrés sont au monceau presque aussi prestement que les autres.

Ces détails remettent en mémoire les faits reconnus, non sans surprise, par une foule d'observateurs sur les plages ensoleillées de Sète, de Palavas, du golfe Juan et des côtes africaines, jusque dans les solitudes du Sahara. Là pullulent, d'autant plus vigoureux et plus actifs que le climat est plus chaud, le Scarabée sacré et ses congénères : Scarabée semi-ponctué, Scarabée varioleux et autres. Ils abondent, et souvent néanmoins nul ne se montre ; le regard exercé de l'entomologiste ne pourrait en découvrir un.

Mais voici que les choses changent. Pressé par les misères physiologiques, vous quittez discrètement la compagnie et vous dissimulez dans les broussailles. A peine êtes-vous relevé, à peine commencez-vous de remettre votre toilette en ordre que, frou! en voici un, en voici trois, en voici dix qui, venus soudainement on ne sait d'où, s'abattent sur la provende. Accourent-ils de bien loin, ces affairés vidangeurs? Non, certes. Fussent-ils avertis par l'odorat à de grandes distances, ce qui n'est pas impossible, ils n'auraient pas eu le temps de se rendre avec pareille promptitude à la toute récente aubaine. Ils étaient donc là, dans un rayon de quelques dizaines de pas, tapis sous terre et sommeillant. Un flair toujours en éveil, même dans les torpeurs du repos, leur a dit, au fond de leurs retraites, l'heureux événement ; et, crevant leurs plafonds, aussitôt ils accourent. En moins de temps qu'il n'en faut pour raconter la chose, une grouillante population anime le désert de tantôt.

Odorat subtil et vigilant, reconnaissons-le, que celui du Scarabée ; odorat sans intermittence dans son activité. Le chien flaire la truffe à travers le sol, mais il est à l'état de veille ; en sens inverse, à travers la terre, le pilulaire flaire son mets favori, mais il est à l'état de sommeil. Qui des deux l'emporte sur l'autre en subtilité olfactive?

La science cueille son bien partout où elle le trouve, même dans l'immondice, et la vérité plane à des hauteurs où rien ne peut la souiller. Le lecteur voudra donc bien excuser certains détails inévitables dans une histoire des Bousiers ; il aura quelque indulgence pour ce qui précède et pour ce qui va suivre. L'atelier dégoûtant du manipulateur d'ordure nous acheminera peut-être à des idées d'un ordre plus élevé que ne le ferait l'officine du parfumeur avec son jasmin et son patchouli.

J'ai accusé le Scarabée de goinfrerie insatiable. Il est temps de prouver mon dire. Dans les volières, trop exiguës pour se prêter au joyeux roulage des pilules, mes pensionnaires dédaignent souvent de s'amasser des provisions et se bornent à consommer sur place. L'occasion est belle : le repas en public nous apprendra, bien mieux que ne le ferait le festin sous terre, ce dont est capable un estomac de Bousier.

Un jour d'atmosphère très chaude, lourde et calme, conditions favorables aux liesses gastronomiques de mes reclus, je surveille, montre en main, un des consommateurs en plein air, depuis huit heures du matin jusqu'à huit heures du soir. Le Scarabée a rencontré, paraît-il, un morceau fort à son goût, car pendant ces douze heures il ne discontinue pas sa bombance, toujours attablé, immobile, au même point. A huit heures du soir, je lui fais une dernière visite. L'appétit ne paraît pas avoir diminué. Je trouve le glouton en aussi bonnes dispositions que s'il débutait. Le festin a par conséquent duré quelque temps encore, jusqu'à disparition totale du morceau. Le lendemain, en effet, le Scarabée n'est plus là, et de l'opulente pièce attaquée la veille il ne reste que des miettes.

Le tour du cadran et au-delà pour une séance de table, c'est déjà fort beau comme goinfrerie ; mais voici qui est beaucoup mieux comme célérité de digestion. Tandis que, à l'avant de la bête, la matière continuellement se mâche et s'engloutit, à l'arrière, continuellement aussi, elle reparaît, dépouillée de ses particules nutritives et filée en une cordelette noire, semblable au ligneul du cordonnier. Le Scarabée ne fiente qu'à table, tant est prompt son travail digestif. Sa filière se met à fonctionner dès les premières bouchées ; elle cesse son office peu après les dernières. Sans rupture aucune du commencement à la fin du repas, et toujours appendu à l'orifice évacuateur, le fin cordon s'amoncelle en un tas aisément déroulable tant que la dessiccation ne l'a pas gagné.

Cela fonctionne avec la régularité d'un chronomètre. Toutes les minutes, — soyons plus précis et disons toutes les cinquante-quatre secondes, — une éruption se fait, et le fil s'allonge de trois à quatre millimètres. De loin en loin, je fais intervenir les pinces, je détache le cordon et déroule le tas sur une règle graduée, pour auner le produit. Le total des mensurations me donne, dans les douze heures, une longueur de 2 m 88. Comme le repas et son complément obligé, le travail de filière, se sont continués quelque temps encore après ma dernière visite, faite à huit heures du soir aux lueurs d'une lanterne, on voit que mon sujet a filé, sans interruption dans sa longueur, une cordelette stercorale de trois mètres environ.

Étant connus le diamètre et la longueur du fil, il est aisé d'en calculer le volume. Sans difficulté non plus, on trouve l'exact volume de l'insecte en mesurant l'eau que son immersion déplace dans un étroit cylindre. Les nombres obtenus ne sont pas dépourvus d'intérêt : ils nous apprennent qu'en une seule séance de réfection, en une douzaine d'heures, le Scarabée digère à peu près son volume de nourriture. Quel estomac, et surtout quelle rapidité, quelle puissance de digestion! Dès les premières bouchées, les résidus se moulent en un fil qui s'allonge, indéfiniment s'allonge, tant que dure le repas. Dans cet étonnant alambic, qui ne chôme peut-être jamais, si ce n'est lorsque les victuailles manquent, la matière ne fait que passer, aussitôt travaillée par les réactifs de l'estomac, aussitôt épuisée. Il est à penser qu'un laboratoire aussi prompt pour assainir l'immondice a quelque rôle à remplir dans l'hygiène générale. Nous aurons occasion de revenir sur ce grave sujet.

II

LE SCARABÉE SACRÉ. — LA POIRE

Chargé de surveiller en ses loisirs les actes du Scarabée sacré, le jeune berger vint, tout joyeux, un dimanche, dans la seconde quinzaine de juin, m'avertir que le moment lui paraissait bon de se mettre en recherches. Il avait surpris l'insecte sortant de terre ; il avait fouillé au point d'émersion, et il avait trouvé, à peu de profondeur, l'étrange chose qu'il m'apportait.

Étrange en vérité, et bouleversant à fond le peu que je croyais savoir. C'est, pour la forme, exactement une mignonne poire qui aurait perdu le coloris de la fraîcheur pour prendre la teinte brune en devenant blette. Que peut bien être ce curieux objet, cet élégant joujou qui semble sortir d'un atelier de tourneur ? Est-ce façonné de main humaine ? Est-ce une imitation du fruit du poirier destinée à quelque collection enfantine ? On le dirait en effet. Les enfants m'entourent ; ils regardent d'un œil de convoitise la belle trouvaille ; ils la voudraient, pour l'adjoindre au contenu de leur boîte à jouets. C'est bien plus élégant de forme qu'une bille d'agate, bien plus gracieux qu'un œuf d'ivoire, une toupie de buis. La matière, il est vrai, n'en paraît pas des mieux choisies ; mais c'est ferme sous les doigts et de courbure très artistique. N'importe : jusqu'à plus ample informé, la petite poire trouvée sous terre n'ira pas grossir la collection des joujoux.

Serait-ce réellement l'ouvrage du Scarabée? Y aurait-il là dedans un œuf, une larve? Le berger me l'affirme. Dans pareille poire, écrasée par mégarde pendant la fouille, il y avait, dit-il, un œuf blanc, gros comme un grain de blé. Je n'ose le croire, tant l'objet apporté diffère de la pilule attendue.

Ouvrir la problématique trouvaille et m'informer de son contenu serait peut-être imprudence : mon effraction compromettrait la vitalité du germe inclus, si toutefois l'œuf du Scarabée est là, comme le berger en paraît persuadé. Et puis, je me l'imagine, la forme de poire, en contradiction avec toutes les idées reçues, est probablement accidentelle. Qui sait si le hasard me réserve dans l'avenir rien de pareil? Il convient de conserver la chose telle qu'elle est, d'attendre les événements ; il convient surtout d'aller aux informations sur les lieux.

Le lendemain, dès le jour, le berger était à son poste. Je le rejoignis sur des pentes récemment déboisées où le soleil d'été, tapant dur sur la nuque, ne pouvait nous atteindre avant deux ou trois heures. Dans la fraîcheur matinale, le troupeau paissant sous la surveillance de Faraud, nous nous mîmes de concert en recherche.

Un terrier de Scarabée est bientôt trouvé, reconnaissable à la taupinée récente qui le surmonte. D'un poignet vigoureux, mon compagnon fouille. Je lui ai cédé ma houlette de poche, le léger et solide outil dont je n'oublie guère de me munir toutes les fois que je sors, incorrigible gratteur de terre que je suis. Couché pour mieux voir la disposition et l'ameublement de l'hypogée qui s'éventre, je suis tout yeux. De la houlette, le berger fait levier ; de sa main libre, il retient, il écarte les éboulis.

Nous y sommes : un antre s'ouvre, et, dans les tièdes moiteurs du souterrain bâillant, je vois, gisant à terre, une superbe poire couchée de son long. Oui, certes, cette première révélation de l'œuvre maternelle du Scarabée me laissera souvenir tenace. Si, archéologue fouillant les reliques vénérables de l'Égypte, j'eusse exhumé de quelque crypte pharaonique l'insecte sacré des morts taillé en émeraude, mon émotion n'eût pas été plus forte. Ah! saintes joies de la vérité qui soudainement resplendit, y en a-t-il d'autres qui vous soient comparables! Le berger exultait; il riait de mon sourire, il était heureux de mon bonheur.

Le hasard ne se répète pas; *non bis in idem*, nous dit un vieil adage. Voici déjà deux fois que j'ai sous les yeux cette singulière forme de poire. Serait-elle la forme normale, non sujette à exception? Faut-il renoncer à la sphère pareille à celles que l'insecte roule sur le sol? Continuons et nous verrons. Un second nid est trouvé. Comme le précédent, il contient une poire. Les deux trouvailles se ressemblent comme deux gouttes d'eau; on les dirait sorties du même moule. Détail de haute valeur : dans le second terrier, à côté de la poire qu'elle enlace amoureusement, est la mère Scarabée, occupée sans doute à lui donner le dernier fini, avant de quitter pour toujours le souterrain. Tout doute est dissipé : je connais l'ouvrier et je connais l'ouvrage.

Le reste de la matinée ne fit que confirmer en plein ces prémisses : avant qu'un soleil intolérable ne m'eût chassé de la pente explorée, je possédais une douzaine de poires identiques de forme et presque de volume. A diverses reprises, la mère s'était trouvée présente au fond de l'atelier.

Citons, pour en finir, ce que l'avenir me réservait. Pendant toute la durée de la saison caniculaire, de fin juin en septembre, j'ai renouvelé presque chaque jour mes visites aux lieux fréquentés par le Scarabée, et les terriers fouillés par ma houlette m'ont fourni des documents au-delà de ce que je pouvais souhaiter. Les éducations en volière m'en ont fourni d'autres, rares il est vrai, hors de comparaison avec les richesses de la liberté des champs. Somme toute, il m'est passé entre les mains pour le moins une centaine de nids, et c'était invariablement la gracieuse forme de poire; jamais, au grand jamais, la forme ronde de la pilule, jamais la boule dont nous parlent les livres.

Cette erreur, je l'ai partagée moi-même autrefois, plein

de confiance dans la parole des maîtres. Mes anciennes recherches au plateau des Angles n'amenaient aucun résultat, mes essais d'éducation échouaient de façon piteuse, et je tenais cependant à donner à mes jeunes lecteurs une idée de la nidification du Scarabée. J'adoptai donc la forme ronde devenue classique ; puis, me laissant guider par l'analogie, je mis à profit le peu que m'avaient montré d'autres manipulateurs de bouse, pour essayer un croquis approximatif de l'œuvre du Scarabée. Mal m'en a pris. L'analogie est certes précieux moyen, mais qu'elle est loin de valoir le fait directement observé ! Trompé par ce guide, souvent infidèle dans l'inépuisable variété des choses de la vie, j'ai contribué à perpétuer l'erreur ; aussi je m'empresse de faire amende honorable, en priant le lecteur de regarder comme non avenu le peu que j'ai dit autrefois sur la nidification probable du Scarabée sacré.

Et maintenant développons l'histoire authentique, n'appelant en témoignage que les faits réellement vus et revus. Le nid du Scarabée se trahit au-dehors par un amas de terre remuée, par une petite taupinée formée des déblais surabondants que la mère, clôturant le gîte, n'a pu remettre en place, une partie de l'excavation devant rester vide. Sous cet amas s'ouvre un puits de peu de profondeur, un décimètre environ, auquel fait suite une galerie horizontale, droite ou sinueuse, se terminant en une vaste salle où pourrait se loger le poing. Voilà la crypte où repose, enveloppé de vivres, l'œuf soumis à l'incubation d'un soleil torride sous quelques pouces de terre ; voilà le spacieux atelier où la mère, libre de ses mouvements, a pétri et façonné en poire le pain du futur nourrisson.

Ce pain stercoral a son grand axe couché suivant l'horizontale. Sa forme et son volume rappellent exactement ces petites poires de la Saint-Jean qui, par leur coloration vive, leur arôme et leur précocité, font la joie de la marmaille. La grosseur en est variable dans d'étroites limites. Les plus fortes dimensions donnent 45 millimètres de longueur sur 35 millimètres de largeur ; les moindres présentent 35 millimètres dans un sens et 28 dans l'autre.

Sans avoir le poli du stuc, la surface, d'une régularité parfaite, est soigneusement lissée sous une mince souillure de terre rouge. Molle au début comme de l'argile plastique, alors qu'elle est de préparation récente, la miche pyriforme acquiert bientôt par la dessiccation une robuste croûte qui ne cède plus sous la pression des doigts. Le bois n'est pas plus dur. Cette écorce est enveloppe défensive qui isole le reclus de ce monde et lui permet de consommer ses victuailles dans une paix profonde. Mais si la dessiccation gagne la masse centrale, le péril devient d'extrême gravité. Nous aurons occasion de revenir sur les misères du ver exposé au régime d'un pain trop rassis.

Quelle pâte travaille la boulangerie du Scarabée? Le mulet et le cheval sont-ils les fournisseurs? En aucune manière. Je m'y attendais cependant, et chacun s'y attendrait en voyant l'insecte puiser avec tant de zèle, pour son propre usage, au grenier d'abondance d'une ordinaire bouse. C'est là qu'il confectionne habituellement la pilule roulante, qu'il ira consommer dans quelque retraite sous le sable.

Si le pain grossier, bourré d'aiguilles de foin, lui suffit, pour sa famille il est autrement délicat. Il lui faut alors la fine pâtisserie, de nutrition riche, de digestion facile ; il lui faut la manne ovine, non celle que le mouton de tempérament sec dissémine en traînées d'olives noires, mais celle qui, élaborée dans un intestin moins aride, se moule en biscuits d'une seule pièce. Voilà la matière voulue, la pâte exclusivement employée. Ce n'est plus ici le maigre et filandreux produit du cheval ; c'est chose onctueuse, plastique, homogène, tout imprégnée de sucs nutritifs. Par sa plasticité, sa finesse, elle se prête on ne peut mieux à l'œuvre artistique de la poire ; par ses qualités alimentaires, elle convient à la faiblesse d'estomac du nouveau-né. Sous un petit volume, le ver y trouvera réfection suffisante.

Ainsi s'explique l'exiguïté des poires alimentaires, exiguïté qui me faisait douter de l'origine de ma trouvaille avant d'avoir rencontré la mère en présence des provisions. Je ne pouvais voir dans ces mignonnes poires le menu d'un

futur Scarabée, lui si glouton et si remarquable de taille.
 Ainsi s'explique probablement aussi l'échec de mes anciennes volières. Dans ma profonde ignorance de sa vie familiale, je fournissais au Scarabée ce que je glanais d'ici, de là, venant du cheval ou du mulet ; et l'insecte n'en voulait pas pour ses fils, il refusait de nidifier. Aujourd'hui, instruit par l'expérience des champs, je m'adresse au mouton comme fournisseur, et les choses marchent à souhait dans mes volières. Est-ce à dire que les matériaux venus du cheval, choisis dans le meilleur filon et convenablement épluchés, ne soient jamais employés et convertis en poires d'éducation ? Si l'excellent manque, le médiocre est-il refusé ? Sur ce sujet, je reste prudemment dans le doute. Ce que je peux affirmer, c'est que les cent et quelques terriers visités pour écrire cette histoire avaient tous, du premier au dernier, le mouton comme fournisseur des vivres larvaires.
 Où est l'œuf dans cette masse alimentaire, si originalement configurée ? Volontiers on le caserait au centre de la grosse panse arrondie. Ce point central est le mieux défendu contre les éventualités du dehors, le mieux doué en température régulière. De plus, le ver naissant y trouverait de tous côtés couche profonde de nourriture et ne serait pas exposé aux méprises des premières bouchées. Tout étant pareil autour de lui, il n'aurait pas à choisir ; là où par hasard il appliquerait sa dent novice, il pourrait sans hésiter continuer sa première et délicate réfection.
 Tout cela semble fort rationnel, à tel point que je m'y suis laissé prendre. Dans la première poire que j'ai explorée, mince couche par mince couche, avec la lame d'un canif, j'ai cherché l'œuf au centre de la panse, presque certain de l'y trouver. A ma grande surprise, il n'y était pas. Au lieu d'être creux, le centre de la poire est plein. Il y a là un amas alimentaire continu, homogène.
 Mes déductions, que tout observateur à ma place aurait certainement partagées, semblaient très rationnelles ; le Scarabée pourtant est d'un autre avis. Nous avons notre logique, dont nous sommes assez orgueilleux ; le pétrisseur

de fiente a la sienne, supérieure à la nôtre en cette occurrence. Il a sa clairvoyance, sa prévision des choses, et il place son œuf ailleurs.

Où donc? Dans la partie rétrécie de la poire, dans le col, tout à l'extrémité. Coupons ce col en long, avec les précautions nécessaires pour ne pas endommager le contenu. Il est creusé d'une niche à parois luisantes et polies. Voilà le tabernacle du germe, la *chambre d'éclosion*. L'œuf, fort gros relativement à la taille de la pondeuse, est un ovale allongé, blanc, de 10 millimètres environ de longueur sur 5 millimètres de plus grande largeur. Un léger intervalle vide le sépare de tous côtés des murailles de la chambre. Aucun contact avec les parois, si ce n'est à l'extrémité postérieure, qui adhère au sommet de la niche. Horizontalement couché, d'après la position normale de la poire, il repose en entier, sauf le point d'attache, sur un sommier d'air, la plus élastique et la plus chaude des couchettes.

Nous voilà renseignés. Essayons maintenant de voir clair dans la logique du Scarabée. Rendons-nous compte de la nécessité de la poire, configuration si étrange dans l'industrie entomologique; cherchons la convenance du singulier emplacement de l'œuf. Il est périlleux, je le sais, de s'aventurer sur le terrain du comment et du pourquoi des choses. On s'enlise aisément en ce mystérieux domaine où le sol mobile, cédant sous les pieds, engloutit le téméraire dans la bourbe de l'erreur. Faut-il, à cause du danger, renoncer à pareilles incursions? Et pourquoi?

Notre science, si grandiose comparée à la faiblesse de nos moyens, si misérable en face des limbes sans bornes de l'inconnu, que sait-elle de l'absolue réalité? Rien. Le monde nous intéresse uniquement par les idées que nous nous en formons. L'idée disparue, tout devient stérile, chaos, néant. Un ramassis de faits n'est pas la science; c'est un froid catalogue. Il faut dégeler cela, le vivifier au foyer de l'âme; il faut faire intervenir l'idée et les lueurs de la raison; il faut interpréter.

Laissons-nous aller sur cette pente pour expliquer l'œuvre du Scarabée. Peut-être prêterons-nous à l'insecte notre propre logique. Il n'en sera pas moins remarquable, après tout, de voir merveilleusement concorder ce que nous dicte la raison avec ce que l'instinct dicte à la bête.

Un grave danger menace le Scarabée sacré sous sa forme de larve : c'est la dessiccation des vivres. La crypte où se passe la vie larvaire a pour plafond une couche de terre d'un décimètre d'épaisseur à peu près. Que peut ce mince écran contre les chaleurs caniculaires qui calcinent le sol, le cuisent comme brique à des profondeurs bien plus considérables ? La demeure du ver acquiert alors température brûlante ; quand j'y plonge la main, je sens des effluves d'étuve.

Les vivres, pour peu qu'ils aient à durer trois ou quatre semaines, sont donc exposés à se dessécher avant l'heure, jusqu'à devenir immangeables. Lorsque, au lieu du pain tendre du début, il ne trouve plus sous la dent qu'un croûton rebutant, inattaquable par sa dureté de caillou, le malheureux ver doit périr de famine. Il périt, en effet. J'en ai trouvé, et en nombre, de ces victimes du soleil d'août qui, après avoir largement entamé les vivres frais et s'y être creusé une loge, avaient succombé, ne pouvant plus mordre sur les provisions trop durcies. Il restait une épaisse coque, sorte de marmite sans issue, où s'était cuit et ratatiné le misérable.

Si dans la coque devenue pierre par la dessiccation le ver périt de faim, l'insecte, ses transformations terminées, y périt aussi, incapable de rompre l'enceinte et de se libérer. Ayant à revenir plus loin sur la libération finale, je n'insisterai pas davantage sur ce point. Occupons-nous uniquement des misères du ver.

La dessiccation des vivres lui est, disons-nous, fatale. Ainsi l'affirment les larves rencontrées cuites dans leur marmite ; ainsi l'affirme d'une façon plus précise l'expérience que voici. En juillet, époque d'active nidification, j'installe dans des boîtes en carton ou en sapin une douzaine de poires exhumées du lieu d'origine le matin même. Ces boîtes, bien closes, sont déposées à l'ombre, dans mon cabinet, où règne la température du dehors. Eh bien, dans aucune l'éducation n'aboutit : tantôt l'œuf se flétrit, tantôt le ver éclôt, mais ne tarde pas à périr. Au contraire, dans des boîtes en fer-blanc, dans des récipients en verre, les choses marchent très bien ; pas une éducation n'échoue.

D'où proviennent ces différences ? Tout simplement de ceci : avec la haute température de juillet, l'évaporation marche vite sous l'écran perméable de carton ou de sapin ; la poire alimentaire se dessèche, et le vermisseau périt de famine. Dans les boîtes imperméables en fer-blanc, dans les récipients en verre convenablement clos, l'évaporation ne se fait pas, les vivres conservent leur mollesse, et les vers prospèrent aussi bien que dans le terrier natal.

Pour conjurer le péril de la dessiccation, l'insecte a deux moyens. En premier lieu, il comprime la couche extérieure de toute la vigueur de ses larges brassards ; il en fait une écorce protectrice plus homogène, plus serrée que la masse centrale. Si je romps une de ces boîtes à conserves bien desséchée, l'écorce se détache ordinairement de façon nette et laisse à nu le noyau du centre. Le tout rappelle à l'esprit la coquille et l'amande d'une noix. La pression de la mère, manipulant sa poire, a gagné la couche superficielle sur une épaisseur de quelques millimètres, et de là est résultée l'écorce ; plus loin, la pression ne s'est pas propagée, et de là provient le volumineux noyau central. Au fort des chaleurs de l'été, pour le conserver frais, ma ménagère tient le pain dans une jarre close. Ainsi fait l'insecte à sa manière ; par la compression, il enveloppe d'une jarre le pain de la famille.

Le Scarabée va plus loin encore : il devient géomètre capable de résoudre un beau problème de minimum. Toutes les autres conditions restant les mêmes, l'évaporation est évidemment proportionnelle à l'étendue de la surface évaporante. Il faut alors donner à la masse alimentaire la moindre surface possible, pour diminuer d'autant la déperdition d'humidité ; il faut néanmoins que cette moindre surface englobe la plus grande somme de matériaux nourriciers, afin que le ver y trouve réfection suffisante. Or quelle est la forme qui, sous la moindre superficie, enclôt le plus grand volume ? C'est la sphère, répond la géométrie.

Le Scarabée façonne donc la ration du ver en sphère, étant négligé pour le moment le col de la poire ; et cette forme ronde n'est pas le résultat de conditions mécaniques aveugles imposant à l'ouvrier une configuration inéluctable ; ce n'est pas l'effet brutal d'un roulement sur le sol. Nous avons déjà vu que, dans le but d'un charroi plus aisé, plus rapide, l'insecte façonne en boule exacte, sans le remuer de place, le butin qu'il doit aller consommer à distance ; nous avons reconnu, en un mot, que la forme ronde est antérieure au roulement.

Il sera établi de même tout à l'heure que la poire destinée au ver est travaillée au fond du terrier. Elle ne subit pas de roulis, elle n'est pas même déplacée. Le Scarabée lui donne la configuration requise exactement comme le ferait un artiste modeleur façonnant sa glaise sous la pression du pouce.

Tel qu'il est outillé, l'insecte serait capable d'obtenir d'autres formes d'une courbure moins délicate que son œuvre en poire. Il pourrait, par exemple, confectionner le grossier cylindre, le boudin en usage chez les Géotrupes ; il pourrait, simplifiant le travail à l'extrême, laisser le morceau sans forme déterminée, au hasard des trouvailles. Les choses n'en marcheraient que plus vite et laisseraient plus de loisir pour les fêtes du soleil. Mais non : le Scarabée adopte exclusivement la sphère, si difficultueuse dans sa précision ; il agit comme s'il connaissait à fond les lois de l'évaporation et celles de la géométrie.

Reste à se rendre compte du col de la poire. Quels pourraient bien être son rôle, son utilité ? La réponse s'impose, en pleine évidence. Ce col contient l'œuf, dans la chambre d'éclosion. Or tout germe, de la plante aussi bien que de l'animal, a besoin d'air, primordial stimulant de la vie. Pour laisser pénétrer le comburant vivificateur, la coquille de l'œuf de l'oiseau est criblée d'une infinité de pores. La poire du Scarabée est comparable à l'œuf de la poule.

Sa coquille, c'est l'écorce durcie par la compression en vue d'éviter dessiccation trop prompte ; son amas nourricier, son jaune, son vitellus, c'est la molle boule abritée sous l'écorce ; sa chambre à air, c'est la loge terminale, la niche du col, où l'air enveloppe le germe de partout. Pour les échanges respiratoires, où serait-il mieux, ce germe, que dans sa chambre d'éclosion plongeant en promontoire dans l'atmosphère et laissant libre jeu au va-et-vient gazeux à travers sa mince paroi, aisément perméable?

Au centre de l'amas, l'aération est, au contraire, difficultueuse. L'écorce durcie ne possède pas les pores de la coquille d'un œuf, et le noyau central est matière compacte. L'air y pénètre néanmoins, car tout à l'heure le ver y pourra vivre, le ver, organisation robuste moins exigeante en délicatesses que les premiers tressaillements de la vie.

Où la larve déjà grande prospère, l'œuf périrait étouffé. En voici la preuve. Dans un petit flacon à large goulot, je tasse de la fiente de mouton, le mets requis en cette occurrence. Avec le bout d'une menue baguette que j'y plonge, j'obtiens un puits qui représentera la chambre d'éclosion. Un œuf prudemment déménagé de sa loge naturelle est transvasé dans ce puits. Je clos l'orifice et surmonte le tout d'une épaisse couche de la même matière tassée. Voilà bien, à la forme près, artificiellement reproduite la pelote du Scarabée ; seulement, dans ce cas, l'œuf est au centre de la masse, lieu que des considérations trop précipitées nous avaient fait tantôt juger le mieux propice. Eh bien, ce point de notre élection est mortel. L'œuf y périt. Que lui a-t-il manqué? Apparemment aération convenable.

Largement enveloppé par la froide et gluante masse, mauvaise conductrice de la chaleur, il n'a pas non plus la douce température que réclame l'éclosion. Outre l'air, il faut à tout germe la chaleur. Pour se rapprocher autant que possible de la couveuse, le germe, dans l'œuf de l'oiseau, occupe la surface du jaune et, grâce à son extrême mobilité, gagne toujours le haut, n'importe la position de l'œuf.

Ainsi se met mieux à profit le calorifère maternel accroupi sur la couvée.

Avec l'insecte, la couveuse est la terre, que chauffe le soleil. Son germe, lui aussi, se rapproche du calorifère ; il va chercher son étincelle de vie au voisinage de l'universelle couveuse ; au lieu de rester noyé au centre de l'inerte amas, il prend place au sommet d'un mamelon saillant que baignent de tous côtés les tièdes effluves du sol.

Ces conditions, air et chaleur, sont tellement fondamentales que nul, parmi les Bousiers, ne les néglige. Les amas nourriciers sont de forme variée, ainsi que nous aurons occasion de le voir ; outre la poire, sont adoptés, suivant le genre du manipulateur, le cylindre, l'ovoïde, la pilule, le dé à coudre ; mais, avec cette diversité de configuration, un trait de premier ordre reste constant : c'est l'œuf logé dans une chambre d'éclosion tout près de la surface, excellent moyen pour l'accès facile de l'air et de la chaleur. Le mieux doué en cet art délicat est le Scarabée sacré avec sa poire.

J'avançais tantôt que ce premier pétrisseur de fiente se comportait avec une logique rivale de la nôtre. Au point où nous en sommes, la preuve de mon affirmation est faite. Il y a mieux. Soumettons le problème suivant aux lumières de notre science. — Un germe est accompagné d'une masse de vivres que la dessiccation peut rapidement mettre hors d'usage. Comment sera façonnée la masse alimentaire ? Où sera logé l'œuf pour recevoir aisément influence de l'air et de la chaleur ?

Il a été déjà répondu à la première question du problème. Sachant que l'évaporation est proportionnelle à l'étendue de la surface évaporante, notre savoir dit : les vivres seront disposés en boule, parce que la forme sphérique est celle qui enclôt le plus de matières sous la moindre surface. Quant à l'œuf, puisqu'un fourreau protecteur lui est nécessaire afin d'éviter tout blessant contact, il sera contenu dans une gaine cylindrique de faible épaisseur, et cette gaine sera implantée sur la sphère.

Ainsi sont remplies les conditions requises : les vivres conglobés en sphère se maintiennent frais ; l'œuf, protégé par sa mince gaine cylindrique, reçoit sans entraves l'influence de l'air et de la chaleur. Le strict nécessaire est obtenu, mais c'est fort laid. L'utile ne s'est pas préoccupé du beau.

Un artiste reprend l'œuvre brutale du raisonnement. Il remplace le cylindre par un demi-ellipsoïde, de forme bien plus gracieuse ; il raccorde cet ellipsoïde avec la sphère par une élégante surface courbe, et le tout devient la poire, la gourde avec col. Maintenant c'est une œuvre d'art, c'est beau.

Le Scarabée fait précisément ce que nous dicte l'esthétique. Aurait-il, lui aussi, un sentiment du beau? Sait-il apprécier l'élégance de sa poire? Certes, il ne la voit pas : il la manipule dans de profondes ténèbres. Mais il la touche. Pauvre tact que le sien, rudement vêtu de corne, mais non insensible, après tout, aux contours doucement amenés!

L'idée m'est venue de mettre l'intelligence enfantine à l'épreuve sur la question du beau que soulève l'œuvre du Scarabée. Il me fallait des intelligences très novices, à peine écloses, sommeillant encore dans les nuages des premières années, enfin aussi rapprochées que possible du vague intellect de l'insecte, si toutefois pareil rapprochement est jamais permis. Il me les fallait néanmoins assez lucides pour me comprendre. J'ai fait choix de bambins incultes dont l'aîné avait six ans.

J'ai soumis à l'aréopage l'œuvre du Scarabée et une œuvre géométrique de mes doigts qui, sous le même volume, représentait la sphère surmontée d'un court cylindre. Les prenant chacun à part, comme à confesse, afin que l'opinion de l'un n'influât pas sur l'opinion de l'autre, je leur ai montré à l'improvistes les deux joujoux, leur demandant quel était, à leur avis, le plus joli. Ils étaient cinq : tous ont opiné pour la poire du Scarabée. Cette unanimité m'a frappé. Le fruste petit paysan qui ne sait pas encore se moucher a déjà quelque sentiment de la gracieuseté des formes. Il y a pour lui un beau, il y a pour lui un laid.

En serait-il de même du Scarabée? Nul, en pleine connaissance de cause, n'oserait dire oui; nul non plus n'oserait dire non. C'est une question insoluble, l'unique juge ici ne pouvant être consulté. Après tout, la réponse pourrait bien être d'une extrême simplicité. Que sait la fleur de sa superbe corolle? Que sait la neige de ses exquises étoiles à six rayons? Comme la fleur et la neige, le Scarabée pourrait bien ignorer le beau, pourtant son œuvre.

Il y a du beau partout, à la condition expresse qu'il y ait un œil apte à le reconnaître. Cet œil de l'intellect, cet œil appréciateur de la correction des formes, est-il, dans une certaine mesure, l'apanage de la bête? Si l'idéal du beau pour le crapaud est incontestablement la crapaude, en dehors de l'attrait irrésistible des sexes y a-t-il réellement un beau pour l'animal? Envisagé de façon générale, qu'est-ce que le beau, en effet? C'est l'ordre. Qu'est-ce que l'ordre? C'est l'harmonie dans l'ensemble. Qu'est-ce que l'harmonie? — C'est... Mais tenons-nous-en là. Les réponses succéderaient aux demandes sans jamais atteindre l'ultime base, l'inébranlable appui. Que de métaphysique pour un lopin de bouse! Passons outre, il en est temps.

III

LE SCARABÉE SACRÉ. — LE MODELAGE

Nous voici en terrain solide, celui des faits observables. Comment le Scarabée obtient-il la poire maternelle ? Il est certain d'abord que cela ne se façonne en aucune manière par le mécanisme du charroi sur le sol : la forme est incompatible avec le roulement dans tous les sens, à l'aventure. Passe encore pour le ventre de la gourde ; mais le col, le mamelon ellipsoïdal, excavé en chambre d'éclosion ! Cette œuvre délicate ne saurait résulter de chocs violents, non mesurés. Le bijou de l'orfèvre ne se martèle pas sur l'enclume du forgeron. D'accord avec d'autres raisons, d'évidence parfaite, déjà invoquées, la configuration pyriforme nous délivre à tout jamais, je l'espère, de l'antique croyance qui mettait l'œuf dans une boule véhémentement cahotée.

Pour son chef-d'œuvre, le sculpteur entre en loge. Ainsi fait le Scarabée. Il s'enferme au fond de sa crypte pour modeler, dans le recueillement, les matériaux introduits. Deux cas se présentent pour l'obtention du bloc à travailler. Tantôt l'insecte cueille dans le monceau, suivant la méthode qui nous est connue, un bloc de choix, pétri sur place en boule et déjà sphérique avant d'être ébranlé. S'il s'agissait de vivres destinés à sa propre réfection, il ne se comporterait pas autrement.

La boule jugée assez volumineuse, si les lieux ne lui conviennent pas pour y creuser le terrier, il se met en marche avec son faix roulant ; il va à l'aventure jusqu'à la rencontre d'un point propice. Pendant le trajet, la pilule, sans se perfectionner comme sphère parfaite qu'elle était au début, durcit un peu à la surface, s'incruste de terre et de menus grains de sable. Cette écorce terreuse, amassée en route, est signe authentique d'un voyage plus ou moins lointain. Ce détail a son importance ; il nous servira dans un instant.

Tantôt encore, dans l'étroite proximité du monceau d'où le bloc a été extrait, les lieux agréent à l'insecte pour le creusement du terrier. Le sol, peu cailloteux, s'y trouve d'excavation facile. Alors, plus de voyage nécessaire, et partant plus de boule favorable au charroi. Le biscuit mollet du mouton est cueilli et emmagasiné tel quel, et entre dans l'atelier masse informe, tout d'une pièce, au besoin en divers lopins.

Ce cas est rare à l'état naturel, par suite de la grossièreté du terrain, riche de pierrailles. Les emplacements à fouille praticable sans difficultés sont clairsemés ; et l'insecte doit errer avec sa charge pour les rencontrer. Dans mes volières, dont la couche de terre a été expurgée avec le tamis, c'est, au contraire, le cas habituel. Tout point s'y trouve d'excavation aisée ; aussi la mère, travaillant pour sa ponte, se borne à descendre sous terre le morceau voisin, sans lui donner forme quelconque déterminée.

Que le fait de l'emmagasinement sans boule et charroi préalables s'accomplisse aux champs ou dans mes volières, le résultat final est des plus frappants. La veille j'avais vu disparaître dans le souterrain un bloc informe. Le lendemain ou le surlendemain je visite l'atelier, et je trouve l'artiste en face de son œuvre. La masse disgracieuse du début, les lambeaux désordonnés introduits par brassées, sont devenus poire de correction parfaite, de fini méticuleux.

L'artistique objet porte avec lui les marques de son mode de fabrication ; la partie reposant sur le sol de la grotte est incrustée de parcelles terreuses ; tout le reste est d'un poli lustré. Par l'effet de son poids, par l'effet aussi de la pression quand le Scarabée la manipulait, la poire, toute molle encore, s'est souillée de grains terreux sur la face en contact avec le plancher de l'atelier ; sur le reste, et c'est la majeure part, elle a gardé le délicat fini que l'insecte a su lui donner.

Les conséquences de ces détails, minutieusement constatés, sautent aux yeux : la poire n'est pas ouvrage de tourneur ; elle n'a pas été obtenue par un roulement quelconque sur le sol du spacieux atelier, car alors elle serait souillée de terre de partout. D'ailleurs son col proéminent exclut ce mode de fabrication. Elle n'a pas même été retournée d'un flanc sur un autre ; sa face supérieure, indemne de souillures, hautement l'affirme. Sans déplacement aucun, sans retournement, le Scarabée l'a donc pétrie au point même où elle gît ; il l'a modelée à petits coups de ses larges palettes, de même que nous le voyons modeler sa pilule au grand jour.

Revenons maintenant au cas habituel, dans la liberté des champs. Les matériaux viennent alors de loin et sont introduits dans le terrier sous forme d'une boule souillée de terre dans toute son étendue superficielle. Que va faire l'insecte de cette sphère où la panse de la future poire se trouve déjà faite ? Obtenir la réponse ne présentait pas sérieuse difficulté si, bornant mon ambition aux résultats, je faisais le sacrifice des moyens employés : il suffisait — ce qui m'est arrivé bien des fois — de capturer la mère dans son terrier avec sa pilule et de transporter le tout chez moi, dans mon laboratoire aux bêtes, pour surveiller de près les événements.

Un ample bocal est rempli de terre tamisée, humectée et tassée au point voulu. A la surface du sol artificiel, je dépose la mère et sa chère pilule, qu'elle tient embrassée. Je case l'appareil dans un demi-jour et j'attends. Ma patience n'est pas trop longtemps mise à l'épreuve. Pressé par le travail des ovaires, l'insecte reprend le travail interrompu.

Dans certains cas, je le vois, toujours à la surface, détruire sa pelote, l'éventrer, l'écharper, l'éparpiller. Ce n'est pas le moins du monde acte de désespéré qui, se trouvant captif, brise, dans son égarement, l'objet chéri. C'est acte de sage hygiène. Au morceau cueilli à la hâte parmi des concurrents effrénés, une visite scrupuleuse est souvent nécessaire, la surveillance n'étant pas toujours des plus commodes sur les lieux de récolte au milieu de larrons. La pilule peut contenir englobés de petits Onthophages, des Aphodies, auxquels on n'a pas pris garde, dans la fièvre de l'acquisition.

Ces intrus involontaires, se trouvant fort bien au sein de la masse, exploiteraient, eux aussi, la future poire, au grand détriment du légitime consommateur. Il faut expurger la pelote de cette famélique engeance. La mère la détruit donc, la réduit en miettes, l'épluche. Puis, des débris rassemblés, la boule se refait, dépouillée maintenant de son écorce terreuse. Elle est entraînée sous terre et devient poire sans souillure, la face d'appui exceptée.

Plus fréquemment encore, la pilule est enfouie par la mère dans le sol du bocal telle que je l'ai extraite du terrier, avec l'enveloppe rugueuse que lui a value le roulement à travers champs pendant le trajet du lieu d'acquisition au point où l'insecte se proposait de l'utiliser. Dans ce cas, au fond de mon appareil je la retrouve convertie en poire, elle-même rugueuse, incrustée de sable et de terre sur toute la superficie, preuve que la configuration pyriforme n'a pas exigé refonte générale de la masse intéressant l'intérieur aussi bien que l'extérieur, mais a été obtenue par simple pression, étirement du col.

Dans la très grande majorité des cas, c'est ainsi que les choses se passent à l'état normal. Presque toutes les poires que j'exhume dans les champs sont encroûtées, privées de poli, les unes plus, les autres moins. Si l'on perd de vue les inévitables incrustations dues au charroi, ces souillures sembleraient affirmer un roulis prolongé à l'intérieur du manoir souterrain. Les quelques rares que je rencontre

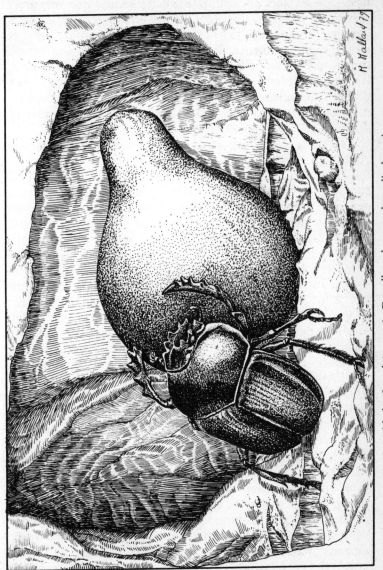

Le nid du Scarabée sacré. Femelle achevant de polir la poire.

lisses, celles surtout, admirablement nettes, que me fournissent les volières, dissipent à fond cette erreur. Elles nous enseignent qu'avec des matériaux cueillis tout près et emmagasinés informes, la poire est modelée en son entier, sans roulis aucun ; elles nous affirment que, pour les autres, les rugosités terreuses de l'écorce ne sont pas les signes d'une manipulation par roulement au fond de l'atelier, mais les simples marques d'un voyage assez long à la surface du sol.

Assister à la confection de la poire n'est pas d'exécution aisée : le ténébreux artiste se refuse obstinément à tout travail dès que la lumière l'atteint. Il lui faut obscurité complète pour modeler ; il me faut à moi clarté pour le voir opérer. Impossible d'associer les deux conditions. Essayons néanmoins, surprenons par fragments la vérité qui se dérobe en sa plénitude. Voici le dispositif adopté.

L'ample bocal de tantôt est repris. Je le garnis au fond d'une couche de terre de quelques travers de doigt d'épaisseur. Pour obtenir l'atelier à parois transparentes qui m'est indispensable, sur la couche terreuse j'établis un trépied, et sur ce support d'un décimètre de haut j'assois une rondelle de sapin de même diamètre que le bocal. La chambre à parois de verre ainsi délimitée représentera la spacieuse crypte où travaille l'insecte. Sur le bord, la planchette de sapin est entaillée d'une échancrure suffisante au passage du Scarabée et de sa pilule. Enfin au-dessus de l'écran est tassée une couche de terre aussi haute que le permet le bocal.

Pendant l'opération, une partie de la terre supérieure s'éboule par l'échancrure et descend dans l'appartement inférieur en un large plan incliné. C'est condition prévue, indispensable à mon dessein. Au moyen de cette pente, quand il aura trouvé la trappe de communication, l'artiste gagnera la loge transparente que je lui ai ménagée. Il ne la gagnera, bien entendu, qu'autant qu'elle sera dans une obscurité parfaite. Je fabrique donc un cylindre de carton fermé par le haut, et j'en enveloppe l'appareil de verre. Laissé en place, l'étui opaque donnera les ténèbres que réclame le Scarabée ; brusquement soulevé, il donnera le jour que je réclame de mon côté.

Les choses ainsi disposées, je me mets en recherche d'une mère récemment retirée dans sa loge naturelle avec sa pilule. Une matinée suffit à me pourvoir comme je le désire. Je dépose la mère et sa boule à la surface de la couche supérieure de terre ; je coiffe l'appareil de son étui de carton, et j'attends. Tenace dans son œuvre tant que l'œuf n'est pas logé, l'insecte se creusera un nouveau terrier, entraînant à mesure sa pilule ; il traversera la couche supérieure de terre, insuffisante d'épaisseur ; il rencontrera la planchette de sapin, obstacle analogue aux pierrailles qui bien des fois lui barrent le passage dans ses fouilles normales ; il explorera la cause de l'arrêt et, trouvant l'échancrure, il descendra par cette trappe dans la loge du fond, qui, spacieuse, libre, sera pour lui la crypte d'où je viens de le déménager. Ainsi disent mes prévisions. Mais tout cela demande du temps, et il convient d'attendre jusqu'au lendemain pour satisfaire ma curieuse impatience.

L'heure est venue, allons. La porte du cabinet a été laissée ouverte la veille : le seul bruit de la serrure troublerait, arrêterait mon travailleur méfiant. Pour plus de précaution je chausse, avant de pénétrer, de silencieuses pantoufles. Et v'lan! le cylindre est enlevé. Parfait! mes prévisions étaient justes.

Le Scarabée occupe l'atelier vitré. Je le surprends à l'œuvre, sa large patte posée sur l'ébauche de la poire. Mais, ahuri par la soudaine clarté, il reste immobile, comme pétrifié. Cela dure quelques secondes. Puis il me tourne le dos et gauchement remonte le plan incliné pour gagner les hauteurs enténébrées de sa galerie. Je donne un coup d'œil à l'ouvrage, je prends note de sa forme, de sa position, de son orientation, et je fais de nouveau l'obscurité avec l'étui de carton. Ne prolongeons pas l'indiscrétion, si nous voulons renouveler l'épreuve.

Ma soudaine et si courte visite nous dit le premier mot du mystérieux travail. La pilule, au début exactement sphérique, porte maintenant un fort bourrelet circonscrivant une sorte de cratère peu profond. L'ouvrage me remet en mémoire, avec des proportions minuscules, certains pots préhistoriques, à panse ronde, à grosses lèvres autour de l'embouchure, à col étranglé par un étroit sillon. Cette ébauche de la poire dit la méthode de l'insecte, méthode identique à celle de l'homme quaternaire ignorant le tour du potier.

La boule plastique, circulairement cernée sur un côté, s'est creusée d'une rainure, point de départ du col ; elle s'est en outre quelque peu étirée en une saillie obtuse. Au centre de cette saillie, une pression s'est opérée, qui, faisant refluer la matière sur les bords, a produit le cratère avec ses lèvres difformes. Enlacement circulaire et pression suffisent pour ce premier travail.

Sur le soir, nouvelle et brusque visite, dans un complet silence. Revenu de son émoi de la matinée, le modeleur est redescendu dans son atelier. Inondé de lumière et déconcerté par les étranges événements que mes artifices lui suscitent, aussitôt il détale et se réfugie dans l'étage supérieur. La pauvre mère, que persécutent mes illuminations, s'en va là-haut, au sein du noir, mais à regret, par enjambées hésitantes.

L'ouvrage a progressé. Le cratère s'est approfondi ; ses grosses lèvres ont disparu, amincies, rapprochées, étirées en col de poire. L'objet, d'ailleurs, n'a pas changé de place. Sa position, son orientation, sont exactement celles que j'avais notées. La face qui reposait sur le sol est toujours en bas, au même point ; la face qui regardait le haut est toujours en haut ; le cratère qui était à ma droite est remplacé par le col, toujours à ma droite. D'où conclusion achevant d'établir mes dires antérieurs : pas de roulis ; simple pression, qui pétrit et façonne.

Le lendemain, troisième visite. La poire est finie. Son col, hier sac bâillant, est maintenant clos. L'œuf est donc pondu ; l'œuvre est parachevée et ne demande plus que des retouches de polissage général, retouches auxquelles, sans doute, quand je l'ai dérangée, procédait la mère, elle si scrupuleuse de perfection géométrique.

Le plus délicat de l'affaire m'échappe. Je vois très bien en gros comment s'obtient la chambre d'éclosion de l'œuf : le gros bourrelet cernant le cratère primitif s'amincit en lame sous la pression des pattes, il s'allonge en un sac dont l'embouchure va diminuant. Jusque-là le travail comporte explication suffisante. L'explication ne vient plus pour l'exquise perfection de la cellule où l'œuf doit éclore, quand on songe aux outils rigides de l'insecte, les larges et dentelés brassards dont les brusques gaucheries rappellent les mouvements d'un automate.

Avec cet outillage grossier, excellent pour labourer le tuf, comment le Scarabée obtient-il la loge natale, la niche ovalaire si délicatement polie, glacée à l'intérieur? Introduite par l'étroit orifice du sac, la patte, vraie scie de carrier, à dents énormes, rivaliserait-elle à présent de douceur avec le pinceau? Pourquoi non? Nous l'avons dit ailleurs, et c'est ici le cas de le répéter : l'outil ne fait pas l'ouvrier. L'insecte exerce son aptitude de spécialiste avec l'outil quelconque dont il est muni. D'un rabot il sait faire usage de scie, et d'une scie usage de rabot, comme l'ouvrier modèle dont parle Franklin. De ce même râteau à fortes dents dont il éventre la terre, le Scarabée fait

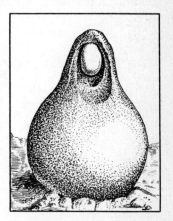

Section de la poire montrant l'œuf et la chambre d'éclosion.

truelle et pinceau pour glacer le stuc de la chambre où naîtra le ver.

Pour en finir, un détail encore sur cette chambre d'éclosion. A l'extrême bout du col de la poire, un point se distingue toujours d'une façon assez nette : quelques brins filandreux le hérissent, tandis que le reste du col est soigneusement poli. Il y a là le tampon avec lequel la mère a clos l'étroite ouverture, une fois l'œuf mis en place ; et ce tampon, comme le démontre sa structure hirsute, n'a pas été soumis à la pression qui sur tout le reste de l'ouvrage empâte dans la masse et fait disparaître le moindre brin saillant.

Pourquoi ces ménagements au pôle extrême, exception bien singulière lorsque partout ailleurs la poire a subi les vigoureux coups de pattes de l'insecte ? Par son bout d'arrière, l'œuf prend appui sur ce tampon, qui, s'il était comprimé, refoulé, transmettrait la pression au germe et le mettrait en péril. La mère, au courant du danger, obture donc le pertuis avec un bouchon non tassé : l'air se renouvellera mieux dans la chambre d'éclosion, et l'œuf évitera la périlleuse commotion du battoir compresseur.

IV

LE SCARABÉE SACRÉ. — LA LARVE

Sous le mince plafond de son terrier, l'œuf du Scarabée est soumis aux influences changeantes du soleil, souverain incubateur ; l'éveil de son germe n'a donc pas et ne peut avoir de date précise. Par une insolation ardente, j'ai obtenu le vermisseau cinq à six jours après la ponte ; avec une température plus modérée, je ne l'ai obtenu que le douzième jour. Juin et juillet sont les mois de l'éclosion.

Aussitôt dégagé des langes de l'œuf, le nouveau-né ne tarde pas à porter la dent sur la paroi de sa chambre. Il commence à manger sa maison, non au hasard, mais avec une prudence infaillible. S'il mordait sur les minces flancs de sa loge, — et rien ne l'en détourne, car là, tout aussi bien qu'ailleurs, la matière est d'excellente qualité, — s'il ratissait de la mandibule le bout extrême du mamelon, point le plus faible, il ferait brèche dans l'enceinte défensive avant de posséder en quantité suffisante le mastic que nous allons voir employer par la larve en des accidents similaires dus à des causes extérieures.

Entamant à l'aventure son monceau de vivres, il s'exposerait aux périlleuses éventualités du dehors ; il pourrait du moins glisser de son berceau et choir à terre par la lucarne ouverte. Tombé de sa loge, le petit ver est perdu. Il ne saura pas retrouver ses provisions ; et s'il les retrouve, il sera rebuté par l'écorce encroûtée de terre. En sa haute sagesse, comme n'en possèdent jamais les jeunes des animaux supérieurs, sur lesquels veille une mère, le nouveau-né, tout luisant encore des glaires de l'œuf, connaît à fond le péril, et l'évite par une tactique de succès assuré.

Tout étant pareil autour de lui comme nourriture, tout étant de son goût, il s'attaque néanmoins, de façon exclusive, à la base de sa loge, base qui se continue par la volumineuse boule où seront licites les coups de mandibules dans tous les sens, au gré du consommateur.

Qui m'expliquera la préférence pour ce point d'attaque, lorsque rien ne le distingue des autres sous le rapport alimentaire? L'animalcule serait-il averti de la proximité du dehors par la manière dont une mince paroi impressionne son délicat épiderme? En quoi pourrait bien consister cette impression? Et puis, que sait-il des dangers du dehors, lui qui vient de naître? Je m'y perds.

Ou plutôt, je m'y retrouve; j'y revois, sous un autre aspect, ce que m'enseignaient il y a quelques années les Scolies et les Sphex*, ces savants mangeurs, ces experts anatomistes, discernant si bien le permis et le défendu, pour dévorer graduellement une proie sans la tuer jusqu'à la fin du repas. Le Scarabée possède, lui aussi, son art difficultueux de manger. S'il n'a pas à se préoccuper de la conservation des vivres, non putréfiables, il doit veiller du moins aux bouchées intempestives qui le mettraient à découvert. De ces bouchées périlleuses, les premières sont les plus redoutables, vu la faiblesse de la bête et la minceur de la paroi. Pour sauvegarde, le ver a donc, à sa manière, l'inspiration primordiale sans laquelle nul ne saurait vivre; il obéit à l'impérieuse voix de l'instinct qui lui dit : « Tu mordras là, jamais ailleurs. »

Et, respectueux de tout le reste, si tentant que soit le morceau, il mord au point réglementaire; il entame la poire par la base du col. En quelques jours il plonge dans la masse ventrue; il y devient gros et gras, transformant l'immonde matière en larve replète, luisante de santé, de blancheur éburnéenne avec reflets ardoisés, sans un atome de souillure. La matière disparue, ou pour mieux dire refondue au creuset de la vie, laisse pour vide une loge ronde que remplit le ver, courbant l'échine sous la voûte sphérique et se repliant en deux.

L'heure est venue d'un spectacle comme ne m'en ont pas encore montré d'aussi étrange les audaces industrielles de l'insecte. Désireux d'observer le ver dans l'intimité de son logis, j'ouvre sur la panse de la poire une petite lucarne d'un demi-centimètre carré. Aussitôt la tête du reclus apparaît au pertuis, s'informant de ce qui se passe. La brèche est reconnue. La tête disparaît. J'entrevois l'échine blanche rouler dans l'étroite loge ; et, dès l'instant, la fenêtre que je viens de pratiquer se clôt d'une pâte brune, molle, assez promptement durcie.

L'intérieur de la loge, me disais-je, est sans doute purée demi-fluide. Tournant sur elle-même, comme le témoigne le brusque glissement du dos, la larve a cueilli une brassée de cette matière et, le circuit achevé, a déposé sa charge en guise de mortier sur la brèche jugée dangereuse. J'enlève le tampon de clôture. La larve recommence, met la tête à la fenêtre, la retire, pirouette sur elle-même ainsi qu'un noyau glissant dans sa coquille, et sur-le-champ voici un deuxième tampon aussi copieux que le premier. Prévenu de ce qui allait se passer, j'ai mieux vu cette fois.

Quelle méprise était la mienne! Je n'en suis pas trop confus : dans son industrie défensive, la bête emploie souvent des moyens auxquels notre imagination n'oserait songer. Ce n'est pas la tête qui se présente sur la brèche après le roulement préalable ; c'est l'extrémité contraire. Le ver n'apporte pas une brassée de sa pâte alimentaire, cueillie par le ratissage de la paroi ; il fiente sur l'ouverture à clôturer. C'est bien plus économique. Parcimonieusement mesurée, la ration ne doit pas se gaspiller : il y en a tout juste de quoi vivre. Le ciment est d'ailleurs de meilleure qualité ; il fait rapidement prise. Enfin l'urgente réparation est plus prompte si l'intestin a les complaisances voulues.

Il les a, en effet, et même à un degré étonnant. Cinq, six fois et plus, j'enlève coup sur coup le tampon déposé, et coup sur coup s'éjacule copieusement le mortier dont le réservoir semble inépuisable, toujours au service du maçon sans intervalle de repos. Le ver tient déjà du Scarabée, dont nous connaissons les prouesses stercorales ; c'est un fienteur émérite. Il possède, comme nul autre au monde, une docilité intestinale que tout à l'heure l'anatomie se chargera de nous expliquer en partie.

Le plâtrier et le maçon ont leur truelle. Le ver, zélé restaurateur des brèches faites à son domicile, a pareillement la sienne. Le dernier segment, tronqué de façon oblique, forme à la face dorsale une sorte de plan incliné, un large disque que cerne un bourrelet charnu. Au centre du disque s'ouvre, configuré en boutonnière, l'orifice à mastic. Voilà l'ample truelle, aplatie et munie d'un rebord pour que la matière comprimée ne difflue pas en écoulements inutiles.

Aussitôt le jet plastique déposé en bloc, l'instrument égaliseur et compresseur fonctionne pour bien introduire le ciment dans les anfractuosités de la brèche, le refouler dans toute l'épaisseur de la partie ruinée, lui donner consistance, l'aplanir. Après le coup de truelle, le ver se retourne ; il vient cogner, presser l'ouvrage de son large front et le perfectionner du bout des mandibules. Attendons un quart d'heure, et la partie réparée sera aussi solide que le reste de la coque, tant le ciment fait vite prise. Au-dehors, la réparation se trahit par l'irrégulière saillie de la matière refoulée, inaccessible à la truelle ; mais au-dedans aucune trace de la fracture ; au point compromis, l'habituel poli est revenu. Un plâtrier bouchant un trou de mur dans nos appartements n'opérerait pas mieux.

Le ver ne borne pas là ses talents. Avec son mastic, il est raccommodeur de pots cassés. Expliquons-nous. J'ai comparé à une jarre tenant les vivres frais le dehors de la poire qui, comprimé et desséché, devient robuste coque. Dans mes fouilles, parfois en terrain difficultueux, il m'est arrivé de temps en temps de casser cette jarre sous les coups de la houlette mal dirigée. Je rassemblais les tessons, les rajustais après avoir remis le ver en place, et maintenais l'assemblage en l'enveloppant d'un lambeau de vieux journal.

De retour chez moi, je trouvais la poire, déformée sans doute, couturée de cicatrices, mais enfin aussi solide que jamais. Pendant le trajet, le ver avait remis en état sa demeure ruinée. Du mastic injecté dans les fentes soudait entre eux les morceaux ; à l'intérieur un épais crépi renforçait la paroi, si bien que la coque restaurée valait la coque intacte, abstraction faite des irrégularités du dehors. Dans son coffre-fort artistement raccommodé, le ver retrouvait la paix profonde qui lui est nécessaire.

Le moment est venu de se demander le motif de cette industrie de plâtrier. Destinée à vivre dans une obscurité complète, la larve boucherait-elle les ouvertures survenues à sa demeure afin d'éviter l'importun accès de la lumière ? Elle est aveugle. Aucune trace d'organe de vision sur sa jaunâtre calotte crânienne. Mais l'absence d'yeux n'autorise pas à nier l'influence de la lumière, influence vaguement ressentie peut-être par le délicat épiderme du ver. Des épreuves sont nécessaires. Les voici.

Je pratique la brèche presque dans l'obscurité. Le peu de clarté qui reste suffit tout juste à diriger mon outil d'effraction. L'ouverture faite, je plonge aussitôt la coque dans les ténèbres d'une boîte. Quelques minutes après, le pertuis est bouché. Malgré l'obscurité où il se trouvait, le ver a jugé bon de fermer hermétiquement son logis.

En de petits bocaux bien bourrés de vivres, j'élève des larves extraites de leur poire natale. Dans la masse alimentaire, un puits est ménagé, terminé au fond en demi-sphère. Ce réduit, représentant à peu près la moitié de la poire excavée, sera la loge artificielle donnée en remplacement de la loge naturelle. J'y dépose isolément les vers expérimentés. Le changement de domicile n'amène pas d'inquiétude appréciable. Trouvant très à leur goût les vivres de mon choix, ils mordent sur l'enceinte avec l'habituel appétit.

L'exil ne trouble en rien ces stoïques panses, et mes éducations se poursuivent sans entrave aucune.

Un fait digne de mémoire alors se passe. Tous mes déménagés petit à petit travaillent à compléter la niche ronde dont mon puits ne représentait que la moitié inférieure. Je leur ai fourni le plancher. Ils se proposent d'y ajouter un plafond, une coupole, et de s'enfermer ainsi, dans une enceinte sphérique. Les matériaux sont le mastic fourni par l'intestin ; l'instrument de construction est la truelle, le plan incliné à bourrelet du dernier segment. Des moellons pâteux sont déposés sur la margelle du puits. Quand ils ont fait prise, ils servent d'appui à une seconde rangée, légèrement inclinée en dedans. D'autres rangées se succèdent, accusant de plus en plus la courbure de l'ensemble. Du reste, de temps à autre, des roulements de croupe achèvent de déterminer l'assemblage sphérique. De cette manière, sans échafaudage d'appui, sans arceaux de soutien indispensables à notre architecture pour construire une voûte, s'obtient hardie coupole bâtie sur le vide et complétant la sphère que j'avais commencée.

Quelques-uns abrègent le travail. La paroi de verre du petit bocal est parfois dans le rayon de l'ouvrage à faire. Sa surface lisse est conforme à leurs goûts de méticuleux polisseurs ; sa courbure, dans une certaine étendue, se confond avec celle de leur devis. Ils en profitent, non sans doute par économie de peine et de temps, mais parce que la lisse et ronde paroi voisine est, à leur sens, chose de leur provenance. Ainsi est réservée, sur les flancs de la coupole, une ample fenêtre vitrée qui répond on ne peut mieux à mes desseins.

Eh bien, les vers qui reçoivent à travers pareille fenêtre, tout le jour et des semaines durant, la vive illumination de mon cabinet, se tiennent aussi tranquilles que les autres, mangeant et digérant, sans nul souci d'arrêter par un écran de leur mastic une clarté qui leur serait odieuse. Quand la larve s'empresse tant de clore la brèche que je viens de faire à sa chambre, ce n'est donc pas dans le but de se garantir de la lumière.

Redouterait-elle les vents coulis, avec ses scrupules à mastiquer la moindre fissure par où l'air pourrait s'insinuer ? La réponse n'est pas encore là. Dans mon appartement et dans le sien, la température est la même ; et puis, lorsque j'opère mes effractions, l'atmosphère de mon atelier est d'un calme complet. Ce n'est pas dans la tempête que j'interroge la cloîtrée, c'est dans la tranquillité de mon cabinet, c'est dans la tranquillité plus profonde d'un bocal.

Un courant froid, douloureux pour un épiderme très sensible, ne peut être invoqué ; et néanmoins l'air est l'ennemi qu'il faut éviter à tout prix. S'il affluait largement à l'intérieur par une brèche, avec l'aridité que lui donnent les chaleurs de juillet, les vivres seraient réduits par la dessiccation en galette immangeable, devant laquelle le ver languirait anémié et bientôt succomberait de disette. La mère, autant qu'il était en son pouvoir, avec la forme ronde et l'enveloppe compacte, a précautionné ses fils contre le mâle mort par famine ; mais les fils ne sont pas néanmoins affranchis de toute surveillance à l'égard de la ration.

S'ils veulent avoir pain tendre jusqu'à la fin, ils doivent, à leur tour, tenir bien calfeutrée la jarre aux vivres. Des crevasses y sont possibles, gravement périlleuses. Il importe de les obturer au plus vite. Tel serait, si je vois clair en tout ceci, le motif qui fait du ver un plâtrier doué d'une truelle et muni d'une usine toujours prête à fournir du mastic. Le raccommodeur de poterie restaure sa jarre fêlée pour maintenir son pain mollet.

Une sérieuse objection se présente. Les fêlures, les brèches, les soupiraux ventilateurs que je vois mastiquer avec tant de zèle sont œuvre de mes instruments, pinces, canif, aiguilles à dissection. Il n'est pas admissible que le ver soit doué de son étrange talent pour se prémunir contre les misères que la curiosité humaine pourrait lui susciter. Qu'a-t-il à craindre de l'homme, dans sa vie souterraine ? Rien, ou peu s'en faut. Depuis que le Scarabée roule sa boule sous la calotte du ciel, je suis probablement le premier à tracasser sa famille pour la faire parler et m'instruire ; après moi d'autres viendront peut-être, mais si peu nombreux! Non, la ruineuse intervention de l'homme ne vaut pas la peine de se munir de truelle et de ciment. Alors à quoi bon l'art de boucher les fissures?

Attendez. Dans sa loge en apparence si tranquille, dans sa coque ronde qui semble lui donner sécurité parfaite, le ver a tout de même ses misères. Du plus petit au plus grand, qui ne les a pas? Elles naissent avec la vie. A la larve du Scarabée, bien que le sujet soit à peine effleuré, je connais déjà trois ou quatre genres d'accidents fâcheux. La plante, l'animal, l'aveugle agent physique, travaillent à sa perte en ruinant son garde-manger.

La concurrence est grande autour du gâteau servi par le mouton. Quand la mère Scarabée arrive pour prélever sa part et confectionner sa pilule, le morceau bien des fois est à la merci de convives dont les moindres sont les plus à craindre. Il y a là notamment de petits Onthophages, ardents travailleurs blottis sous le couvert du gâteau. Quelques-uns préfèrent plonger au plus épais de la masse et se noyer, les friands, au sein de la purée. De ce nombre est l'Onthophage de Schreber, d'un noir luisant d'ébène avec quatre points rouges sur les élytres. Tel est encore le plus petit de nos Aphodiens (*Aphodius pusillus* Herbst.), qui confie ses œufs de-ci, de-là, aux flancs gras du pâté. Dans sa hâte, la mère Scarabée n'épluche pas à fond sa cueillette. Si quelques Onthophages sont écartés, d'autres, enfouis au centre du bloc, restent inaperçus. D'ailleurs, par leur petitesse, les germes de l'Aphodie échappent à sa vigilance. Ainsi s'introduit dans le terrier et se pétrit une pâte contaminée.

Les poires de nos jardins ont leur vermine qui les souille de bavures. Les poires du Scarabée en ont une plus ravageuse encore. L'Onthophage fortuitement inclus les fouille, les bouleverse. Lorsque, repu à souhait, le glouton veut sortir, il les perce de trous circulaires où pourrait presque s'engager un crayon. Le mal est pire avec l'Aphodie, dont la famille éclôt, se développe et se transforme dans l'épaisseur même des victuailles. Mes notes font mention de certaines de ces poires perforées dans tous les sens, criblées d'une foule de trous, orifices de sortie du minuscule Bousier involontairement parasite.

Avec de tels commensaux, qui forent dans les vivres des puits d'aération, le ver du Scarabée périt si les mineurs sont nombreux. Sa truelle et son mortier ne peuvent suffire à telle besogne. Ils y suffisent si les dégradations sont modérées et les intrus en petit nombre. Calfeutrant aussitôt tout couloir qui s'ouvre autour de lui, le ver tient tête à l'envahisseur ; il le dégoûte, le déloge. La poire est sauvée, préservée de la dessiccation au centre.

Divers cryptogames* se mettent de la partie. Ils envahissent le sol fertile de la pilule, le soulèvent en écailles, le fendillent de fissures en y implantant leurs pustules. Dans sa coque crevassée par cette végétation, le ver périrait sans la sauvegarde de son mortier qui met fin aux desséchants soupiraux.

Il y met fin dans un troisième cas, le plus fréquent de tous. Sans l'intervention d'aucun ravageur, animal ou plante, la poire assez souvent s'exfolie d'elle-même, se boursoufle, se déchire. Est-ce l'effet d'une réaction de la couche externe, trop comprimée par la mère au moment du modelage? Est-ce l'effet d'un commencement de fermentation? Ne serait-ce pas plutôt le résultat d'un retrait comparable à celui de l'argile, qui se fendille en se desséchant? Tout pourrait bien y concourir.

Mais, sans rien affirmer de précis sur ce point, je constate de profondes fissures qui menacent de dessiccation le pain tendre non assez défendu par la jarre fêlée. N'ayons crainte que ces ruptures spontanées tournent à mal : le ver s'empressera d'y porter remède. Dans la répartition des dons, ce n'est pas en vain que lui sont échus le mastic et la truelle.

Donnons maintenant un sommaire croquis de la larve, sans nous arrêter à dénombrer les articles des palpes et des antennes, détails fastidieux, d'intérêt nul ici. — C'est un ver corpulent, à peau fine et blanche, avec pâles reflets ardoisés provenant des organes digestifs, vus par transparence. Courbé en arc brisé, en crochet, il rappelle un peu le ver du Hanneton, mais avec tournure bien plus disgracieuse. Sur le dos, au coude brusque du crochet, les segments trois, quatre et cinq de l'abdomen se renflent en effet en gibbosité énorme, en hernie, en poche tellement protubérante que la peau semble sur le point de s'y rompre sous la poussée du contenu. Comme trait dominant, l'animal est porte-besace.

Tête petite par rapport au ver, faiblement convexe, d'un roux clair, hérissée de rares cils pâles. Pattes assez longues et robustes, terminées en tarse pointu. Le ver n'en fait pas usage comme organes de progression. Extrait de sa coque et déposé sur la table, il se démène, se contorsionne gauchement sans parvenir à se déplacer. Par des éruptions répétées de son mortier, l'impotent trahit alors ses inquiétudes.

Mentionnons encore la truelle terminale, le dernier segment tronqué en disque oblique ayant pour bordure un bourrelet charnu. Au centre de ce plan incliné s'ouvre la boutonnière stercorale, qui, par un revirement très insolite, occupe de la sorte la face supérieure. Bosse énorme et truelle, en deux mots voilà la bête.

Mulsant*, dans son *Histoire naturelle des Coléoptères de France*, décrit la larve du Scarabée sacré. Il est d'un scrupule minutieux pour nous dire le nombre et la forme des articles des palpes et des antennes ; il voit l'hypopygium et ses poils spinosules ; il voit une foule de choses du domaine de la loupe, et il ne voit pas la monstrueuse besace qui fait presque la moitié de l'animal, il ne voit pas l'étrange configuration du dernier segment. Il est pour moi hors de doute que le minutieux descripteur s'est mépris ; la larve dont il nous parle n'est nullement celle du Scarabée sacré.

Ne terminons pas l'histoire du ver sans dire quelques mots de la structure interne. L'anatomie nous montrera l'usine où s'élabore le mastic mis en œuvre de façon si originale. — L'estomac ou ventricule chylifique est un long et gros cylindre qui débute dans le col de la bête après un très court œsophage. Il mesure trois fois environ la longueur de l'animal. A son dernier quart, il porte latéralement une volumineuse poche distendue par la nourriture. C'est un estomac supplémentaire où s'emmagasinent les aliments pour y céder à fond leurs principes nutritifs. Beaucoup trop long pour rester droit dans les flancs de la larve, le ventricule chylifique revient sur lui-même en avant de son appendice et forme une anse considérable occupant la face dorsale. C'est pour loger cette anse et la poche latérale que le dos se renfle en gibbosité. La besace du ver est donc une seconde panse, une succursale du ventre, incapable de contenir à lui seul le volumineux appareil à digestion. Quatre tubulures très fines, très longues et confusément entortillées, quatre vaisseaux de Malpighi marquent les limites du ventricule chylifique.

Vient après l'intestin, étroit, cylindrique, remontant en avant. A l'intestin fait suite le rectum, qui revient en arrière. Ce dernier, d'ampleur exceptionnelle et de vigoureuse paroi, est plissé en travers, tout boursouflé, distendu par son contenu. Voilà le spacieux entrepôt où s'amassent les scories de la digestion ; voilà le puissant éjaculateur toujours prêt à fournir du ciment.

V

LE SCARABÉE SACRÉ. — LA NYMPHE. LA LIBÉRATION

La larve grossit, mangeant à l'intérieur le mur de sa maison. Petit à petit, la panse de la poire s'excave en une cellule dont la capacité croît proportionnellement à la croissance de l'habitant. Au fond de son ermitage, ayant le vivre et le couvert, le reclus devient gros et gras. Que faut-il davantage? Il faut veiller à certains soins hygiéniques de pratique assez difficultueuse dans un étroit réduit dont le ver occupe la presque totale capacité; il faut reléguer quelque part, lorsqu'il n'y a pas de brèche à réparer, le mortier qu'élabore sans cesse un intestin complaisant à l'excès.

Certes, le ver n'est pas d'un goût pointilleux, mais encore faut-il que le menu ne soit pas un mets insensé. Le plus humble parmi les humbles ne revient pas sur ce que lui-même ou ses pareils ont déjà digéré. D'où la cucurbite stomacale a extrait le dernier atome utilisable, rien de plus n'est à retirer, à moins de changer de chimiste et d'appareil. Ce que le mouton, à quadruple estomac, a laissé comme résidus sans valeur, est chose excellente pour le ver, lui aussi puissante panse; mais les reliefs du ver, s'ils plaisent, à leur tour, comme je n'en doute pas, à des consommateurs d'autre nature, sont, pour la dent de ce dernier, matière odieuse. Où donc entreposer les encombrantes scories, dans un logis si parcimonieusement mesuré ?

J'ai dit ailleurs la singulière industrie des Anthidies, qui, pour ne pas souiller leur provision de miel, se fabriquent avec les déchets de la digestion un élégant coffret, chef-d'œuvre de marqueterie. Avec les seuls matériaux à sa disposition dans l'isolement de sa retraite, avec l'immondice qui semblerait devoir être pour elle gêne intolérable, la larve du Scarabée obtient un ouvrage, non aussi artistique que celui de l'Anthidie, mais d'un confortable supérieur. Prêtons attention à sa méthode.

Attaquant sa poire par la base du col, consommant toujours devant elle et ne laissant d'intact, dans la région exploitée, qu'une mince paroi nécessaire à sa protection, la larve obtient en arrière un espace libre où se fait, sans souillure des vivres, le dépôt des résidus. C'est d'abord la chambre d'éclosion qui s'obstrue de la sorte ; puis progressivement, dans la sphère, le segment entamé. Le haut de la poire reprend ainsi peu à peu sa compacité première, tandis que sa base diminue d'épaisseur. En arrière du ver est l'amas croissant des matériaux épuisés ; en avant est la couche, de jour en jour plus réduite, des vivres intacts.

En quatre à cinq semaines est acquis le complet développement. Alors la panse de la poire se trouve creusée d'une niche ronde, excentrique, dont la paroi est très épaisse du côté du col, et faible au contraire du côté opposé. Ce disparate a pour cause le mode de consommation et de comblement progressif. Le repas est fini. Il faut songer maintenant à meubler sa cellule, à la capitonner douillettement pour les tendres chairs de la nymphe. Il convient aussi de fortifier l'un des hémisphères, celui dont les derniers coups de dents ont raclé la paroi jusqu'aux extrêmes limites du permis.

Pour cet ouvrage, d'intérêt majeur, la larve a prudemment gardé en réserve provision copieuse de ciment. La truelle fonctionne donc. Cette fois, ce n'est pas pour réparer des ruines : c'est pour doubler et tripler l'épaisseur de la paroi dans l'hémisphère faible ; c'est pour revêtir le tout de stuc qui, poli par le glissement de la croupe, deviendra surface de moelleux contact. Comme ce ciment acquiert consistance supérieure à celle des matériaux primitifs, le ver se trouve finalement inclus dans un robuste coffre défiant la pression des doigts et presque le choc du caillou.

L'appartement est prêt. Le ver se dépouille et devient nymphe. Dans le monde entomologique, bien peu lutteraient de beauté sévère avec la tendre créature qui, les élytres couchés en avant sous forme d'écharpe à gros plis, les pattes antérieures repliées sous la tête comme lorsque le Scarabée adulte fait le mort, réveille l'idée d'une momie maintenue par ses bandelettes de lin en une pose hiératique. A demi translucide et d'un jaune de miel, elle semble taillée dans un morceau d'ambre. Supposons-la durcie en cet état, minéralisée, rendue incorruptible, et ce serait splendide bijou de topaze.

Dans cette merveille, noblement sobre de forme et de coloration, un point surtout me captive, me donnant enfin la solution d'un problème de haute portée. Les pattes antérieures sont-elles, oui ou non, douées d'un tarse? Voilà la grande affaire qui me fait oublier le bijou pour un détail de structure. Revenons donc sur un sujet qui passionnait mes débuts, puisque la réponse enfin arrive, tardive il est vrai, mais certaine, indiscutable. Les probabilités de mes premières recherches font place aux clartés de la pleine évidence.

Par une exception bien étrange, le Scarabée sacré adulte et ses congénères sont privés des tarses antérieurs[*] ; ils manquent aux pattes de devant de ce doigt à cinq articles qui est de règle chez les coléoptères de la série la plus élevée, les pentamères. Les autres pattes, au contraire, suivent la commune loi et possèdent un tarse très bien conformé. La constitution des brassards dentelés est-elle originelle ou bien accidentelle?

Au premier abord, un accident semble assez probable. Le Scarabée est âpre mineur et vaillant piéton. Toujours en contact avec les rudesses du sol, pour la marche et pour les fouilles, de plus constants leviers d'appui quand l'insecte roule sa pilule à reculons, les pattes antérieures sont exposées bien plus que les autres à fausser par une entorse leur doigt délicat, à le désarticuler, à le perdre en entier, même dès les premiers travaux.

Si l'explication souriait à quelqu'un, je m'empresse de le détromper. L'absence des doigts antérieurs n'est pas le résultat d'un accident. La preuve en est là, sous mes yeux, sans réplique possible. Je scrute avec la loupe les pattes de la nymphe : celles de devant n'ont pas le moindre vestige de tarse ; la jambe dentelée s'y tronque brusquement, sans trace aucune d'appendice terminal. Pour les autres, au contraire, le tarse est on ne peut mieux distinct, malgré l'état difforme, noueux, que lui donnent les langes et les humeurs de la nymphose. On dirait un doigt gonflé par des engelures.

Si l'affirmation de la nymphe ne suffisait pas, viendrait celle de l'insecte parfait, qui, rejetant sa défroque de momie et remuant pour la première fois dans sa coque, agite des brassards sans doigts. Voilà qui est établi sur les bases de la certitude : le Scarabée naît estropié ; sa mutilation est originelle.

Soit, répondra la théorie en vogue, le Scarabée est mutilé de naissance ; mais ses lointains ancêtres ne l'étaient pas. Conformés suivant la règle générale, ils étaient corrects de structure jusque dans ce maigre détail digitaire. Quelques-uns se sont trouvés qui, dans leur rude besogne d'excavateurs et de rouliers, ont usé cet organe délicat, encombrant, inutile ; et, se trouvant bien, pour leur travail, de cette amputation accidentelle, ils en ont fait hériter leurs successeurs, au grand avantage de la race. L'insecte actuel profite de l'amélioration obtenue par une longue série d'ancêtres, stabilisant de mieux en mieux, sous le fouet de la concurrence vitale, un état avantageux, effet du hasard.

Ô naïve théorie, si triomphante dans les livres, si stérile en face des réalités, écoute-moi encore un peu. Si la privation des doigts antérieurs est circonstance bonne pour le Scarabée, qui se transmet fidèlement la patte des vieux âges fortuitement estropiée, que ne serait-ce pas des autres membres s'ils venaient, eux aussi, à perdre par hasard leur appendice terminal, menu filament sans vigueur, de service à peu près nul, et cause, vu sa délicatesse, de fâcheux conflits avec la rudesse du sol ?

N'étant pas grimpeur, mais simple piéton, qui prend appui sur la pointe d'un bâton ferré, je veux dire sur la solide épine dont le bout de la jambe est armé ; n'ayant pas à se retenir par des griffes à quelque rameau suspenseur, comme le fait le Hanneton, le Scarabée aurait, ce semble, tout avantage à se débarrasser des quatre doigts restants, rejetés de côté, oisifs dans la marche, inactifs dans la confection et le charroi de la pilule. Oui, ce serait progrès, par la raison toute simple que moins on laisse de prise à l'ennemi, mieux cela vaut. Reste à savoir si le hasard amène parfois cet état de choses.

Il l'amène, et très fréquemment. Sur la fin de la bonne saison, en octobre, quand l'insecte s'est exténué en excavations, charrois de pilules, modelages de poires, les mutilés, invalides du travail, forment la grande majorité. Dans mes volières comme à l'extérieur, j'en vois à tous les degrés d'amputation. Les uns, aux quatre pattes postérieures ont perdu le doigt en totalité ; les autres en gardent un tronçon, une paire d'articles, un seul ; les moins endommagés conservent quelques membres intacts.

Voilà bien la mutilation invoquée par la théorie. Et ce n'est pas accident qui survient à de lointains intervalles : chaque année les estropiés dominent à l'époque où vont se prendre les quartiers d'hiver. Dans leurs travaux de la fin, je ne les vois pas plus embarrassés que ceux qu'ont épargnés les tribulations de la vie. De part et d'autre, même prestesse de mouvements, même dextérité pour pétrir le pain de munition qui leur permettra de supporter philosophiquement sous terre les premières rudesses de l'hiver. En œuvre de Bousier, les manchots rivalisent avec les autres.

Et ces amputés font race : ils passent la mauvaise saison sous terre ; ils se réveillent au printemps, remontent à la surface et assistent pour la seconde fois, parfois même pour la troisième, aux grandes fêtes de la vie. Leur descendance devrait mettre à profit une amélioration qui, se répétant chaque année, depuis qu'il y a des Scarabées au monde, a certes eu le temps de se stabiliser et de se convertir en habitude solidement assise. Elle n'en fait rien. Tout Scarabée qui rompt sa coque est doué, sans aucune exception, des quatre tarses réglementaires.

Eh bien, théorie, qu'en penses-tu ? Pour les deux pattes d'avant, tu présentes un semblant d'explication ; et les quatre autres te donnent un démenti formel. Ne prendrais-tu pas tes fantaisies pour des vérités ?

Où donc est la cause de l'originelle mutilation du Scarabée ? J'avouerai tout net que je n'en sais absolument rien. Ils sont toutefois bien étranges, ces deux membres manchots ; si étranges, dans l'interminable série des insectes, qu'ils ont exposé les maîtres, les plus grands même, à des méprises regrettables. Écoutons d'abord Latreille*, le prince de l'entomologie descriptive. Dans son mémoire concernant les insectes que l'antique Égypte a peints ou sculptés sur ses monuments[1], il cite les écrits d'Horus Apollo, unique document que les papyrus nous aient gardé à la glorification de l'insecte sacré.

« On serait d'abord tenté, dit-il, de mettre au rang des fictions ce que dit Horus Apollo du nombre de doigts de ce Scarabée : il est, selon lui, de trente. Cette supputation, d'après la manière dont il envisage le tarse, est cependant parfaitement juste, car cette partie est composée de cinq articulations ; et si l'on prend chacune d'elles pour un doigt, les pattes étant au nombre de six et terminées chacune par un tarse de cinq articles, les Scarabées ont évidemment trente doigts. »

Pardon, illustre maître : la somme des articles ne fait que vingt, parce que les deux pattes antérieures sont dépourvues de tarse. La loi générale vous a entraîné. Perdant de vue l'exception singulière, qui certes vous était connue, vous avez dit trente, un moment dominé par la loi,

---

[1]. *Mémoires du Muséum d'histoire naturelle*, tome V, page 249.

écrasante d'affirmation. Oui, l'exception vous était connue, et si bien que la figure du Scarabée accompagnant votre mémoire, figure dessinée d'après l'insecte et non d'après les monuments égyptiens, est d'une correction irréprochable : elle n'a pas de tarses aux pattes de devant. La méprise est excusable, tant l'exception est étrange.

Mulsant, dans son volume des *Lamellicornes de France*, répète Horus Apollo, accordant trente doigts à l'insecte à raison du nombre de jours que le soleil met à parcourir un signe du zodiaque. Il répète l'explication de Latreille. Il fait mieux. Écoutez-le plutôt. « En comptant, dit-il, pour un doigt chaque article des tarses, on reconnaîtra que cet insecte avait été bien attentivement examiné. »

Bien attentivement examiné! Par qui donc? Par Horus Apollo? Allons donc! Par vous, maître ; oui, cent fois oui. Et cependant la loi, dans son absolutisme, vous égare un moment ; elle vous égare aussi, et de façon plus grave, lorsque, dans votre figure du Scarabée sacré, vous représentez l'insecte avec des tarses aux pattes de devant, tarses pareils à ceux des autres pattes. Vous, descripteur si minutieux, vous êtes, à votre tour, victime d'une distraction. La généralité de la règle vous a fait perdre de vue la singularité de l'exception.

Horus Apollo, qu'a-t-il vu lui-même? Apparemment ce que nous voyons de nos jours. Si l'explication de Latreille est bonne, comme tout semble le dire, si l'auteur égyptien compte le premier trente doigts d'après le nombre des articles des tarses, c'est que son dénombrement s'est fait en esprit sur les données de la situation générale. Il a commis une bévue non bien pendable lorsque, quelque mille ans après, des maîtres comme Latreille et Mulsant la commettent à leur tour. Le seul coupable en tout ceci, c'est l'organisation si exceptionnelle de l'insecte.

« Mais, pourrait-on dire, pourquoi Horus Apollo n'aurait-il pas vu l'exacte vérité? Le Scarabée de son temps avait peut-être les tarses dont il est privé aujourd'hui. Le patient travail des siècles l'aurait donc modifié. »

Pour répondre à l'objection transformiste, j'attends que l'on me montre un Scarabée en nature contemporain d'Horus Apollo. Les hypogées qui gardent si religieusement le chat, l'ibis, le crocodile, doivent posséder aussi l'insecte sacré. Je ne dispose que de quelques figures reproduisant le Scarabée tel qu'on le trouve gravé sur les monuments ou sculpté en pierre fine comme amulette des momies. L'antique artiste est remarquablement fidèle dans l'exécution de l'ensemble ; mais son burin, son ciseau ne se sont pas occupés de détails aussi minimes que ceux des tarses.

Tout pauvre que je suis en pareils documents, je doute fort que la sculpture et la gravure résolvent le problème. Trouverait-on quelque part une effigie avec tarses antérieurs, la question n'avancerait pas. Toujours pourraient s'invoquer l'erreur, la distraction, le penchant à la symétrie. Le doute, s'il persiste dans quelques esprits, ne peut être levé qu'avec l'antique insecte en nature. Je l'attends, convaincu d'avance que le Scarabée pharaonique ne différerait pas du nôtre.

Malgré son grimoire, le plus souvent impénétrable avec ses allégories insensées, ne quittons pas encore le vieil auteur égyptien. Il a parfois des aperçus d'une justesse frappante. Est-ce rencontre fortuite ? est-ce résultat d'observation sérieuse ? Volontiers j'inclinerais vers ce dernier sens, tant il y a concordance parfaite entre son dire et certains détails de biologie, ignorés de notre science jusqu'à ce jour. Pour la vie intime du Scarabée, Horus Apollo en sait plus long que nous.

Il nous dit, en particulier, ceci : « Le Scarabée enfouit sa boule dans la terre, où elle demeure cachée pendant vingt-huit jours, espace de temps égal à celui d'une révolution lunaire et pendant lequel la race du Scarabée s'anime. Le vingt-neuvième jour, que l'insecte connaît pour être celui de la conjonction de la lune avec le soleil, et de la naissance du monde, il ouvre cette boule et la jette dans l'eau. Il sort de cette boule des animaux qui sont des Scarabées. »

Laissons la révolution lunaire, la conjonction de la lune avec le soleil, la naissance du monde et autres extravagances astrologiques ; mais retenons ceci : les vingt-huit jours d'incubation nécessaires à la boule sous terre, les vingt-huit jours pendant lesquels le Scarabée naît à la vie. Retenons également l'indispensable intervention de l'eau pour que l'insecte sorte de sa coque rompue. Voilà des faits précis, du domaine de la science vraie. Sont-ils imaginaires ? sont-ils réels ? La question mérite examen.

L'Antiquité ignorait les merveilles de la métamorphose. Pour elle, une larve était un ver né de la corruption. La misérable créature n'avait pas d'avenir qui la tirât de son état abject ; ver elle avait paru, et ver elle devait disparaître. Ce n'était pas un masque sous lequel s'élaborait une vie supérieure ; c'était un être définitif, souverainement méprisable et rentrant bientôt dans la pourriture dont il était le fils.

Pour l'auteur égyptien, la larve du Scarabée était donc inconnue. Et si de fortune il avait eu sous les yeux la coque de l'insecte habitée par un gros ver pansu, il n'aurait jamais soupçonné dans l'immonde et disgracieuse bête le futur Scarabée à sévère élégance. D'après les idées de l'époque, idées très longtemps conservées, l'insecte sacré n'avait ni père ni mère, aberration excusable au milieu des naïvetés antiques, car ici les deux sexes sont impossibles à distinguer extérieurement. Il naissait de l'ordure de sa boule, et sa naissance datait de l'apparition de la nymphe, ce bijou d'ambre où se montrent, parfaitement reconnaissables, les traits de l'insecte adulte.

Pour toute l'Antiquité, le Scarabée commence à naître à la vie du moment qu'il peut être reconnu, pas avant ; car alors viendrait le ver de filiation non encore soupçonnée. Les vingt-huit jours pendant lesquels s'anime la race de l'insecte, d'après le dire d'Horus Apollo, représentent donc la durée de la phase nymphale. Dans mes études, cette durée a été l'objet d'une attention spéciale. Elle est variable, mais dans d'étroites limites. Les notes recueillies mentionnent trente-trois jours pour la plus longue période, et vingt et un pour la moindre. La moyenne fournie par une vingtaine d'observations est de vingt-huit jours. Ce nombre vingt-huit, ce nombre de quatre semaines, apparaît lui-même tel quel et plus souvent que les autres. Horus Apollo disait vrai : l'insecte véritable prend vie dans l'intervalle d'une lunaison.

Les quatre semaines écoulées, voici maintenant le Scarabée avec sa forme finale, la forme, oui, mais non la coloration, bien étrange quand se dépouille la défroque de nymphe. La tête, les pattes et le thorax sont d'un rouge sombre, sauf les dentelures du chaperon et des brassards antérieurs, dentelures enfumées de brun. L'abdomen est d'un blanc opaque ; les élytres sont d'un blanc translucide, très faiblement teinté de jaune. Ce majestueux costume, où sont associés le rouge du manteau cardinalesque et la blancheur de l'aube sacerdotale, costume en harmonie avec l'insecte hiératique, est temporaire et par degrés s'obscurcit pour faire place à l'uniforme d'un noir d'ébène. Un mois environ est nécessaire à l'armure de corne pour acquérir ferme consistance et coloration définitive.

Enfin l'insecte est mûr à point. En lui s'éveille la délicieuse inquiétude d'une prochaine liberté. Il pressent les allégresses de la lumière, lui jusqu'ici fils des ténèbres. Le désir est grand de rompre la coque pour émerger de dessous terre et venir au soleil ; mais la difficulté de se libérer n'est pas petite. Sortira-t-il du berceau natal, devenu maintenant odieuse prison ? Ne sortira-t-il pas ? Cela dépend.

C'est en août généralement que le Scarabée est mûr pour la délivrance, en août, le mois torride, sec, calciné, sauf de rares exceptions. S'il ne survient pas alors de temps à autre quelque ondée qui soulage un peu la terre haletante, la cellule à rompre, la muraille à trouer défient la patience et les forces de l'insecte, impuissant devant pareille dureté. Par une dessiccation prolongée, la molle matière du début est devenue rempart infranchissable ; elle s'est convertie en une sorte de brique cuite au four de la canicule.

Je n'ai pas manqué, bien entendu, d'expérimenter l'insecte en ces difficiles circonstances. Des coques en poire sont recueillies contenant le Scarabée adulte, sur le point de sortir, vu l'époque tardive. Ces coques, déjà sèches et très dures, sont déposées dans une boîte où elles conservent leur aridité. Un peu plus tôt pour l'une, un peu plus tard pour l'autre, j'entends à l'intérieur l'aigre bruissement d'une râpe. C'est le prisonnier qui travaille à s'ouvrir une issue en grattant le mur avec le râteau du chaperon et des pattes antérieures. Deux ou trois jours se passent, et la délivrance ne semble pas faire de progrès.

Je viens en aide à une paire d'entre eux en ouvrant moi-même une lucarne avec la pointe du couteau. Dans ma pensée, ce commencement de brèche favorisera la sortie en présentant au reclus un point d'attaque qu'il suffira d'agrandir. Il n'en est rien : ces privilégiés n'avancent pas dans leur travail plus vite que les autres.

Dans moins d'une quinzaine, le silence se fait dans toutes les coques. Exténués par de vaines tentatives, les prisonniers ont péri. Je casse les coffres où gisent les défunts. Une maigre pincée de poussière, représentant à peine, comme volume, la valeur d'un médiocre pois, voilà tout ce que le robuste outillage, râpe, scie, herse, râteau, est parvenu à détacher de l'indomptable muraille.

D'autres coques, de dureté pareille, sont enveloppées d'un linge mouillé et enfermées dans un flacon. Quand l'humidité les a pénétrées, je les débarrasse de leur enveloppe, et je les maintiens dans le flacon bouché. Cette fois, les événements prennent tournure toute différente. Ramollies à point par le linge mouillé, les coques s'ouvrent, éventrées par la poussée du prisonnier, qui s'arc-boute hautement sur les jambes et fait levier du dos ; ou bien, ratissées sur un point, elles tombent en miettes et bâillent en une large brèche. Le succès est complet. Pour tous, les délivrance s'effectue sans encombre ; quelques gouttes d'eau leur ont valu les joies du soleil.

Pour la seconde fois, Horus Apollo avait raison. Certes ce n'est pas la mère, comme le dit le vieil auteur, qui jette sa boule dans l'eau : c'est le nuage qui accomplit la libératrice ablution ; c'est la pluie qui rend possible l'ultime délivrance. A l'état naturel, les choses doivent se passer comme dans mes expérimentations. En août, dans un sol calciné, sous un écran de terre de peu d'épaisseur, les coques, cuites comme brique, possèdent la plupart du temps la dureté du caillou. Impossible à l'insecte d'user son coffre et d'en sortir. Mais qu'il survienne une ondée, baptême vivifiant que la semence de la plante et la famille du Scarabée attendent dans la cendre du sol, qu'il tombe un peu de pluie, et il se fait dans les champs comme une résurrection.

La terre s'imbibe. Voilà le linge mouillé de mon expérience. A son contact, la coque reprend la mollesse des premiers jours, le coffre s'assouplit ; l'insecte joue des pattes, pousse du dos ; il est libre. C'est, en effet, dans le mois de septembre, aux premières pluies, préludes de l'automne, que le Scarabée quitte le terrier natal et vient animer les pelouses pastorales, comme l'animait au printemps la précédente génération. Le nuage, jusqu'à cette époque si avare, vient enfin le délivrer.

Dans des conditions d'exceptionnelle fraîcheur du sol, la rupture de la coque et la sortie de l'habitant peuvent survenir à une époque antérieure ; mais en terrain calciné par l'implacable soleil d'été, comme c'est ici le cas habituel, le Scarabée, si pressé qu'il soit de venir à la lumière, doit forcément attendre que les premières pluies ramollissent son indomptable coque. Une averse est pour lui question de vie ou de mort. Horus Apollo, écho des mages de l'Égypte, avait vu juste en faisant intervenir l'eau dans la naissance de l'insecte sacré.

Mais laissons le grimoire antique et ses lambeaux de vérité ; ne négligeons pas les premiers actes du Scarabée au sortir de sa coque, assistons à son apprentissage de la vie en plein air. En août, je romps le coffre où j'entends s'agiter le captif impuissant. L'insecte est mis dans une volière, seul de son espèce, en compagnie de Gymnopleures. Les vivres sont frais et abondent. C'est le moment, me disais-je, de se restaurer après si longue abstinence. Eh bien, non : le débutant ne fait cas des vivres, malgré mes invitations, mes rappels sur l'amas appétissant. Il lui faut avant tout les joies de la lumière. Il escalade le treillis métallique, se met en plein jour, et là, immobile, s'enivre de soleil.

Que se passe-t-il en son obtuse cervelle de Bousier pendant ce premier bain de clarté radieuse? Probablement rien. Il a l'inconsciente félicité de la fleur qui s'épanouit au soleil.

L'insecte accourt enfin aux vivres. Une pilule est confectionnée suivant toutes les règles. Nul apprentissage : du premier essai, la forme sphérique est obtenue comme ne s'en obtient pas de plus régulière après une longue pratique. Un terrier est creusé pour y consommer en paix le pain qui vient d'être pétri. Ici encore le novice est versé à fond dans son art. L'expérience prolongée n'ajoutera rien à ses talents.

Ses instruments de fouille sont les pattes antérieures et le chaperon. Pour amener les déblais au dehors, il fait usage de la brouette aussi bien qu'aucun de ses aînés, c'est-à-dire qu'il se couvre le front et le corselet d'une charge de terre ; puis, tête basse et plongé dans la poussière, il s'avance et rejette sa charge à quelques pouces de l'entrée. D'un pas non pressé, comme celui d'un terrassier dont la besogne doit durer longtemps, il rentre sous terre pour recharger sa brouette. Ce travail de la salle à manger exige des heures entières.

Enfin la pilule est emmagasinée. Le logis se clôt, et c'est fini. La niche et la pâtée assurées, vive la joie! Tout est pour le mieux dans le meilleur des mondes. Heureuse créature! Sans jamais l'avoir vu faire par tes pareils, que tu ne connais pas encore, sans jamais l'avoir appris, tu sais excellemment ton métier, qui te donnera large part de paix et de nourriture, acquisition si rude dans la vie humaine.

VI

LE SCARABÉE À LARGE COU
LES GYMNOPLEURES

Nous aurions tort de généraliser sans restriction ce que vient de nous apprendre le Scarabée sacré et de l'attribuer dans ses moindres détails aux autres Bousiers de la même série. La similitude d'organisation n'entraîne pas la parité des instincts. Un fonds commun se maintient sans doute, conséquence d'un outillage identique ; mais sur le thème essentiel bien des variations sont possibles, dictées par d'intimes aptitudes que l'organe ne peut en rien faire prévoir.

L'étude de ces variations, de ces spécialités à motifs secrets, est même, pour l'observateur, la partie la plus attrayante de ses recherches à mesure qu'un recoin du domaine entomologique est exploré. Prodigue de temps et de patience, parfois d'ingéniosité, on vient enfin d'apprendre ce que fait celui-là. Maintenant que fait celui-ci, son proche voisin de structure? Dans quelle mesure répète-t-il les mœurs du premier ? A-t-il des usages à lui, des recettes de métier, des particularités d'industrie ignorées de l'autre? Problème de haut intérêt car, dans ces différences psychiques, éclate, bien mieux que dans les différences de l'élytre et de l'antenne, l'infranchissable trait de démarcation entre les deux espèces.

Le genre Scarabée est représenté dans ma région par le Scarabée sacré (*Scarabeus sacer* Lin.), le Scarabée semi-ponctué (*Scarabeus semipunctatus* Fab.) et le Scarabée à large cou (*Scarabeus laticollis* Lin.). Les deux premiers, insectes frileux, ne s'écartent guère de la Méditerranée ; le troisième remonte assez avant dans le nord. Le Scarabée semi-ponctué ne quitte pas le littoral ; il abonde sur les plages sablonneuses du golfe Juan, de Sète, de Palavas. J'ai, dans le temps, admiré ses prouesses de rouleur de pilules, aussi passionné que son collègue le Scarabée sacré. Aujourd'hui, quoique vieilles connaissances, je ne peux, à mon grand regret, m'occuper de lui : nous sommes trop éloignés. Je le recommande à qui serait désireux d'ajouter un chapitre à la biographie des Scarabées ; il doit avoir, lui aussi, — la chose est à peu près sûre, — des spécialités dignes de mémoire.

Scarabée
à large cou.

Pour compléter cette étude, il ne me reste ainsi, dans mon étroit voisinage, que le Scarabée à large cou, le plus petit des trois. Il est fort rare autour de Sérignan, quoique très répandu en d'autres points de Vaucluse. Ce peu de fréquence de l'insecte me prive de l'observation en pleine campagne, et me laisse, comme unique ressource, l'éducation en volière des quelques sujets offerts par le hasard.

Captif sous le grillage, le Scarabée à large cou n'a pas l'allègre gymnastique, le pétulant entrain du Scarabée sacré. Avec lui pas de rixes entre détrousseur et détroussé ; pas de pilules confectionnées pour le seul amour de l'art, roulées quelque temps avec frénésie, puis abandonnées à la voirie sans usage aucun. Le même sang ne circule pas dans les veines des deux pilulaires.

D'humeur plus calme, moins prodigue du bien rencontré, l'insecte à large corselet s'attaque discrètement au monceau de manne dont le mouton fait les frais ; il choisit dans le meilleur des brassées de matière qu'il amalgame en boule ; il s'occupe de sa besogne sans importuner les autres, sans en être importuné. Sa méthode est d'ailleurs la même que celle du Scarabée sacré. La sphère, toujours objet de charroi plus aisé, est façonnée sur place avant d'être ébranlée. De ses larges pattes antérieures, l'insecte la tapote, la pétrit, la moule, l'égalise à mesure qu'une brassée est ajoutée, tantôt ici et tantôt là. L'exacte forme ronde est acquise avant que la pièce soit remuée de place.

Le volume requis obtenu, le pilulaire s'achemine, avec son butin, vers le point où sera creusé le terrier. Le voyage s'effectue exactement suivant les usages du Scarabée sacré. La tête en bas, les pattes postérieures dressées contre la machine roulante, l'insecte pousse à reculons. Jusque-là, rien de nouveau, à part certaine lenteur dans la manœuvre. Attendons encore, et une profonde différence dans les mœurs ne tardera pas à séparer les deux insectes.

A mesure qu'une pilule est véhiculée, je m'en empare, ainsi que de son propriétaire ; et le tout est déposé à la surface d'une couche de sable frais et tassé dans un pot à fleurs. Une lame de verre pour couvercle maintient le sable au point voulu de fraîcheur, empêche l'évasion et laisse pénétrer le jour. Cette internement dans des habitacles séparés m'affranchira des méprises auxquelles m'exposerait le sol de la volière, exploitation commune de mes pensionnaires ; je ne risquerai pas ainsi de rapporter à plusieurs ce qui pourrait être l'ouvrage d'un seul. L'isolement me permettra de mieux suivre le travail individuel de chacun.

La mère séquestrée ne se formalise guère de sa servitude. Bientôt elle fouille le sable, elle y disparaît avec sa pilule. Donnons-lui le temps de s'établir et de procéder à ses travaux de ménage.

Trois à quatre semaines se passent. L'insecte n'a plus reparu à la surface, preuve d'occupations maternelles de patiente durée. Enfin, avec précaution, couche par couche, je vide le pot. Une spacieuse salle est mise à découvert. Les déblais de cette cavité étaient amoncelés à la surface sous forme de taupinée. Voilà l'appartement secret, le gynécée où la mère surveille et devait continuer encore de surveiller longtemps sa famille naissante.

La pilule primitive a disparu. A sa place se trouvent deux petites poires, merveilleuses d'élégance et de fini, deux, et non une seule, comme il était naturel de s'y attendre avec les données déjà acquises. Je leur trouve configuration plus gracieuse encore, plus svelte qu'à celles du Scarabée sacré. Leurs mignonnes dimensions sont peut-être cause de ma préférence : *maxime miranda in minimis**. Elles mesurent trente-trois millimètres dans le sens de la longueur, et vingt-quatre millimètres suivant la plus grande largeur de la panse. Laissons les chiffres, et reconnaissons que le modeleur courtaud, à lente gaucherie, rivalise d'art avec son célèbre congénère, et même le dépasse. Je m'attendais à quelque apprenti grossier ; je trouve un artiste consommé. Il ne faut pas juger des gens sur l'apparence ; le conseil en est bon, même au sujet de l'insecte.

Exploré plus tôt, le pot nous apprendra de quelle façon est obtenue la poire. Je trouve, en effet, tantôt une bille parfaitement ronde et une poire sans résidu aucun de la pilule initiale ; tantôt une bille seule avec un reste presque hémisphérique de la pilule, bloc d'où sont détachés en une seule pièce les matériaux soumis au modelage. Le mode de travail se déduit de ces faits.

La pilule que le Scarabée façonne à la surface du sol, en puisant par brassées au monceau rencontré, n'est qu'une œuvre provisoire, à laquelle forme ronde est donnée dans le seul but de rendre le charroi plus aisé. L'insecte s'y applique sans doute, mais sans trop insister : il lui suffit que le trajet s'effectue sans émiettement du butin, sans entraves au roulement. La surface du globe n'est donc pas travaillée à fond, comprimée en écorce, minutieusement égalisée.

Sous terre, pour préparer le coffre nourricier de l'œuf, c'est une autre affaire. Cernée par une entaille, la pilule est divisée en deux parties à peu près égales, et l'une des moitiés est soumise à la manipulation, tandis que l'autre gît tout contre, destinée à une manipulation ultérieure. L'hémisphère travaillé s'arrondit en une bille, qui sera la panse de la poire future. Cette fois le modelage se fait avec des soins d'extrême délicatesse : il s'agit de l'avenir de la larve, elle aussi exposée aux périls d'un pain trop sec. La surface de la bille est donc tapotée un point après l'autre, scrupuleusement durcie par la compression, égalisée suivant une courbure régulière. La sphérule obtenue a, de peu s'en faut, la précision géométrique. Ne perdons pas de vue que ce difficile ouvrage est obtenu sans roulement, comme l'affirme l'état net de la superficie.

Le reste de la besogne se devine d'après la méthode du Scarabée sacré. Le globe s'excave d'un cratère et devient une sorte de pot ventru de peu de profondeur. Les lèvres du pot s'étirent en un sac qui reçoit l'œuf. Le sac se ferme, se polit à l'extérieur, se raccorde gracieusement avec la sphère. La poire est terminée. A l'autre moitié de la pilule maintenant, pour semblable ouvrage.

Le trait le plus saillant de ce travail, c'est l'élégante régularité des formes, obtenue sans intervention aucune du roulement. Aux nombreuses preuves que j'ai données de ce modelage sur place, le hasard me permet d'en adjoindre une autre bien frappante. J'ai obtenu du Scarabée à large cou une fois, une seule, deux poires intimement soudées l'une à l'autre par la panse et disposées en sens inverse. La première construite ne peut rien nous apprendre de nouveau, mais la seconde nous dit ceci : quand, pour un motif qui m'échappe, faute de large peut-être, l'insecte a laissé cette deuxième en contact avec l'autre et l'a soudée avec sa voisine tout en la travaillant, il est de pleine évidence qu'avec cette appendice tout roulis, tout déplacement était impraticable. L'élégante configuration n'en a pas moins été obtenue d'une façon parfaite.

Au point de vue de l'instinct, les traits qui font des deux artistes en poires deux espèces irréductibles sont, après ces détails, en pleine lumière et bien plus concluants que les traits fournis par le corselet et l'élytre. Dans le terrier du Scarabée sacré ne se trouve jamais qu'une seule poire. Dans celui du Scarabée à large cou, il s'en trouve deux. J'en soupçonne même parfois trois lorsque le butin est copieux. Les Copris nous instruiront plus à fond sur ce sujet. Le premier, rouleur de pilules, utilise sa sphère sous terre sans la subdiviser, telle qu'il l'a obtenue sur le chantier d'exploitation. Le second fait deux parts égales de la sienne, un peu moins volumineuses cependant ; et de chaque moitié il façonne une poire. Le simple fait place au double, et peut-être même parfois au triple. Si les deux Bousiers ont une origine commune, je serais désireux de savoir comment s'est déclarée cette profonde différence dans leur économie domestique.

Dans un cadre plus modeste, l'histoire des Gymnopleures répète celle des Scarabées. La passer sous silence, crainte de monotonie, serait se priver d'un document propre à confirmer certains aperçus dont la vérité se démontre par répétition. Exposons-la, mais en abrégeant.

Le genre Gymnopleure, qui doit son nom à l'échancrure latérale des élytres laissant à nu une partie des flancs, est représenté en France par deux espèces* : l'une, à élytres lisses (*Gymnopleurus pilularius* Fab.), est assez commune partout ; l'autre (*Gymnopleurus flagellatus* Fab.), gravée en dessus de petites fossettes comme si l'insecte avait été stigmatisé par la variole, est plus rare et préfère le Midi. Les deux abondent dans les plaines caillouteuses de mon voisinage, où paissent les moutons parmi les lavandes et le thym. Leur forme rappelle assez bien celle du Scarabée sacré, mais avec des dimensions bien moindres. Mêmes habitudes d'ailleurs, mêmes lieux d'exploitation, même époque pour les nids, mai et juin, jusqu'en juillet.

Gymnopleurus pilularis.

Voués à des travaux similaires, Gymnopleures et Scarabées sont amenés à voisiner plutôt par la force des choses que par goût de la société. Il ne m'est pas rare d'en voir s'établir porte à porte ; il m'est plus fréquent encore de les trouver attablés au même monceau. Par un soleil vif, les convives sont parfois très nombreux. Les Gymnopleures dominent, et de beaucoup.

On dirait que ces insectes, doués d'un vol preste et soutenu, explorent la campagne par essaims et, trouvant riche butin, s'y jettent tous à la fois. Ces tournées de recherches par escouades, malgré ce que semblerait affirmer la vue d'une telle foule, me laissent incrédule ; j'admets plus volontiers que, de tous les côtés à la ronde, les Gymnopleures sont venus un par un, guidés par la subtilité de l'odorat. J'assiste à un rassemblement d'individualités accourues de tous les points de l'horizon, et non à la halte d'un essaim en commune recherche. N'importe : la grouillante population est parfois si nombreuse qu'il serait possible de recueillir les Gymnopleures par poignées.

Gymnopleurus flagellatus.

Mais ils n'en donnent guère le temps. Le péril compris, — et c'est bientôt fait —, beaucoup s'envolent d'un essor soudain ; le reste se tapit, se dissimule sous le monceau. En un instant le calme complet succède à la tumultueuse agitation. Le Scarabée sacré n'a pas de ces paniques subites qui dépeuplent en moins de rien le chantier le plus animé. Surpris dans son travail, examiné de près, même de façon indiscrète, il continue impassible son ouvrage. La crainte lui est inconnue. Avec organisation identique, avec leur métier pareil, la bête change à fond de caractère moral.

La différence s'accentue sous un autre aspect. Le Scarabée sacré est un fervent rouleur de pilules. La boule faite, sa suprême félicité, *summa voluptas*, est de la véhiculer à reculons des heures durant, de jongler, pour ainsi dire, avec elle sous un soleil de feu. Malgré son qualificatif de pilulaire, le Gymnopleure n'a pas cet enthousiasme pour la pelote sphérique. Ce n'est pas lui qui, sans dessein de s'en nourrir dans la paix d'une retraite ou de l'utiliser comme ration de la larve, s'avisera de pétrir une boule, de la rouler avec passion, puis de l'abandonner, quand cette véhémente gymnastique l'aura suffisamment réjoui.

En volière comme en plein champ, le Gymnopleure consomme sur place. Si le monceau lui plaît, il y fait toujours station ; mais se manufacturer un pain rond, pour aller après le consommer dans une retraite souterraine, n'entre guère dans ses usages. La pilule, qui a donné son nom à l'insecte, ne se roule, à ce qu'il m'a paru, qu'en vue de la famille.

La mère prélève sur le tas la quantité de matière nécessaire à l'éducation d'une larve, et la pétrit en boule au point même de la cueillette. Puis, à reculons et la tête en bas, comme le font les Scarabées, elle la roule et finalement l'emmagasine dans un terrier, pour la manipuler d'après les exigences de la prospérité de l'œuf.

La pilule roulante ne contient jamais l'œuf, bien entendu. Ce n'est pas sur la voie publique que se fait la ponte, mais bien dans le mystère du sous-sol. Un terrier est creusé, à deux ou trois pouces* de profondeur, pas davantage. Il est spacieux par rapport à son contenu, preuve que se répète ici ce travail d'atelier, ce modelage qui nécessite pleine liberté des mouvements. Le ponte terminée, il reste vide ; son vestibule seul est comblé, comme l'atteste la petite taupinée, excédent les déblais non remis en place.

Quelques coups de ma houlette de poche mettent à découvert l'humble manoir. La mère est souvent présente, occupée à de menus soins de ménage avant de quitter la loge pour toujours. Au milieu de la salle gît son œuvre, berceau du germe et ration de la future larve. Sa forme et sa grosseur sont celles d'un œuf de moineau pour l'un et pour l'autre Gymnopleure, que je confonds ici sans inconvénient aucun, tant leurs mœurs et leurs travaux se ressemblent. A moins de surprendre la mère à côté, il serait impossible de dire si l'ovoïde qu'on vient d'exhumer est l'ouvrage de l'insecte lisse, ou bien celui de l'insecte gravé de fossettes. Tout au plus, un léger excès dans les dimensions affirmerait-il le premier, et encore ce caractère est loin de mériter entière confiance.

La forme d'œuf, avec ses deux bouts inégaux, l'un plus gros, arrondi, l'autre plus saillant, en mamelon ellipsoïde ou même prolongé en col de poire, nous redit les conclusions connues. Configuration pareille ne s'obtient pas au moyen du roulage, apte seulement à donner la sphère. Pour y parvenir, la mère pétrit le bloc, déjà devenu plus ou moins rond par le travail sur le chantier d'extraction et par le charroi, ou bien encore informe, si la proximité du monceau a permis emmagasinement immédiat. En somme, une fois entrée en loge, elle se comporte comme les Scarabées et fait œuvre d'artiste modeleur.

La matière s'y prête très bien. Empruntée à ce que le mouton fournit de plus plastique, elle se façonne avec l'aisance de la glaise. Ainsi s'obtient ovoïde élégant, ferme, poli, œuvre d'art comme la poire et rivalisant de douce courbure avec l'œuf de l'oiseau.

Où est, là-dedans, le germe de l'insecte? Si les raisons invoquées au sujet du Scarabée sont justes, si réellement l'aération et la chaleur exigent que l'œuf soit aussi rapproché que possible de l'atmosphère ambiante tout en restant protégé par une enceinte, il est clair que cet œuf doit être installé au petit bout de l'ovoïde, sous une mince paroi défensive.

Et c'est là, en effet, qu'il se trouve, logé dans une mignonne chambre d'éclosion, où l'enveloppe de partout un matelas d'air, aisément renouvelable à travers une cloison de mince épaisseur et un tampon de feutre. Cet emplacement ne me surprit pas ; je m'y attendais, renseigné déjà par le Scarabée. La pointe de mon canif, cette fois non novice, alla d'emblée gratter le mamelon pointu de l'ovoïde. L'œuf parut, superbe confirmation des raisons soupçonnées d'abord, entrevues et finalement changées en certitude par le retour des faits fondamentaux en des conditions différentes.

Scarabées et Gymnopleures sont des modeleurs non élevés à la même école ; ils diffèrent dans le tracé de leur chef-d'œuvre. Avec les mêmes matériaux, les premiers manufacturent des poires ; les seconds, le plus souvent des ovoïdes ; et cependant, malgré cette divergence, ils se conforment les uns et les autres aux conditions essentielles réclamées par l'œuf et par le ver. Au ver, il faut des vivres non exposés à se dessécher avant l'heure. Cette condition est remplie, dans la mesure du possible, en donnant à la masse la forme ronde, d'évaporation moins rapide à cause de sa surface moindre. A l'œuf, il faut accès facile de l'air et rayonnement de la chaleur du sol, double résultat obtenu d'une part avec le col de la poire, d'autre part avec le pôle saillant de l'ovoïde.

Pondu dans le courant de juin, l'œuf de l'un et de l'autre Gymnopleure éclôt en moins d'une semaine. Sa durée est en moyenne de cinq à six jours. Qui a vu la larve du Scarabée sacré connaît, dans ses traits essentiels, la larve des deux petits pilulaires. C'est pour tous un ver pansu, courbé en crochet, porteur d'une gibbosité ou besace où se loge une partie du puissant appareil digestif. Le corps se tronque obliquement en arrière et forme truelle stercorale, signe de mœurs semblables à celles du ver du Scarabée.

Ici se répètent, en effet, les singularités décrites dans l'histoire du grand pilulaire. A l'état de larve, les Gymnopleures sont, eux aussi, de prompts fienteurs, toujours prêts à déposer du mortier pour restaurer la loge compromise. Ils bouchent à l'instant la brèche que je fais, soit pour les observer dans l'intimité de l'habitacle, soit pour provoquer leur industrie de plâtriers. Ils mastiquent les fêlures, ils soudent les morceaux disjoints, ils raccommodent la cellule disloquée. Quand s'approche la nymphose, le mortier restant est dépensé en une couche de stuc, qui renforce et polit la paroi de la demeure.

Les mêmes périls suscitent la même méthode défensive. Autant que celle des Scarabées, la coque des Gymnopleures est exposée à se crevasser. Le libre accès de l'air à l'intérieur aurait des conséquences funestes en desséchant la nourriture, qui doit se conserver molle tant que le ver n'a pas toute sa croissance. Un intestin toujours bourré et d'une obéissance à nulle autre pareille tire d'embarras la larve menacée. Inutile d'en dire davantage : le Scarabée sacré nous a suffisamment renseignés sur ce point.

Les éducations en volière me donnent, pour la durée de la larve chez les Gymnopleures, de dix-sept à vingt-cinq jours ; et pour la durée de la nymphe, de quinze à vingt jours. Ces nombres doivent certainement varier, mais dans des limites peu étendues. Aussi fixerai-je approximativement à trois semaines l'une et l'autre des deux périodes.

Rien de remarquable dans la période de la nymphose. A signaler seulement le curieux costume de l'insecte parfait dès sa première apparition. C'est le costume que nous a montré le Scarabée : tête, corselet, pattes et poitrine d'un rouge ferrugineux, élytres et ventre blancs. Ajoutons qu'impuissant à rompre sa coque, dont la haute température du mois d'août a fait coffre, le prisonnier attend, pour se libérer, que les premières pluies de septembre lui viennent en aide en ramollissant la paroi.

L'instinct, qui, dans les conditions normales, nous émerveille par son impeccable lucidité, ne nous étonne pas moins par sa stupide ignorance quand surviennent des conditions non habituelles. Chaque insecte a son métier, dans lequel il excelle, sa série d'actes logiquement coordonnés. Là, il est vraiment maître. Sa prescience, qui s'ignore, y dépasse notre science, qui se connaît ; son inspiration inconsciente y domine notre consciente raison. Mais écartons-le de sa voie naturelle, et du coup l'enténèbrement succède aux splendeurs de l'éclaircie. Rien ne rallumera la lueur éteinte, pas même le plus fort stimulant qui soit au monde, le stimulant de la maternité.

J'ai déjà donné bien des exemples de cette étrange antithèse, où viennent échouer certaines théories ; j'en trouve un autre, et non des moins frappants, parmi les Bousiers dont se termine ici l'histoire. Après la surprise que nous a value la claire vision de l'avenir chez nos confectionneurs de sphères, de poires, d'ovoïdes, une autre nous attend, en sens inverse : l'indifférence profonde de la mère pour un berceau qui tantôt était l'objet des soins les plus tendres.

Mes observations portent à la fois sur le Scarabée sacré et sur les deux Gymnopleures, tous d'un même zèle admirable quand il faut préparer le bien-être du ver, et puis, brusquement, tous de la même indifférence.

La mère est surprise dans son terrier avant la ponte, ou bien, si la ponte est faite, avant les méticuleuses retouches qu'un excès de prudence lui conseille. Je l'installe dans un pot plein de terre tassée ; je la dépose à la surface du sol artificiel, ainsi que son ouvrage plus ou moins avancé.

En ce lieu d'exil, pourvu que la tranquillité y règne, l'hésitation n'est pas longue. La mère, qui jusque-là a tenu ses chers matériaux embrassés, se décide à creuser un terrier. A mesure que l'excavation progresse, elle y entraîne sa pelote, chose sacrée dont il importe de ne se dessaisir à aucun moment, même dans l'embarras des fouilles. Bientôt au fond du pot s'ouvre la loge où doit se travailler la poire ou l'ovoïde.

J'interviens alors. Je renverse le pot sens dessus dessous. Tout est bouleversé : galerie d'entrée et loge terminale disparaissent. J'extrais des ruines la mère et la pelote. Le pot est de nouveau rempli de terre, et la même épreuve recommence. Quelques heures suffisent à ranimer le courage ébranlé par un tel cataclysme. Pour la seconde fois, la pondeuse s'enterre avec la masse des vivres destinés au ver. Pour la seconde fois aussi, quand l'établissement est parachevé, le renversement du pot remet tout en question. L'épreuve reprend. Tenace dans sa tendresse maternelle jusqu'à exténuation des forces s'il le faut, l'insecte s'enfouit encore avec sa sphère.

A quatre reprises, dans l'espace de deux jours, j'ai vu ainsi la même mère Scarabée tenir tête à mes bouleversements et recommencer, avec une touchante patience, l'habitation ruinée. Je n'ai pas jugé à propos de poursuivre plus loin l'épreuve. Des scrupules vous prennent en soumettant l'amour maternel à de telles tribulations. D'ailleurs il est à croire que tôt ou tard, exténué, ahuri, l'insecte se serait refusé à de nouvelles fouilles.

Mes expérimentations de ce genre sont nombreuses, et toutes affirment qu'extraite de dessous terre avec son ouvrage inachevé, la mère est d'un zèle infatigable pour enfouir et mettre en lieu sûr le berceau qui s'ébauche, non encore peuplé. Pour une pelote de matière dont l'œuf n'a pas fait encore chose sacrée, elle est d'une méfiance excessive, d'une prudence soupçonneuse, d'une clairvoyance à nous confondre. Embûches de l'expérimentateur, accidents qui bouleversent tout, rien, à moins que ses forces ne soient excédées, ne peut la détourner du but à atteindre. Il y a en elle comme une obsession indomptable. L'avenir de la race veut que le lopin de matière descende en terre, et il y descendra quoi qu'il arrive.

Voici maintenant le revers de la médaille. L'œuf est pondu, tout est en ordre dans le souterrain. La mère sort. Je la cueille au moment de sa sortie ; j'exhume la poire ou l'ovoïde ; je mets l'ouvrage et l'ouvrière côte à côte à la surface du sol dans les conditions de tantôt. C'est le moment ou jamais d'enfouir prudemment la pilule. L'œuf s'y trouve, chose délicate qu'un coup de soleil va flétrir sous sa mince enveloppe. Un quart d'heure d'exposition aux ardeurs de la canicule, et tout sera perdu. Que va faire la mère en si périlleuse occurrence?

Elle ne fait rien du tout. Elle ne semble même pas s'apercevoir de la présence de l'objet si précieux pour elle la veille, alors que l'œuf n'était pas encore déposé. Zélée à l'excès avant la ponte, elle est indifférente après. L'ouvrage parachevé ne la concerne plus. Supposons un caillou à la place de la poire, de l'ovoïde, et l'insecte en fera le même cas. Une seule préoccupation travaille la mère : c'est de s'en aller. Je le vois à ses allées et venues autour de l'enceinte qui la retient prisonnière.

Ainsi se comporte l'instinct : il enfouit avec persévérance le bloc inerte, il abandonne à la surface le bloc animé. Pour lui, l'œuvre à faire est tout ; l'œuvre faite n'est plus rien. Il voit l'avenir, il ignore le passé.

VII

LE COPRIS ESPAGNOL. — LA PONTE

Ce n'est pas résultat de maigre portée philosophique que de montrer l'instinct réalisant, en faveur de l'œuf, ce que conseillerait la raison mûrie par l'expérience et l'étude ; aussi un scrupule me prend, éveillé par l'austérité scientifique. Non que je tienne à donner à la science aspect rébarbatif : ma conviction est qu'on peut dire d'excellentes choses sans faire emploi d'un vocabulaire barbare. La clarté est la souveraine politesse de qui manie une plume. J'y veille de mon mieux. Aussi le scrupule qui m'arrête est-il d'un autre ordre.

Je me demande si je ne suis pas ici dupe d'une illusion. Je me dis : « Gymnopleures et Scarabées sont, en plein air, manufacturiers de pilules. C'est là leur métier, appris on ne sait comment, imposé peut-être par l'organisation, en particulier par leurs longues pattes, dont quelques-unes sont légèrement courbes. Lorsqu'ils travaillent pour l'œuf, quoi d'étonnant s'ils continuent sous terre leur spécialité d'artisans en boules? »

Abstraction faite du col de la poire et du bout saillant de l'ovoïde, détails d'interprétation bien autrement difficultueuse, il resterait la masse la plus importante pour le volume, la masse globuleuse, répétition de ce que l'insecte fait au dehors du terrier ; il resterait la pelote avec laquelle le Scarabée joue au soleil sans en tirer parfois d'autre parti, la bille que le Gymnopleure promène pacifiquement sur les pelouses.

Que vient alors faire ici la forme globulaire, présentée comme la plus efficace contre la dessiccation pendant les ardeurs de l'été ? Physiquement, cette propriété de la sphère et de son proche voisin l'ovoïde est indiscutable ; mais ces formes n'ont qu'une concordance fortuite avec la difficulté vaincue. L'animal organisé pour faire rouler des boules à travers champs façonne encore des boules sous terre. Si le ver s'en trouve bien en ayant ainsi jusqu'à la fin des vivres tendres sous les mandibules, tant mieux pour lui, mais n'en glorifions pas l'instinct de la mère.

Copris espagnol.

Pour achever de me convaincre, il me faudrait un bousier de belle prestance, totalement étranger à l'art pilulaire dans des conditions de la vie courante et qui néanmoins, quand vient le moment de la ponte, conglobe sa récolte par un brusque revirement dans ses habitudes. Mon voisinage en possède-t-il de pareil? Oui. C'est même un des plus beaux et des plus gros après le Scarabée sacré ; c'est le Copris espagnol (*Copris Hispanus* Lin.), si remarquable par le corselet tronqué en brusque talus et par l'extravagante corne dont la tête est surmontée.

Courtaud, ramassé dans une rondelette épaisseur, lent d'allure, en voilà certes un d'étranger à la gymnastique du Scarabée et du Gymnopleure. Les pattes, de longueur fort médiocre, repliées sous le ventre à la moindre alerte, ne supportent aucune comparaison avec les échasses des pilulaires. Rien qu'à leur forme raccourcie, sans souplesse, on devine aisément que l'insecte n'aime pas les pérégrinations avec les embarras d'une boule roulante.

Le Copris est, en effet, d'humeur sédentaire. Une fois des vivres trouvés, de nuit ou bien au crépuscule du soir, il creuse un terrier sous le monceau. C'est un antre grossier où pourrait trouver place une pomme. Là s'introduit, brassée par brassée, la matière qui forme toiture ou du moins se trouve sur le seuil de la porte ; là s'engouffre, sans forme déterminée aucune, un énorme volume de vivres, éloquent témoin de la gloutonnerie de l'insecte. Tant que dure le trésor, le Copris ne reparaît plus à la surface, tout entier aux plaisirs de table. L'ermitage ne sera abandonné qu'après épuisement du garde-manger. Alors recommencent, le soir, les recherches, les trouvailles et les fouilles pour un nouvel établissement temporaire.

Avec ce métier d'enfourneur d'ordure sans manipulation préalable, il est d'évidence que le Copris ignore à fond, pour le moment, l'art de pétrir et de modeler un pain globulaire. Les pattes courtes, maladroites, semblent, du reste, devoir exclure radicalement art pareil.

En mai, juin au plus tard, arrive la ponte. L'insecte, si dispos à faire lui-même ventre des plus sordides matières, devient difficile pour la dot de sa famille. Comme au Scarabée, comme au Gymnopleure, il lui faut alors le produit mollet du mouton, déposé en une seule pièce. Même copieuse, la tarte est enfouie sur place dans sa totalité. Nul vestige n'en reste à l'extérieur. L'économie exige qu'on recueille jusqu'aux miettes.

On le voit : nul voyage, nul charroi, nul préparatif. Le gâteau est descendu en cave par brassées et au point même où il gît. L'insecte répète, en vue de ses larves, ce qu'il faisait travaillant pour lui-même. Quant au terrier, que signale une volumineuse taupinée, c'est une spacieuse grotte creusée à vingt centimètres environ de profondeur. J'y reconnais plus de large, plus de perfection qu'aux chalets temporaires habités par le Copris en temps de festin.

Mais laissons l'insecte travaillant en liberté. Les documents fournis par le hasard des rencontres seraient incomplets, fragmentés, de liaison douteuse. L'examen en volière est de beaucoup préférable, et le Copris s'y prête on ne peut mieux. Assistons d'abord à l'emmagasinement.

Aux lueurs discrètes du crépuscule, je le vois apparaître sur le seuil de son terrier. Il remonte des profondeurs, il vient faire récolte. La recherche n'est pas longue : les vivres sont là, devant la porte, richement servis et renouvelés par mes soins. Craintif, prêt à faire retraite à la moindre alerte, il y va d'un pas lent, compassé. Le chaperon décortique et fouille, les pattes antérieures extraient. Une brassée est détachée, toute modeste, croulant en miettes. L'insecte l'entraîne à reculons et disparaît sous terre. Au bout de deux minutes à peine, le voici de nouveau. Toujours prudent, il interroge le voisinage avec les feuillets étalés de ses antennes avant de franchir le seuil du logis.

Deux, trois pouces de distance le séparent du monceau. C'est chose grave pour lui que de s'aventurer jusque-là. Il aurait préféré les vivres juste au-dessus de sa porte et formant toiture au domicile. Ainsi seraient évitées les sorties, source d'inquiétude. J'en ai décidé autrement. Pour les facilités de l'observation, j'ai déposé les victuailles tout à côté. Peu à peu le craintif se rassure ; il se fait au plein air, il se fait à ma présence, que je rends, du reste, aussi discrète que possible. Les brassées introduites se répètent donc indéfiniment. Ce sont toujours des lambeaux informes, des miettes comme pourraient en détacher les branches de petites pinces.

Assez renseigné sur la méthode de mise en magasin, je laisse l'insecte à son travail, qui se continue la majeure partie de la nuit. Les jours suivants, rien : le Copris ne sort plus. En une seule séance de nuit, suffisant trésor a été amassé. Attendons quelque temps, laissons à l'insecte le loisir de ranger sa récolte à sa guise. Avant la fin de la semaine, je fouille la volière ; je mets à découvert le terrier dont j'ai suivi en partie l'approvisionnement.

Comme dans la campagne, c'est une ample salle à voûte irrégulière, surbaissée, à sol presque plan. Dans un recoin un trou rond bâille, pareil à l'orifice d'un col de bouteille. C'est la porte de service, donnant dans une galerie oblique qui remonte jusqu'à la surface. Les parois du logis creusé en terrain frais sont tassées avec soin, assez résistantes pour ne pas s'ébouler sous les commotions de mes fouilles. On voit que, travaillant pour l'avenir, l'insecte a déployé tous ses talents, toutes ses forces d'excavateur, pour faire œuvre durable. Si le chalet où simplement se festoie est cavité creusée à la hâte, sans régularité et de solidité médiocre, la demeure est une crypte de plus grandes dimensions et d'architecture bien mieux soignée.

Je soupçonne que les deux sexes prennent part à l'œuvre magistrale ; du moins je rencontre fréquemment le couple dans les terriers destinés à la ponte. L'ample et luxueuse pièce à été, sans doute, la salle de noces ; le mariage s'est consommé sous la grande voûte à l'édification de laquelle l'amoureux a concouru, vaillante manière de déclarer sa flamme. Je soupçonne aussi le conjoint de prêter aide à sa compagne pour la récolte et la mise en magasin. A ce qu'il m'a paru, lui aussi, fort comme il est, cueille des brassées et les descend dans la crypte. A deux marche plus vite le minutieux travail. Mais une fois le logis bien pourvu, discrètement il se retire, remonte à la surface et va s'établir ailleurs, laissant la mère à ses délicates fonctions. Son rôle est fini dans le manoir de la famille.

Or que trouve-t-on dans ce manoir, où nous avons vu descendre de si nombreuses et si modestes charges de vivres ? Un amas confus de morceaux disjoints ? Pas le moins du monde. J'y trouve toujours une pièce unique, une miche énorme qui remplit la loge moins un étroit couloir tout autour, juste suffisant à la circulation de la mère.

Cette pièce somptueuse, vrai gâteau des rois, n'a pas de forme fixe. J'en rencontre d'ovoïdes, rappelant l'œuf de la dinde pour la configuration et le volume ; j'en trouve en ellipsoïdes aplatis semblables au vulgaire oignon ; j'en constate de presque rondes qui font songer aux fromages de Hollande ; j'en vois qui, circulaires et légèrement renflées à la face supérieure, imitent les pains du campagnard provençal, ou mieux la *fougasso à l'iôu* avec laquelle se célèbrent les fêtes de Pâques. Dans tous les cas, la surface en est lisse, régulièrement courbe.

On ne peut s'y méprendre : la mère a rassemblé, pétri en un seul bloc les nombreux fragments rentrés l'un après l'autre ; de toutes ces parcelles elle a fait pièce homogène, en les brassant, amalgamant, piétinant. A bien des reprises, je surprends la boulangère au-dessus de la colossale miche devant laquelle la pilule du Scarabée fait si piètre figure ; elle va, déambule sur la convexe surface mesurant parfois un décimètre d'ampleur ; elle tapote la masse, la raffermit, l'égalise. Je ne peux donner qu'un coup d'œil à la curieuse scène. Aussitôt aperçue, la pâtissière se laisse couler le long de la pente courbe et se blottit au-dessous du pâté.

Pour suivre le travail plus avant, l'étudier en ses détails intimes, il faut user d'artifice. La difficulté est presque nulle. Soit que ma longue fréquentation avec le Scarabée sacré m'ait rendu plus habile en moyens de recherche, soit que le Copris, moins circonspect, supporte mieux les ennuis d'une étroite captivité, j'ai pu, sans le moindre encombre, suivre à souhait toutes les phases de la nidification. Deux moyens sont employés, aptes à m'instruire chacun de certaines particularités.

A mesure que les volières me fournissent quelques gros gâteaux, je les déménage des terriers ainsi que la mère, et les dispose dans mon cabinet. Les récipients sont de deux sortes, suivant que je désire la lumière ou l'obscurité. Pour la lumière, j'emploie des bocaux en verre dont le diamètre est à peu près celui des terriers, soit une douzaine de centimètres environ. Au fond de chacun d'eux est une mince couche de sable frais, très insuffisante pour que le Copris puisse s'y enterrer, mais convenable néanmoins pour éviter à l'insecte l'appui glissant du verre, et pour lui donner l'illusion d'un sol pareil à celui dont je viens de le priver. Sur cette couche, le bocal reçoit la mère et sa miche.

Inutile de dire qu'en l'état d'un jour même fort modéré, l'insecte ahuri n'entreprendrait rien. Il lui faut la complète obscurité, que je réalise au moyen d'un manchon de carton enveloppant le bocal. En soulevant un peu avec précaution ce manchon, je peux à toute heure quand bon me semble, avec l'éclairage modéré de mon cabinet, surprendre le captif dans son travail et même suivre quelque temps ses actes. La méthode, on le voit, est beaucoup plus simple que celle dont j'ai fait usage lorsque j'ai voulu voir le Scarabée sacré en ses fonctions de modeleur de poires. L'humeur plus débonnaire du Copris se prête à cette simplification, qui n'aurait pas grand succès avec l'autre. Ainsi sont rangés sur ma grande table de laboratoire une douzaine de ces appareils à éclipses. Qui verrait la série la prendrait pour un assortiment de denrées coloniales renfermées dans des sacs de papier gris.

Pour l'obscurité, je fais usage de pots à fleurs remplis de sable frais et tassé. La mère et son gâteau occupent la partie inférieure, disposée en niche au moyen d'un écran de carton qui fait voûte et supporte le sable d'en haut. Ou bien encore, je mets simplement la mère à la surface du sable avec des provisions. Elle se creuse un terrier, emmagasine, se fait une niche, et les choses se passent comme d'habitude. Dans tous les cas, une lame de verre pour couvercle me répond des captifs. Je compte sur ces divers appareils ténébreux pour me renseigner sur un point délicat, dont l'exposé trouvera sa place ailleurs.

Que nous apprennent les bocaux enveloppés d'un manchon opaque? Beaucoup de choses, des plus intéressantes. D'abord ceci : la grosse miche ne doit pas au mécanisme d'un roulement sa courbure, toujours régulière malgré la forme variable. Déjà l'examen du terrier naturel nous affirmait que pareille masse n'avait pu être roulée dans une loge dont elle remplissait la presque totalité. D'ailleurs les forces de l'insecte seraient impuissantes à remuer pareil fardeau.

Interrogé de temps à autre, le bocal nous répète la même conclusion. Je vois la mère, hissée sur la pièce, palper deci, de-là, taper à petits coups, effacer les points saillants, perfectionner la chose; jamais je ne la surprends faisant mine de vouloir retourner le bloc. C'est clair comme le jour : le roulis est ici complètement hors de cause.

L'assiduité, les soins patients de la pétrisseuse me font soupçonner un détail d'industrie auquel j'étais loin de songer. Pourquoi tant de retouches à ce bloc, pourquoi si longue attente avant de l'employer? Une semaine et davantage se passe, en effet, avant que l'insecte, toujours foulant et lissant, se décide à mettre en œuvre son amas.

Lorsqu'il a malaxé sa pâte au degré voulu, le boulanger la rassemble en un seul monceau dans un coin du pétrin. Au sein du bloc volumineux couve mieux la chaleur de la fermentation panaire. Le Copris connaît ce secret de boulangerie. Il conglobe en pièce unique l'ensemble de ses récoltes ; il pétrit soigneusement le tout en une miche provisoire, à laquelle il donne le temps de se bonifier par un travail intime qui rend la pâte plus sapide et lui donne un degré ·de consistance favorable aux manipulations ultérieures. Tant que n'est pas accompli le chimique travail, mitron et Copris attendent. Pour l'insecte c'est long, une semaine au moins.

C'est fait. Le mitron subdivise son bloc en pâtons dont chacun deviendra un pain. Le Copris se comporte de même. Au moyen d'une entaille circulaire pratiquée par le couperet du chaperon et la scie des pattes antérieures, il détache de la pièce un lambeau ayant le volume réglementaire. Pour ce coup de tranchoir, pas d'hésitation, pas de retouches qui augmentent ou retranchent. D'emblée et d'une coupure nette, le pâton est obtenu avec la grosseur requise.

Il s'agit maintenant de le façonner. L'enlaçant de son mieux de ses courtes pattes, si peu compatibles, ce semble, avec pareil travail, l'insecte arrondit le lambeau par le seul moyen de la pression. Gravement il se déplace sur la pilule informe encore, il monte et il descend, il tourne à droite et à gauche, en dessus et en dessous ; il presse méthodiquement un peu plus ici, un peu moins là ; il retouche avec une inaltérable patience ; et voici qu'au bout de vingt-quatre heures le morceau anguleux est devenu sphère parfaite de la grosseur d'une prune. Dans un coin de son atelier encombré, l'artiste courtaud, ayant à peine de quoi se mouvoir, a terminé son œuvre sans l'ébranler une fois sur sa base ; avec longueur de temps et patience, il a obtenu le globe géométrique que sembleraient devoir lui refuser son gauche outillage et son étroit espace.

Longtemps encore l'insecte perfectionne, polit amoureusement sa sphère, passant et repassant avec douceur la patte jusqu'à ce que la moindre saillie ait disparu. Ses méticuleuses retouches semblent ne devoir jamais finir. Vers la fin du second jour cependant le globe est jugé convenable. La mère monte sur le dôme de son édifice ; elle y creuse, toujours par la simple pression, un cratère de peu de profondeur. Dans cette cuvette, l'œuf est pondu.

Puis, avec une circonspection extrême, une délicatesse surprenante en des outils si rudes, les lèvres du cratère sont rapprochées pour faire voûte au-dessus de l'œuf. La mère lentement tourne, ratisse un peu, ramène la matière vers le haut, achève de clôturer. C'est ici travail délicat entre tous. Une pression non ménagée, un refoulement mal calculé pourrait compromettre le germe sous son mince plafond. De temps en temps le travail de clôture est suspendu. Immobile, le front baissé, la mère semble ausculter la cavité sous-jacente, écouter ce qui se passe là-dedans.

Tout va bien, paraît-il ; et la patiente manœuvre recommence : fin ratissage des flancs en faveur du sommet qui s'effile un peu, s'allonge. Un ovoïde dont le petit bout est en haut remplace de la sorte la sphère primitive. Sous le mamelon, tantôt plus, tantôt moins saillant, est la loge d'éclosion avec l'œuf. Vingt-quatre heures se dépensent encore en ce minutieux travail. Total, quatre fois le tour du cadran et parfois davantage pour confectionner la sphère, l'excaver d'une cuvette, déposer l'œuf et l'enclore par la transformation de la sphère en ovoïde.

L'insecte revient à la miche entamée. Il en détache un second lopin, qui, par les mêmes manipulations, devient ovoïde peuplé d'un œuf. L'excédent suffit pour un troisième ovoïde, assez souvent même pour un quatrième. Je n'ai jamais vu dépasser ce nombre quand la mère dispose des seuls matériaux qu'elle avait amassés dans le terrier.

La ponte est finie. Voilà la mère dans son réduit, que remplissent presque les trois ou quatre berceaux, dressés l'un contre l'autre, le pôle saillant en haut. Que va-t-elle faire maintenant ? S'en aller, sans doute, pour se refaire un peu au-dehors d'un jeûne prolongé. Qui le croirait se trompe. Elle reste. Et pourtant, depuis qu'elle est sous terre, elle n'a rien mangé, se gardant bien de toucher à la miche, qui, divisée en parts égales, sera la nourriture de la famille. Le Copris est d'un touchant scrupule en fait de patrimoine : c'est un dévoué qui brave la faim pour ne pas laisser les siens dépourvus.

Il la brave pour un second motif : faire la garde autour des berceaux. A partir de la fin de juin, les terriers sont difficiles à trouver, à cause des taupinées disparues par l'effet de quelque orage, du vent, des pieds des passants. Les quelques-uns que je parviens à rencontrer contiennent toujours la mère, somnolant à côté du groupe de pilules, dans chacune desquelles festoie, gras à lard, un ver bien près de son développement complet.

Mes appareils ténébreux, pots à fleurs remplis de sable frais, confirment ce que m'apprennent les champs. Enfouies avec provisions dans la première quinzaine de mai, les mères ne reparaissent plus à la surface, sous le couvercle de verre. Elles se tiennent recluses dans le terrier après la ponte ; elles passent la lourde période caniculaire avec leurs ovoïdes, qu'elles surveillent indubitablement, comme le disent les bocaux, affranchis des mystères du sous-sol.

C'est aux premières pluies d'automne, en septembre, qu'elles remontent au-dehors. Mais alors la nouvelle génération est parvenue à la forme parfaite. La mère a donc sous terre la joie de connaître sa famille, prérogative si rare chez l'insecte ; elle entend ses fils gratter la coque pour se libérer ; elle assiste à la rupture du coffret qu'elle avait si consciencieusement travaillé ; peut-être vient-elle en aide aux exténués, si la fraîcheur du soir n'a pas assez ramolli la cellule. Mère et progéniture ensemble quittent le sous-sol, ensemble viennent aux fêtes automnales, alors que le soleil est doux et que la manne ovine abonde sur les sentiers.

Les pots à fleurs nous en apprennent une autre. Je dépose isolément à la surface quelques couples déménagés de leurs terriers au début des travaux. Des munitions leur sont libéralement servies. Chaque couple s'enterre, s'établit, thésaurise ; puis, au bout d'une dizaine de jours, le mâle reparaît à la superficie, sous la lame de verre. L'autre ne bouge pas. La ponte se fait, les pilules nourricières se façonnent, patiemment s'arrondissent, se groupent au fond du pot. Et, pour ne pas troubler l'œuvre maternelle, le père s'est exilé du gynécée. Il est remonté au-dehors, dans le but d'aller ailleurs se creuser un gîte. Ne le pouvant pas dans l'étroite enceinte du pot, il reste à la surface, à peine dissimulé sous un peu de sable ou quelques miettes de vivres. Ami des profonds souterrains, de la fraîcheur et de l'obscurité, obstinément il stationne trois mois à l'air, au sec, à la lumière ; il refuse de s'enfouir, crainte de troubler les choses saintes qui s'accomplissent là-bas. Un bon point au Copris pour son respect de l'appartement maternel.

Revenons aux bocaux, où doivent se répéter sous les yeux de l'observateur les faits que nous dérobe le sol. Les trois ou quatre pilules avec œuf, rangées l'une contre l'autre, occupent la presque totalité de l'enceinte et ne laissent que d'étroits couloirs. De la miche initiale, il ne reste à peu près rien, à peine quelques miettes, dont il est fait profit lorsque l'appétit vient. Mais c'est là souci sans gravité pour la mère, préoccupée avant tout de ses ovoïdes.

Elle va assidûment de l'un à l'autre, les palpe, les ausculte, les retouche en des points où mon regard ne peut rien saisir de défectueux. Sa grossière patte, gantée de corne, plus clairvoyante dans les ténèbres que ma rétine en plein jour, découvre peut-être des fêlures naissantes, des défauts d'homogénéité qu'il convient de faire disparaître pour prévenir l'accès desséchant de l'air. La bien avisée se glisse donc de-ci, de-là, dans les interstices de son amas ; elle inspecte la nitée ; elle met ordre au moindre accident. Si je la trouble, du bout de l'abdomen frotté contre le rebord des élytres elle fait parfois entendre un bruissement doux, presque une plainte. Ainsi, dans une alternative de soins minutieux et de somnolences à côté de l'amas, se passe le trimestre nécessaire à l'évolution de la famille.

Il me semble entrevoir le motif de cette longue surveillance. Les rouleurs de pilules, Scarabées et Gymnopleures, n'ont jamais qu'une seule poire, un seul ovoïde dans le terrier. La masse, roulée quelquefois à de grandes distances, est forcément limitée par les forces. C'est assez pour une larve, mais insuffisant pour deux. Exception est faite en faveur du Scarabée à large cou, qui élève très sobrement sa famille, et de son butin roulant sait faire deux modestes parts.

Les autres sont dans l'obligation de creuser un terrier spécial pour chaque œuf. Lorsque tout est en ordre dans le nouvel établissement, — et c'est assez vite fait —, ils abandonnent le souterrain et vont recommencer ailleurs, au hasard des rencontres, la pilule, l'excavation, la ponte. Avec ces mœurs errantes, la surveillance prolongée est impossible.

Le Scarabée en souffre. Sa poire, superbe de régularité au début, ne tarde pas à se lézarder, se hérisser d'écailles, se boursoufler. Divers cryptogames l'envahissent, la ruinent ; une expansion de la matière la déforme en la crevassant. Nous savons comment le ver tient tête à ces misères.

Le Copris a d'autres usages. Il ne roule pas ses munitions à distance, il emmagasine sur place, par lambeaux, ce qui lui permet d'amasser dans un terrier unique de quoi suffire à toute sa ponte. De nouvelles sorties étant inutiles, la mère séjourne et surveille. Sous sa sauvegarde, toujours en éveil, la pilule ne se lézarde point, car, aussitôt apparue, toute fissure est calfeutrée ; elle ne se couvre pas de végétation parasite, car rien ne pousse sur un sol où constamment le râteau se promène. Les quelques douzaines d'ovoïdes que j'ai sous les yeux affirment l'efficacité de la vigilance maternelle : aucun n'est fendillé, crevassé, envahi par d'infimes champignons. En tous la surface ne laisse rien à désirer. Mais si je les soustrais à la mère pour les mettre en flacon, en boîte de fer-blanc, ils ont le sort des poires du

Scarabée : la surveillance manquant, la ruine plus ou moins profonde arrive.

Deux exemples nous renseigneront sur ce sujet. J'enlève à une mère deux pilules sur trois et les mets dans une boîte en fer-blanc, à l'abri de la dessiccation. La semaine n'est pas finie qu'elles sont couvertes d'une végétation cryptogamique. Il vient un peu de tout sur ce fertile sol ; les champignons inférieurs s'y complaisent. Aujourd'hui ce sont des plantules cristallines, renflées en fuseau, hérissées de courts cils pleurant une larme de rosée, et terminées par une petite tête ronde noire comme le jais. Le loisir me manque pour consulter livres, microscope, et déterminer l'infime apparition qui, pour la première fois, attire mes regards. Peu nous importe ce point de botanique : il nous suffit de savoir que le verdâtre sombre des pilules a disparu, tant est serré le gazon blanc et cristallin pointillé d'atomes noirs.

Je restitue les deux pilules au Copris surveillant sa troisième. Le manchon opaque est remis en place, et l'insecte laissé tranquille dans l'obscurité. Au bout d'une heure, pas même, nouvelle visite de ma part. Le végétal parasite a disparu en plein, fauché, extirpé jusqu'au dernier brin. La loupe ne peut découvrir une trace du fourré si épais un peu avant. Le râteau des pattes a passé par là, et la surface a repris la netteté nécessaire à une bonne hygiène.

Autre épreuve plus grave. De la pointe du canif, j'éventre une pilule au pôle supérieur et mets l'œuf à découvert. Voilà une brèche analogue, avec exagération, à celles qui naturellement peuvent survenir. Je rends à la mère le berceau violé, menacé de mal finir si elle n'intervient. Mais elle intervient, et vite, une fois l'obscurité faite. Les lambeaux soulevés par le canif sont rapprochés et soudés entre eux. Le peu de matière qui manque est remplacé par des raclures cueillies sur les flancs. En très peu de temps la brèche est si bien réparée que nulle trace ne reste de mon effraction.

Je recommence en aggravant le danger. Tout le groupe de pilules, au nombre de quatre, subit l'attaque du canif, qui perce la chambre d'éclosion et ne laisse à l'œuf qu'un abri incomplet sous la voûte crevée. La mère fait face au péril avec une diligence merveilleuse. Tout est remis en ordre en une brève séance. Ah! je le crois bien qu'avec cette surveillante, ne dormant jamais que d'un œil, soient impossibles les crevasses et les boursouflures qui si fréquemment déforment l'ouvrage du Scarabée.

Quatre pilules avec œuf, c'est tout ce que j'ai pu obtenir de la grosse tourte retirée du terrier au moment des noces. Est-ce à dire que la ponte se borne là ? Je le pense. Je la crois même habituellement plus réduite et composée de trois, de deux et même d'un seul œuf. Mes pensionnaires, isolées dans des pots pleins de sable au début de la nidification, n'ont plus reparu à la surface, une fois mises en cave les munitions nécessaires ; elles ne sont pas venues au-dehors puiser dans les vivres renouvelés et se mettre en mesure d'augmenter le nombre, toujours très borné, des ovoïdes gisant au fond de l'appareil sous la surveillance de la mère.

Le large disponible pourrait bien contribuer à cette limitation de la ponte. Trois ou quatre pilules encombrent le terrier ; il n'y a plus place pour d'autres, et la mère, casanière par goût et par devoir aussi, ne songe pas à creuser une seconde demeure. Il est vrai que plus d'ampleur dans l'établissement actuel lèverait la difficulté de l'espace ; mais alors une voûte de trop longue portée exposerait à des effondrements. Si j'intervenais moi-même, si je donnais de l'espace sans le danger d'une voûte croulante, la ponte pourrait-elle augmenter ?

Oui, jusqu'à devenir presque double en nombre. Mon artifice est très simple. Dans un bocal, j'enlève ses trois ou quatre pilules à une mère qui vient de terminer la dernière. Plus rien ne reste de la miche. Je la remplace par une autre de ma façon, pétrie du bout d'un couteau à papier. Boulanger d'un nouveau genre, je refais à peu près ce que l'insecte avait fait au début. Lecteur, ne souriez pas de ma boulangerie : la science lance là-dessus son souffle purificateur.

Ma tourte est très bien acceptée par le Copris, qui se remet à l'ouvrage, recommence sa ponte et me gratifie de trois ovoïdes parfaits. Total sept, nombre le plus fort obtenu dans mes diverses tentatives de ce genre. Un gros morceau du gâteau primitif reste disponible. L'insecte ne l'emploie pas, du moins à la nidification ; il le mange. Les ovaires, paraît-il, sont épuisés. Voilà qui est établi : le terrier pillé donne du large, et la mère en profite pour doubler presque sa ponte à la faveur de la miche, mon ouvrage.

Dans les conditions naturelles, rien d'analogue ne peut se passer. Aucun mitron de bonne volonté n'est là, pétrissant de la spatule et enfournant une nouvelle tourte dans l'antre du Copris. Tout affirme donc que le casanier insecte, décidé à ne plus reparaître dehors jusqu'aux fraîcheurs de l'automne, est d'une fécondité très bornée. Trois, quatre fils au plus composent sa famille. Il m'est arrivé même, en saison de canicule, alors que la ponte est depuis longtemps finie, d'exhumer une mère surveillant une pilule unique. Celle-là, faute peut-être d'un avoir suffisant en vivres, avait réduit à la stricte limite ses joies maternelles.

Les pains que mon couteau à papier pétrit sont aisément acceptés. Profitons du fait pour quelques expériences. Au lieu de la grosse tourte, prodigue de matière, je façonne une pilule calquée sur la forme et le volume des deux ou trois que surveille une mère après les avoir peuplées d'un œuf. Mon imitation est assez bien réussie. Si je mélangeais les deux produits, le naturel et l'artificiel, je ne pourrais après m'y reconnaître. La frauduleuse pilule est introduite dans le bocal, à côté des autres. L'insecte dérangé se blottit aussitôt dans un coin, sous un peu de sable. Pendant deux jours je le laisse tranquille.

Puis, quelle n'est pas ma surprise, en trouvant la mère sur le pinacle de ma pilule, qu'elle excave d'une coupe. Dans l'après-midi, l'œuf est pondu, et la coupe close. Je ne distingue mon ouvrage de ceux du Copris que par la place occupée. Je l'avais mis à l'extrême droite du groupe ;

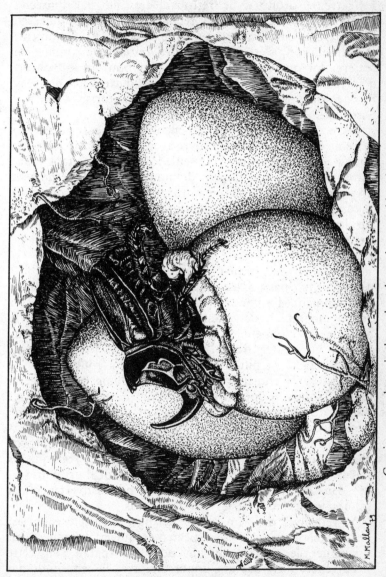

Copris espagnol manipulant, dans le terrier, son bloc de matériaux.

à l'extrême droite je le retrouve, travaillé par l'insecte. Comment celui-ci a-t-il pu reconnaître que la pilule, en tout pareille aux autres, n'était pas occupée? Comment, sans hésitation, s'est-il permis d'en refouler le sommet en cratère, lorsque à ce sommet un œuf pouvait se trouver, d'après les apparences? Il se garde bien d'excaver à nouveau les ovoïdes parachevés. Quel guide l'autorise à creuser l'artificiel, imitation très fallacieuse?

Je recommence encore, et encore. Même résultat : la mère ne confond pas mon œuvre avec la sienne, et en profite pour y installer un œuf. Une seule fois, l'appétit étant venu, paraît-il, je la vois se nourrir de mon pain. Le discernement du peuplé et du non peuplé s'affirme ici aussi bien que dans le cas précédent. Au lieu de mordre, si la faim la prenait, sur les pilules avec œuf, par quelle divination s'attaque-t-elle, malgré l'exacte similitude extérieure, à celle qui ne contient rien?

Mon ouvrage serait-il défectueux? La lame de bois n'aurait-elle pas assez appuyé et donné consistance suffisamment ferme? La matière pécherait-elle par un degré incomplet de manipulation? Questions délicates, hors de ma compétence en ce genre de pâtisserie. Recourons à un maître dans l'art des tourtes. J'emprunte au Scarabée sacré la pilule qu'il commence à rouler dans les volières. Je la choisis petite et d'un volume pareil à celui que le Copris adopte. Elle est ronde, il est vrai ; mais les pilules du Copris sont assez souvent rondes aussi, même après avoir reçu l'œuf.

Eh bien, le pain du Scarabée, ce pain de qualité irréprochable, pétri par le roi des mitrons, a le même sort que les miens. Tantôt il est peuplé d'un œuf, tantôt il est consommé, sans que jamais il arrive accident par inadvertance aux pilules identiques pétries par le Copris.

Se retrouver dans un pareil mélange, éventrer ce qui est encore matière inerte et respecter ce qui est déjà berceau, distinguer le permis du défendu, me paraît, en cette occurrence, d'explication impossible avec le seul guide des sens similaires aux nôtres. Inutile d'invoquer la vue :

l'insecte travaille dans une obscurité complète. Travaillerait-il au jour, l'embarras ne diminuerait pas. La forme et l'aspect sont pareils de part et d'autre ; notre vue la plus clairvoyante serait en défaut quand le mélange est fait.

Impossible d'invoquer l'odorat : la matière ne varie pas ; c'est toujours le produit du mouton. Impossible d'invoquer le tact. Quelle peut bien être l'aptitude au toucher sous un étui de corne ? Et il faudrait ici exquise sensibilité. D'ailleurs, si l'on admet dans les pattes, les tarses surtout, dans les palpes, les antennes et tout ce que l'on voudra, certaine aptitude à distinguer le dur du mou, le rugueux du poli, le rond de l'anguleux, le globe du Scarabée nous crie casse-cou. Pour la matière, le degré de pétrissage, la fermeté et la configuration des surfaces, voilà certes l'équivalent exact de la sphère du Copris ; et cependant celui-ci ne s'y trompe pas.

Faire intervenir le goût n'a aucun sens dans le problème. Reste l'ouïe. Plus tard, je ne dirais pas non. Quand la larve est éclose, la mère, attentive, peut à la rigueur l'entendre ronger la muraille de la cellule ; mais actuellement la loge ne contient qu'un œuf, et tout œuf est silencieux.

Quels moyens restent donc à la mère, je ne dirai pas pour déjouer mes perfidies, — la question va plus haut, et l'animal n'a pas été doué d'aptitudes spéciales afin d'éluder au jour les artifices de l'expérimentateur, — quels moyens, dis-je, restent à la mère pour obvier aux difficultés de son travail normal ? Ne le perdons pas de vue : elle débute en façonnant un globe. La masse ronde souvent ne diffère pas des pilules peuplées, tant sous le rapport de la forme que sous celui de l'ampleur.

La paix n'étant nulle part, même dans le sous-sol, si la mère, peureuse à l'excès, tombe de sa sphère en un moment de panique et la quitte pour se réfugier ailleurs, comment après retrouvera-t-elle sa boule et la distinguera-t-elle des autres sans courir le risque d'écraser un œuf lorsqu'il faudra, au moyen de la pression, refouler en cratère le sommet de la pilule ? Un guide sûr lui est ici nécessaire. Quel est-il ? Je ne sais.

Bien des fois je l'ai dit, et ici je le répète : l'insecte a des aptitudes sensorielles d'une exquise finesse, en harmonie avec le métier pratiqué, aptitudes qu'il ne nous est pas même permis de soupçonner, parce qu'il n'y a rien d'analogue en nous. L'aveugle-né ne saurait avoir l'idée des couleurs. Nous sommes des aveugles-nés en face de l'insondable inconnu qui nous enveloppe ; mille et mille questions surgissent, sans réponse possible.

VIII

LE COPRIS ESPAGNOL
MŒURS DE LA MÈRE

Deux traits surtout sont à retenir dans l'histoire du Copris espagnol : l'éducation de la famille et le talent dans l'art pilulaire.

La fécondité des ovaires est très bornée, et néanmoins la race prospère tout autant que bien d'autres prodigues en germes. Les soins maternels suppléent à la pénurie de la ponte. Les fertiles pondeuses, après quelques dispositions sommaires, abandonnent leur descendance aux chances de la bonne ou de la mauvaise fortune, qui sacrifient souvent mille pour conserver un ; elles sont des usines de matière organique servie au banquet général de la vie. A peine éclos ou même avant d'éclore, leurs fils, pour la majeure part, succombent dévorés. L'extermination fauche la surabondance au profit de l'ensemble des vivants. Ce qui était destiné à vivre vit, mais sous une autre forme. Chez ces exagérées en parturition sont inconnues et ne peuvent être connues les tendresses maternelles.

Avec les Copris, autres mœurs, différentes à fond. Trois, quatre œufs, voilà tout l'avenir. Comment les préserver, dans une large mesure, des accidents qui les attendent? Pour eux, si peu nombreux, comme pour les autres, qui sont légion, l'existence est inexorable lutte. La mère le sait, et pour sauver les siens, elle fait abnégation d'elle-même ; elle renonce aux joies du dehors, aux essors nocturnes, aux fouilles d'un récent monceau, paradisiaque exercice des Bousiers. Cachée sous terre, à côté de sa nitée, elle ne sort plus de sa *nursery*. Elle surveille : elle brosse les végétations parasites ; elle mastique les fêlures ; elle écarte tout ravageur qui surviendrait, Acare, menus Staphylins, larve de petits Diptères, Aphodies, Onthophages. En septembre, elle remonte à la surface avec sa famille, qui, n'ayant plus besoin d'elle, s'émancipe et vit désormais à sa guise. L'oiseau n'a pas maternité plus dévouée.

En second lieu, le Copris, expert confectionneur de pilules au moment de la ponte, nous fournit, autant qu'il est en notre pouvoir de sonder la vérité, la démonstration du théorème qui éveillait mes scrupules. Voilà un insecte non outillé pour l'art pilulaire, art d'ailleurs inutile à son individuelle prospérité. Aucune aptitude, aucune propension en lui pour le pétrissage d'une nourriture qu'il enfouit et consomme telle qu'il l'a trouvée ; ignorance totale de la sphère et de ses propriétés relatives à la conservation de vivres frais ; et brusquement, par une inspiration que rien, dans la vie courante, n'a préparée, la mère moule en sphère, en ovoïde, le legs qu'elle fait à son ver.

De sa patte courte, maladroite, elle configure en solide savant le viatique de ses fils. La difficulté est grande. L'application et la patience la surmontent. En deux jours, trois au plus, le berceau rond est parfait. Comment fait-elle, la courtaude, pour régler l'exacte géométrie de sa pièce ? Le Scarabée a ses longues jambes qui enlacent l'ouvrage comme dans les branches d'un compas ; le Gymnopleure a pareils outils. Mais elle, dépourvue de l'envergure nécessaire à l'enlacement, ne trouve dans son outillage aucune ressource favorable à la sphéricité. Juchée sur l'ovoïde, elle le travaille point par point avec une application qui supplée l'outil défectueux ; elle juge de la correction de la courbure par des examens tactiles assidus d'un bout à l'autre de la pièce. Sa persévérance vient à bout de ce que sa gaucherie semblerait devoir lui refuser.

Alors une question naît sur toutes les lèvres : pourquoi ce brusque changement dans les habitudes de l'insecte? Pourquoi cette infatigable patience dans un travail non en rapport avec l'outillage disponible? A quoi bon cette forme ovoïde dont la perfection est si dispendieuse de temps?

A ces demandes, je ne vois qu'une réponse possible : la conservation des vivres à l'état de fraîcheur exige la conglobation. Remettons-le en l'esprit : le Corpis nidifie en juin ; sa larve se développe pendant la canicule, à quelques pouces de profondeur. Dans la grotte, alors étuve, les vivres deviendraient rapidement immangeables si la mère ne leur donnait la forme la moins exposée à l'évaporation. Très différent du Scarabée par ses mœurs et sa structure, mais exposé aux mêmes périls dans son état larvaire, le Copris, pour conjurer le danger, adopte les principes du grand pilulaire, principes dont nous avons fait ressortir la haute sagesse.

Je livre aux méditations de la philosophie ces cinq fabricants de conserves rondes et les nombreux émules qu'ils ont, à n'en pas douter, sous d'autres climats[1]. Je leur soumets ces inventeurs de la boîte de plus grand volume et de moindre surface pour des vivres exposés à se dessécher ; et je leur demande comment, dans le ténébreux intellect de la bête, peuvent éclore des inspirations aussi logiques, des prévisions aussi rationnelles.

---

1. Ces lignes étaient depuis longtemps écrites lorsque j'ai reçu de la République argentine le travail d'un superbe Bousier des pampas, le *Phanœus splendidulus* Fab. Je dois cette bonne fortune au frère Judulien, du collège de La Salle, à Buenos Aires. L'envoi du fervent entomologiste des Écoles chrétiennes m'a comblé de joie en confirmant mes soupçons. Vrai bijou vivant, l'insecte de l'autre monde connaît, lui aussi, la forme de plus grand volume et de moindre surface, sauvegarde contre une dessiccation trop rapide des vivres. Avec des dimensions moindres, sa pilule est celle du Copris : un ovoïde peu différent de la sphère. Non moins bien connue est l'importance de l'aération. Au pôle supérieur, la chambre de l'œuf est plafonnée avec une mince couche de matériaux filamenteux, formant un tampon de feutre très perméable à l'air, tandis que le reste de la surface se compose d'une pâte dense, homogène. D'un bout à l'autre du monde, l'art du Bousier repose sur les mêmes principes. Là s'arrête la ressemblance avec l'industrie du Copris. Le splendide pilulaire des pampas n'établit qu'une larve par terrier, comme le fait le Scarabée sacré.

Descendons au terre à terre des faits. La pilule du Copris est un ovoïde plus ou moins prononcé, parfois très peu différent de la sphère. C'est un peu moins gracieux que l'œuvre du Gymnopleure, fort voisine de la poire, ou du moins rappelant l'œuf de l'oiseau, celui du moineau notamment, à cause de la parité des dimensions. L'ouvrage du Copris ressemblerait mieux à l'œuf du rapace nocturne, hibou, chouette, duc, son pôle saillant ayant faible relief.

De ce pôle à l'autre, l'ovoïde mesure en moyenne quarante millimètres, et trente-quatre en travers. Toute la surface en est tassée, durcie par la pression, convertie en une croûte que souille un peu de terre. Au pôle saillant, le regard attentif découvre une aréole hérissée de courts filaments effilochés. Une fois l'œuf déposé dans le godet dont la sphère initiale se creuse, la mère, ai-je dit, rapproche graduellement les bords de la cavité. De là résulte l'extrémité saillante. Pour achever de clore, elle ratisse avec délicatesse l'ovoïde et ramène en haut un peu de matière. Ainsi se forme la voûte de la chambre d'éclosion. Au sommet de cette voûte qui, s'effondrant, ruinerait l'œuf, la pression est très ménagée, ce qui laisse une aréole dépourvue d'écorce, hérissée de brins filamenteux. Immédiatement en arrière de cette aréole, sorte de feutre perméable, se trouve la chambre d'éclosion, la petite loge de l'œuf, aisément visitée par l'air et la chaleur.

Déjà remarquable par ses dimensions, comme celui du Scarabée et des autres Bousiers, l'œuf du Copris grossit beaucoup avant d'éclore ; il double, il triple de volume. Dans sa chambre moite, toute saturée des émanations des vivres, il y a pour lui nutrition. A travers la coquille calcaire et poreuse de l'œuf de l'oiseau se fait un échange gazeux, un travail respiratoire qui anime la matière en la consumant. C'est là cause de destruction en même temps que de vie ; la somme du contenu ne s'accroît pas sous l'enveloppe inflexible, elle diminue, au contraire.

Autre chose se passe dans l'œuf du Copris ainsi que des autres Bousiers. Il y a toujours, sans doute, le concours vivifiant de l'air ; mais il y a de plus afflux de nouveaux matériaux qui viennent augmenter les réserves fournies par l'ovaire. A travers une très délicate membrane, l'endosmose* fait pénétrer les exhalaisons de la chambre, si bien que l'œuf se nourrit, se gonfle, grossit jusqu'à tripler son volume. Si l'on n'a pas suivi avec quelque attention cet accroissement progressif, on est tout surpris de l'extraordinaire grosseur finale, hors de proportion avec la pondeuse.

Cette nutrition est d'assez longue durée, car l'éclosion réclame de quinze à vingt jours. A la faveur du supplément de substance dont l'œuf s'est enrichi, la larve naît déjà grandelette. Ce n'est plus ici le débile vermisseau, le point animé que nous montrent beaucoup d'insectes ; cette gentille créature, à tendre robusticité, qui, tout heureuse de vivre, frétille, roule dans sa niche en faisant le gros dos.

Elle est d'un blanc satiné, avec un peu de jaune paille sur la calotte crânienne. Je lui trouve déjà bien accentuée la truelle terminale, c'est-à-dire ce plan oblique avec rebord festonné dont le Scarabée nous a montré l'usage lorsqu'il faut calfeutrer quelque brèche de la cellule. L'outil nous dit le futur métier. Toi aussi, petit ver, si gracieux maintenant, tu seras fienteur à besace, un fervent plâtrier travaillant le stuc fourni par l'intestin. Mais avant, je vais te soumettre à une épreuve.

Quelles sont tes premières bouchées? D'habitude je vois luire sur les parois de ta niche un enduit verdâtre, demi-fluide, une sorte de purée déposée en mince tartine. Est-ce là un mets spécial destiné à ta faiblesse d'estomac de nouveau-né? Est-ce une friandise du jeune âge dégorgée par la mère? Je l'ai cru dans mes premières études sur le Scarabée. Aujourd'hui, après avoir vu semblable enduit dans les loges des divers Bousiers, y compris les rustiques Géotrupes, je me demande si ce ne serait pas là plutôt le résultat d'une simple exsudation qui amasserait sur la paroi, en une sorte de rosée, la quintessence fluide filtrant à travers la matière poreuse.

La mère Copris, mieux que toute autre, s'est prêtée à l'observation. Plusieurs fois je l'ai surprise au moment où, hissée sur sa ronde pilule, elle en excave le sommet en forme de tasse, et jamais je n'ai rien aperçu ayant quelque rapport avec un dégorgement. La cavité du bol, aussitôt examinée, ne diffère pas du reste. Peut-être ai-je manqué le moment favorable. D'ailleurs je ne peux donner aux occupations de la mère qu'un bref coup d'œil : tout travail cesse dès que, pour faire le jour, je soulève l'enveloppe de carton. En de telles conditions, le secret pourrait m'échapper indéfiniment. Tournons la difficulté ; informons-nous si quelque laitage spécial, élaboré dans l'estomac de la mère, est nécessaire à la larve naissante.

Dans mes volières, je dérobe à un Scarabée sa pilule ronde, façonnée depuis peu et allègrement roulée. Je la décortique en un point pour enlever la couche terreuse, et en ce point net je plonge le bout obtus d'un crayon. L'empreinte laissée est un puits d'un centimètre de profondeur. J'y installe un vermisseau de Copris venant d'éclore. Le nouveau-né n'a pas encore pris la moindre réfection. Il est logé dans un réduit dont la paroi ne diffère en rien du reste de la masse. Aucun enduit crémeux, dégorgé par la mère ou simplement suinté. Que résultera-t-il de ce changement?

Rien de fâcheux. La larve se développe et prospère tout aussi bien que dans sa loge natale. Donc, en mes débuts, j'ai été dupe d'une illusion. Le fin enduit qui presque toujours tapisse la chambre de l'œuf dans les ouvrages des Bousiers est une simple exsudation. Le vermisseau, dans ses premières bouchées, peut y trouver avantage, mais ce n'est pas indispensable. L'expérience d'aujourd'hui l'affirme.

Le vermisseau soumis à cette épreuve a été plongé dans un puits librement ouvert. Les choses ne peuvent rester en l'état. Ce défaut de toiture est désagréable à la jeune larve, amie des ténèbres et du recueillement. De quelle manière s'y prendra-t-elle pour voiler son ciel ouvert? La truelle à mortier ne peut fonctionner encore, les matériaux manquant dans la besace à mastic qui n'a pas encore digéré.

Tout novice qu'il est, le petit ver a ses ressources. Ne pouvant être plâtrier, il devient constructeur en moellons. De la patte et de la mandibule, il détache des parois de sa loge des parcelles qu'il vient déposer une à une sur la margelle du puits. Le travail de défense marche vite, et les atomes assemblés forment une voûte. C'est de résistance nulle, il est vrai ; la coupole croule rien que sous mon souffle. Mais bientôt les premières bouchées seront prises, l'intestin s'emplira ; et, muni à point, le ver viendra consolider l'ouvrage en injectant du mortier dans les interstices. Bien cimentée, la soupente fragile deviendra ferme plafond.

Laissons en paix le vermisseau, et consultons d'autres larves parvenues à demi-grosseur. De la pointe du canif, je perce la pilule au pôle supérieur ; j'ouvre une lucarne de quelques millimètres carrés. A la fenêtre, le ver apparaît aussitôt, inquiet, s'informant du désastre. Il roule sur lui-même dans la loge, il revient à l'ouverture, mais cette fois en présentant sa large truelle à bourrelet. Un jet de mortier est épanché sur la brèche. Le produit, un peu trop délayé, est de qualité inférieure. Cela difflue, s'écoule, ne fait pas rapide prise. Nouvelle éjaculation, puis une autre, une autre encore, coup sur coup.

Peine inutile. En vain le plâtrier recommence, en vain il se démène, recueillant des pattes et des mandibules la matière qui fuit, le pertuis ne se bouche pas. Le mortier est toujours trop coulant.

Imite donc ta jeune sœur, pauvre ver désespéré ; fais comme la petite larve de tantôt : construis une soupente avec des parcelles arrachées à la muraille du logis, et sur cet échafaudage spongieux ton fluide mastic fera très bien. Le gros ver, confiant dans sa truelle, ne songe pas à cette méthode. Il s'exténue, sans résultat appréciable, pour une clôture dont le vermisseau est venu à bout de façon ingénieuse. Ce que le très jeune savait faire, le grandelet ne le sait plus.

Il y a, comme cela, dans l'industrie de l'insecte, des recettes de métier utilisées en certaines périodes, puis délaissées, oubliées à fond. Quelques jours en plus ou en moins modifient le talent. Le vermisseau, dépourvu de ciment, a la ressource du moellon ; le ver, riche en mastic,

dédaigne de construire, ou plutôt ne le sait plus, bien que
doué, encore mieux que le jeune, des outils nécessaires. Le
vigoureux ne se rappelle plus ce que, débile, il savait si bien
faire quelques jours avant. Pauvre mémoire, si toutefois il
y a une mémoire sous ce crâne aplati! A la longue
cependant, grâce à l'évaporation des matériaux rejetés,
l'oublieuse des promptes méthodes finit par clore la
lucarne. Une demi-journée presque se dépense en efforts
de truelle.

L'idée me vient d'essayer si la mère, en telle occasion,
viendrait en aide au désespéré. Nous l'avons vue réparer
diligemment le plafond que j'avais crevé au-dessus de
l'œuf. Fera-t-elle pour le ver déjà grand ce qu'elle faisait
en faveur du germe? Restaurera-t-elle la pilule éventrée où
s'agite l'impuissant plâtrier?

Pour rendre l'épreuve plus concluante, je fais choix de
pilules étrangères à la mère qui sera chargée de la restauration. Je les ai cueillies dans la campagne. Elles ne sont pas
régulières, toutes bosselées à cause du terrain pierreux où
elles gisaient, terrain peu favorable au vaste atelier et par
suite à l'exacte géométrie. Elles sont en outre encroûtées
d'une écorce rougeâtre, due au sable ferrugineux dans
lequel je les avais noyées afin d'éviter des heurts compromettants pendant le trajet. Bref, elles diffèrent considérablement de celles qui, élaborées dans un bocal, bien au large
et sur un appui peu salissant, sont des ovoïdes parfaits, nets
de souillures terreuses. Sur deux d'entre elles je pratique
au sommet une ouverture que le ver, fidèle à sa méthode,
s'efforce aussitôt de boucher, mais sans succès. L'une,
entreposée sous une cloche, me servira de témoin. L'autre
est introduite dans un bocal où la mère surveille sa nichée,
deux superbes ovoïdes.

L'attente n'est pas longue. Une demi-heure plus tard,
je soulève l'écran de carton. L'insecte est sur la pilule
étrangère, fort affairé et si préoccupé qu'il ne tient nul
compte de l'accès du jour. En d'autres circonstances,
moins urgentes, il se serait laissé aussitôt choir pour se
blottir à l'abri de la lumière importune; maintenant il ne

bouge pas, il continue, imperturbable, son œuvre. Sous mes yeux, il ratisse pour enlever la croûte rouge, et, aux dépens de la surface expurgée, il prélève des raclures, qu'il étale, qu'il soude sur la brèche. Fort rapidement clôture hermétique est obtenue. Je suis émerveillé de l'habileté de cet apposeur de scellés.

Or, pendant que le Copris restaure une pilule qui n'est pas la sienne, que fait, sous cloche, le ver propriétaire de la seconde ? Il continue à se démener sans résultat, il prodigue en vain un ciment incapable de faire prise. Soumis à l'épreuve dans la matinée, il n'est parvenu à clore que dans l'après-midi, et encore assez mal. De son côté, la mère d'emprunt n'a pas mis vingt minutes pour réparer excellemment le désastre.

Elle fait mieux. Le plus pressé accompli, l'affligé secouru, elle stationne tout le jour, toute la nuit et le lendemain sur la pilule refermée. Elle la passe délicatement à la brosse des tarses pour en faire disparaître la couche terreuse ; elle efface les bosselures, elle lisse les endroits rugueux, elle régularise la courbure, si bien que la pilule difforme et souillée au début devient un ovoïde rivalisant de précision avec ceux qu'elle avait déjà confectionnés dans le bocal.

De tels soins pour un ver étranger méritent attention. Il faut continuer. Je confie au bocal une seconde pilule pareille à la précédente, effractionnée au sommet, avec une ouverture plus grande que la première fois, le quart d'un centimètre carré environ. La difficulté augmentant, la restauration n'en sera que plus méritoire.

C'est difficile à fermer, en effet. Le ver, gros poupard, éperdument gesticule et fiente par la fenêtre. Penchée sur le trou, la mère adoptive semble le consoler. C'est la nourrice penchée sur le berceau. Les pattes secourables travaillent cependant, et ferme ; elles grattent autour du béant pertuis pour amasser de quoi boucher. Mais, à demi desséchée cette fois, la matière est dure, sans plasticité. Elle vient mal et en trop petite quantité pour pareille brèche. N'importe : le ver éjaculant toujours son mastic, l'autre le mélangeant avec ses propres raclures qui lui donnent consistance, et l'étalant après, l'ouverture se clôt.

L'ingrate besogne a nécessité toute une après-midi. Bonne leçon pour moi. Je serai désormais plus circonspect. Je choisirai des pilules plus molles, et, au lieu de les ouvrir en enlevant de la matière, je soulèverai seulement la paroi par lambeaux jusqu'à mise à nu du ver. La mère n'aura qu'à rabattre ces lambeaux, à les ressouder entre eux.

Ainsi est fait avec une troisième pilule, qui, dans un bref délai, se trouve très bien restaurée. Aucune trace ne reste des ravages de mon canif. Je continue de la sorte avec une quatrième, une cinquième, etc., à des intervalles assez longs pour laisser à la mère quelque repos. Je m'arrête quand le récipient est plein, semblable à un bocal de pruneaux. Total du contenu, douze pièces, dont dix étrangères, toutes les dix violées par mon canif, toutes les dix remises en bon état par la mère adoptive.

Quelques aperçus intéressants se dégagent de cette singulière expérience, qu'il m'eût été possible de continuer si la capacité du bocal l'avait permis. Le zèle du Copris, non amoindri après tant de ruines réparées, sa diligence, la même à la fin qu'au début, me disent que je n'avais pas épuisé la sollicitude maternelle. Tenons-nous-en là, c'est largement assez.

Remarquons d'abord l'arrangement des pilules. Trois suffisent pour occuper le plancher de l'enceinte. Les autres sont donc superposées à mesure par couches, ce qui donne à la fin une pile de quatre étages. Le tout forme amas de peu d'ordre, vrai labyrinthe à ruelles sinueuses, très étroites, où l'insecte se glisse non sans peine. Quand le ménage est en ordre, la mère se tient en bas, sous la pile, au contact du sable. C'est en ce moment qu'une nouvelle cellule rompue est introduite, tout en haut de la pile, au troisième, au quatrième étage. L'écran remis, patientons quelques minutes et revenons au bocal.

La mère est là, hissée sur la pilule éventrée et travaillant à la clôture. Comment au rez-de-chaussée a-t-elle été avertie de ce qui se passait dans les combles ? Comment a-t-elle su qu'une larve là-haut demandait assistance ? Le poupard en détresse clame, et la nourrice accourt. Le ver ne dit rien, c'est un silencieux. Ses gesticulations de désespéré ne sont accompagnées d'aucun bruit. Et la surveillante entend ce muet. Elle perçoit le silence, elle voit l'invisible. Je me perds, chacun se perdrait dans le mystère de ces perceptions si étrangères à notre nature et qui tourneboulent l'entendement, comme aurait dit Montaigne. Passons outre.

J'ai dit ailleurs avec quelle brutalité l'hyménoptère, ce mieux doué des insectes, traite l'œuf d'autrui. Osmies, Chalicodomes et autres parfois perpètrent des atrocités. En un moment de vengeance ou de cette inexplicable aberration qui survient à la fin de la ponte, l'œuf de la voisine, férocement extrait de la cellule par les tenailles mandibulaires, est jeté à la voirie. Cela s'écrase sans pitié, s'éventre, se mange même. Que nous sommes loin du débonnaire Copris!

Attribuerons-nous au Bousier la solidarité entre familles? Lui ferons-nous l'insigne honneur d'admettre qu'il pratique l'assistance aux enfants trouvés? Ce serait insensé. La mère qui, si diligemment, donne secours aux fils d'autrui, croit, la chose est certaine, travailler pour les siens. Mon expérimentée avait deux pilules à elle ; mon intervention lui en a valu dix de plus. Et dans le bocal aux pruneaux, plein jusqu'au sommet, ses soins ne font aucune différence entre la réelle maisonnée et la famille fortuite. Son intellect ne sait donc pas distinguer ce que la quantité numérique a de plus sommaire, le simple et le multiple, le peu et le beaucoup.

Serait-ce à cause de l'obscurité? Non, car mes fréquentes visites donnent au Copris, lorsque l'écran opaque est enlevé, l'occasion de s'enquérir et de reconnaître l'étrange amoncellement, si la lumière est en vérité le guide qui lui manque. N'a-t-il pas d'ailleurs un autre moyen d'information? Dans le terrier naturel, les pilules, trois, quatre au plus, reposant toutes sur le sol, forment un groupe d'une seule rangée. Avec mes appoints, elles s'amoncellent en quatre étages.

Pour grimper là-haut, pour se hisser à travers un labyrinthe comme jamais manoir de Copris n'en a présenté de semblable, l'insecte coudoie, touche les pièces de l'amas. Le dénombrement n'y gagne rien. Tout cela est la nichée pour l'insecte, tout cela est la famille, digne des mêmes soins au sommet qu'à la base. Les dix de mes artifices et les deux de la ponte réelle sont même chose en son arithmétique.

Je livre cet étrange calculateur à qui viendrait me parler d'une lueur de raison chez l'insecte, comme le voulait Darwin. Des deux choses l'une : ou bien cette lueur est nulle, ou bien le Copris divinement raisonne et devient un saint Vincent de Paul des insectes, apitoyé sur les misères des enfants trouvés. Choisissez.

Pour sauver le principe, peut-être ne reculera-t-on pas devant l'insensé, et le Copris compatissant figurera un jour dans la Morale en action des transformistes. Pourquoi non? N'y a-t-on pas déjà mis, en vue de la même cause, certain boa au cœur sensible qui, perdant son maître, se laissa périr de chagrin? Ah! le tendre reptile! Ces histoires édifiantes, compilées dans l'intention de ramener l'homme au gorille, me valent, quand je les rencontre, quelques moments de douce hilarité. N'insistons pas.

A nous deux maintenant, Copris mon ami, parlons de choses qui ne suscitent pas des tempêtes. Voudrais-tu bien me dire la cause de ta réputation dans les anciens jours? L'antique Égypte te glorifiait sur le granit rose et le porphyre; elle te vénérait, ô mon beau cornu, te décernait des honneurs comme au Scarabée. Tu occupais le second rang dans l'entomologie hiératique.

Horus Apollo nous parle de deux Bousiers sacrés doués de cornes. L'un en avait une seule sur la tête, l'autre en portait deux. Le premier, c'est toi, hôte de mes bocaux, ou du moins quelqu'un qui te ressemble de très près. Si l'Égypte avait connu ce que tu viens de m'apprendre, certainement elle t'aurait mis au-dessus du Scarabée, pilulaire vagabond, déserteur du domicile, qui laisse sa famille, une fois dotée, se tirer d'affaire comme elle le peut. Ne sachant rien de tes mœurs merveilleuses, que l'histoire note pour la première fois, elle n'est que plus louable d'avoir pressenti tes mérites.

Le second, celui à deux cornes, serait, d'après les maîtres, l'insecte que les naturalistes nomment Copris d'Isis. Je ne le connais qu'en effigie, mais son image est si frappante que je me prends à rêver, sur le tard, comme dans mon jeune âge, de m'en aller par là-bas, en Nubie, courir les bords du Nil afin d'interroger, sous quelque bouse de chameau, l'insecte emblème d'Isis, la divine couveuse, la nature que féconde Osiris, le soleil.

Ah! naïf! soigne tes choux, sème tes raves, et tu ne t'en trouveras pas plus mal; arrose tes laitues; comprends, une fois pour toutes, combien vaines sont nos interrogations quand il s'agit de sonder simplement la sapience d'un fouilleur d'ordure. Sois moins ambitieux; borne-toi au rôle d'enregistreur de faits.

Ainsi soit. Rien de saillant à dire de la larve, qui répète celle du Scarabée, à part les détails intimes d'intérêt nul ici. Même gibbosité vers le milieu du dos, même troncature oblique du dernier segment, qui se dilate en truelle à la face supérieure. Prompte fienteuse, elle connaît, mais à un moindre degré que l'autre, l'art de boucher les brèches pour se garantir des vents coulis. Sa durée est d'un mois à un mois et demi.

Vers la fin juillet apparaît la nymphe, d'abord en entier d'un jaune ambré, puis d'un rouge-groseille sur la tête, la corne, le corselet, la poitrine, les pattes, tandis que les élytres ont la teinte pâle de la gomme arabique. Un mois plus tard, en fin août, l'insecte parfait se dégage de ses enveloppes de momie. Son costume, alors travaillé par de délicates modifications chimiques, est tout aussi étrange que celui du Scarabée naissant. Tête, corselet, poitrine, pattes, d'un rouge marron. La corne, l'épistome*, les dentelures des pattes antérieures avec des nuages bruns. Élytres d'un blanc un peu jaunâtre. Abdomen blanc, sauf le segment anal, qui est d'un rouge plus vif encore que celui du thorax. Chez les Scarabées, les Gymnopleures, les Onthophages, les Géotrupes, les Cétoines et bien d'autres, je constate cette précocité de coloration du segment anal lorsque le reste de l'abdomen est encore tout pâle. Pourquoi cette précocité? Encore un point d'interrogation qui se dressera longtemps devant la réponse attendue.

Une quinzaine se passe. Le costume devient noir d'ébène, la cuirasse durcit. L'insecte est prêt pour la sortie. Nous sommes en fin septembre ; la terre a bu quelques ondées qui ramollissent l'indomptable coque et permettent aisée délivrance. C'est le moment, mes prisonniers. Si je vous ai molestés quelque peu, je vous ai tenus du moins dans l'abondance. Vos coques ont durci dans vos appareils et sont devenues des coffrets que vos efforts ne parviendraient jamais à forcer. Je vous viens en aide. Disons par le détail comment les choses se passent.

Une fois le terrier muni du pain volumineux où doivent se tailler trois ou quatre rations pilulaires, la mère ne reparaît plus dehors. D'ailleurs, pour elle aucune provision. L'amas descendu en magasin est le gâteau de la famille, le patrimoine exclusif des vers, qui recevront part égale. Pendant quatre mois la recluse est donc sans nourriture aucune.

Privation volontaire. Des vivres, en effet, sont là, sous la patte, copieux et de qualité supérieure ; mais ils sont destinés aux larves, et la mère se gardera bien d'y toucher : ce qu'elle prélèverait pour son usage manquerait aux vers. A la gloutonnerie du début, quand il n'y avait pas charge de famille, succède une sobriété capable de très longue abstinence. La poule sur ses œufs oublie le manger pendant quelques semaines ; la mère Copris surveillant sa nitée l'oublie pendant le tiers de l'année. Le Bousier l'emporte sur l'oiseau en abnégation maternelle.

Or que fait-elle sous terre, cette mère si oublieuse de soi-même? A quels soins de ménage peut-elle dépenser le temps d'un jeûne si prolongé? Mes appareils donnent satisfaisante réponse. J'en possède, je l'ai déjà dit, de deux sortes. Les uns consistent en bocaux avec mince couche de sable et enveloppe de carton qui fait obscurité ; les autres sont de grands pots pleins de terre et clos d'un carreau de vitre.

A quelque moment que je soulève le manchon ténébreux des premiers, je trouve la mère tantôt huchée sur le dôme de ses jarres, tantôt à terre, à demi redressée et lissant de la patte la panse ventrue. Plus rarement elle sommeille au milieu du tas.

L'emploi de son temps est manifeste. Elle surveille son trésor de pilules ; elle ausculte des antennes ce qui se passe là-dedans ; elle écoute la croissance des nourrissons ; elle retouche les points défectueux ; elle polit et repolit les surfaces pour ralentir la dessiccation à l'intérieur jusqu'à complet développement des inclus.

Ces soins minutieux, soins de tous les instants, ont des résultats qui frapperaient l'attention de l'observateur le moins expérimenté. Les jarres ovoïdes, disons mieux, les berceaux de la *nursery* sont superbes de régulière courbure et de netteté. Ici aucune de ces crevasses par où fait saillie un bourrelet de mastic, aucune de ces fêlures, de ces écailles soulevées, enfin aucun de ces accidents qui presque toujours déparent, sur le tard, les poires du Scarabée, si belles au début.

Travaillés au stuc par un modeleur, les coffrets du Bousier cornu n'auraient pas meilleure façon, même lorsque la dessiccation les a gagnés en plein. Oh! les beaux œufs d'un bronze obscur, rivalisant de volume et de forme avec ceux de la chouette! Cette perfection, maintenue irréprochable jusqu'à la rupture de la coque pour la délivrance, ne s'obtient que par des retouches incessantes, entrecoupées de loin en loin de repos pendant lesquels la mère se recueille et sommeille à la base du tas.

Les bocaux laissent place au doute. Captif dans une enceinte infranchissable, l'insecte, pourrait-on dire, stationne au milieu de ses pilules par la raison qu'il ne peut aller ailleurs. D'accord ; mais il reste ce travail de polissage et de continuelle inspection dont la mère n'aurait nullement à se préoccuper si de tels soins n'entraient dans ses mœurs. Uniquement soucieuse de recouvrer la liberté, elle devrait, inquiète, errer à l'aventure dans l'enceinte. Je la vois au contraire fort tranquille et recueillie.

Toute marque de son émoi, lorsque se fait brusquement le jour au moyen du cylindre de carton soulevé, se borne à se laisser couler du haut d'une pilule et à se blottir dans le tas. Si je modère l'éclairage, le calme revient bientôt, et l'insecte reprend sa position sur le dôme, pour y continuer le travail que ma visite avait interrompu.

Du reste, les appareils toujours obscurs complètent la démonstration. En juin, la mère s'est ensevelie dans le sable de mes pots avec provisions copieuses, bientôt converties en un certain nombre de pilules. Il lui est loisible de remonter à la surface quand elle voudra. Elle y trouvera le grand jour sous l'ample lame de verre qui m'assure contre son évasion ; elle y trouvera des vivres que je renouvelle de temps en temps afin de l'allécher.

Eh bien, ni le grand jour, ni les vivres, si désirables, ce semble, après un jeûne de telle durée, ne peuvent la tenter. Rien ne bouge dans mes pots, rien ne remonte à la surface tant que les pluies ne sont pas venues.

Il est très probable qu'il se passe sous terre exactement ce qui se passe dans les bocaux. Pour m'en assurer, je visite, à diverses époques, quelques-uns de mes appareils. Je trouve toujours la mère à côté de ses pilules, dans un antre spacieux qui laisse pleine liberté aux évolutions de la surveillante. Elle pourrait descendre plus avant dans le sable, se blottir à sa guise en n'importe quel point, si c'est le repos qu'elle demande ; elle pourrait remonter au-dehors, s'attabler à des vivres frais, si le besoin de se restaurer l'exige. Ni le repos dans une crypte plus profonde, ni les joies du soleil et des petits pains mollets ne lui font quitter sa famille. Jusqu'à ce que tous ses fils aient éventré leur coque, elle n'abandonnera pas la chambre natale.

Nous sommes en octobre. Si désirées des gens comme des bêtes, les pluies sont enfin venues, imbibant le sol à quelque profondeur. Après les torrides et poudreuses journées de l'été qui suspendent la vie, voici la fraîcheur qui la ramène, voici l'ultime fête de l'année. Au milieu des bruyères épanouissant leurs premiers grelots roses, l'oronge crève sa bourse blanche et apparaît, semblable au jaune d'un œuf à demi dépouillé de son albumen ; le massif bolet pourpre bleuit sous le pied du passant qui l'écrase ; la scille automnale dresse sa petite quenouille de fleurs lilas ; l'arbousier ramollit ses billes de corail.

Ce renouveau tardif a des échos sous terre. Les générations du printemps, Scarabées et Gymnopleures, Onthophages et Copris, se hâtent de rompre leurs coques assouplies par l'humidité, et viennent à la surface participer aux liesses des derniers beaux jours.

Mes captifs sont privés de l'ondée secourable. Le ciment de leurs coffrets, cuits par la canicule, est trop dur pour céder. La lime du chaperon et des pattes ne saurait l'entamer. Je viens en aide aux misérables. Un arrosage convenablement gradué remplace la pluie naturelle dans mes pots. Pour me rendre compte, encore une fois, des effets de l'eau sur la délivrance des Bousiers, je laisse quelques appareils dans l'état d'aridité que leur ont valu les chaleurs de la canicule.

Le résultat de mes aspersions ne se fait pas attendre. Au bout de quelques jours, tantôt dans un bocal et tantôt dans un autre, les pilules, ramollies à point, s'ouvrent, tombent en pièces sous les poussées des prisonniers. Le Copris nouveau-né apparaît et s'attable, avec la mère, aux vivres que j'ai mis à sa disposition.

Au moment où, raidissant les pattes et faisant le gros dos, le reclus cherche à faire éclater la voûte qui l'enserre, la mère lui vient-elle en aide en attaquant le dehors ? C'est fort possible. La surveillante, jusqu'à ce moment si soigneuse de sa nichée, si attentive à ce qui se passe dans les pilules, ne peut manquer de percevoir les bruits du captif, se démenant pour sortir.

Nous l'avons vue infatigable à boucher les brèches, œuvre de mon indiscrétion ; nous l'avons surprise, à satiété, restaurant, pour la sécurité du ver, la pilule ouverte de la pointe du canif. Apte, de par son instinct, à réparer, à construire, pourquoi ne serait-elle pas apte à démolir ? Cependant je n'affirmerai rien, n'ayant pas vu. Les circonstances favorables ont toujours déjoué mes tentatives : ou j'arrivais trop tôt, ou j'arrivais trop tard. Et puis, ne l'oublions pas, l'accès de la lumière d'habitude suspend le travail.

Dans le mystère des pots remplis de sable, la délivrance ne doit pas s'opérer d'autre façon. Je ne peux assister qu'à la sortie de terre. Attirée par le fumet des vivres frais que j'ai servis sur le seuil du terrier, la famille nouvellement libérée sort peu à peu, en compagnie de la mère, circule quelque temps sous la lame de verre, puis attaque le monceau.

Ils sont trois, quatre, cinq au plus. Les fils, plus longuement encornés, sont aisément reconnaissables ; mais rien ne distingue les filles de la mère. Entre eux d'ailleurs même confusion. Par un brusque revirement, la mère, tantôt si dévouée, est devenue d'une parfaite indifférence à l'égard de sa famille émancipée. Désormais chacun chez soi, chacun pour soi. On ne se connaît plus.

Dans les appareils non humectés par l'ondée artificielle, les choses finissent misérablement. La coque aride, presque aussi dure que le noyau de l'abricot et de la pêche, résiste, indomptable. La râpe des pattes en détache à peine une pincée de poussière. J'entends grincer les outils contre l'invincible muraille ; puis le silence se fait : du premier au dernier, les prisonniers périssent. Périt aussi la mère, dans ce milieu dont l'aridité se prolonge hors de saison. Aux Copris comme aux Scarabées, il faut la pluie qui ramollit la coque aussi dure que pierre.

Revenons aux libérés. La sortie faite, la mère, disons-nous, méconnaît sa famille, cesse de s'en préoccuper. Que son indifférence actuelle ne nous fasse pas oublier ses soins merveilleux, prodigués pendant quatre mois.

En dehors des hyménoptères sociaux, abeilles, guêpes, fourmis et autres, qui nourrissent leurs petits à la becquée et les élèvent avec les soins d'une délicate hygiène, où trouver dans le monde entomologique un autre exemple de telle abnégation maternelle, de telle sollicitude éducatrice? Je n'en connais pas*.

Comment le Copris a-t-il acquis cette haute qualité, que j'appellerais volontiers morale, s'il était permis de mettre de la moralité dans l'inconscient? Comment a-t-il appris à dépasser en tendresse l'abeille et la fourmi, de si grand renom? Je dis dépasser. L'abeille mère, en effet, est simplement une usine à germes, usine de prodigieuse fécondité, il est vrai. Elle pond, et c'est tout. D'autres, vraies sœurs de charité vouées au célibat, élèvent la famille.

La mère Copris fait mieux dans son humble ménage. Seule, sans aide aucune, elle pourvoit chacun des siens d'un gâteau dont la croûte durcie et constamment remise à neuf sous la truelle maternelle devient inviolable berceau. Dans sa tendresse, elle s'oublie jusqu'à perdre le besoin de manger. Au fond d'un terrier, quatre mois durant, elle veille sur sa nichée, attentive aux besoins du germe, du ver, de la nymphe et de l'insecte parfait. Elle ne remontera aux fêtes du dehors que lorsque toute sa famille sera émancipée. Ainsi éclate, chez un humble consommateur de bouse, une des plus belles manifestations de l'instinct maternel. L'esprit souffle où il veut.

IX

LES ONTHOPHAGES. — LES ONITICELLES

Après les notabilités de la gent bousière, étant mis à part les Géotrupes, de corporation différente, il reste, dans le rayon très borné de mes recherches, la plèbe des Onthophages, dont il me serait possible de récolter une douzaine d'espèces autour de ma demeure. Que nous apprendront-ils, ces petits?

Plus zélés encore que leurs grands collègues, ils accourent les premiers à l'exploitation du monceau laissé par le mulet passant. Ils y viennent en foule, longtemps y séjournent, travaillant sous le couvert qui leur donne ombre et fraîcheur. Renversez du pied le monceau. Vous serez surpris de la grouillante population dont rien au dehors ne trahissait la présence. Les plus gros ont l'ampleur d'un pois à peine, mais il y en a de bien plus petits encore, des nains, non moins affairés que les autres, non moins ardents à l'émiettement de l'immondice, dont l'hygiène générale réclame la prompte disparition.

Dans les travaux d'intérêt majeur, il n'y a rien de tel que les humbles, concertant leur faiblesse pour réaliser une force immense. Enflé par le nombre, le voisin du néant devient total énorme.

Accourus par escouades aux premières nouvelles de l'événement, aidés d'ailleurs dans leur salutaire besogne par leurs associés les Aphodies, aussi faibles qu'eux, les minuscules Onthophages ont bientôt débarrassé le sol de ses souillures. Ce n'est pas que leur appétit soit capable de consommer d'aussi copieuses victuailles. Que leur faut-il de nourriture, à ces nains? Un atome. Mais cet atome, choisi parmi les exsudations, doit être recherché entre les brins du fourrage trituré. De là division et subdivision indéfinie du bloc, sa résolution en miettes qu'un coup de soleil stérilise et que dissipe un coup de vent. L'œuvre faite, et très bien faite, la bande d'assainisseurs se met en recherche d'un autre chantier de vidange. Hors de la saison des grands froids, qui suspend toute activité, le chômage lui est inconnu.

Et n'allons pas croire que cette besogne ordurière entraîne forme sans élégance et costume dépenaillé. L'insecte ne connaît pas nos misères. Dans son monde, un terrassier revêt somptueux justaucorps; un croque-mort se pare d'une triple écharpe aurore; un bûcheron travaille avec casaque de velours. Pareillement, l'Onthophage a son luxe. Le costume est toujours sévère, il est vrai; le noir et le brun y dominent, tantôt mat, tantôt avec le luisant de l'ébène; mais sur ce fond d'ensemble, que de détails de sobre et gracieuse ornementation!

L'un a les élytres d'un marron clair avec demi-cercle de points noirs *(O. lemur)*; un second *(O. nuchicornis)* sème les siens, marron clair aussi, de taches d'encre de Chine rappelant un peu l'écriture carrée hébraïque; un troisième *(O. Schreberi*)*, d'un noir luisant comparable à celui du jayet, se pare de quatre cocardes d'un rouge cinabre; un quatrième *(O. furcatus)* éclaire le bout de ses courts élytres d'un reflet comme en donnerait un charbon à combustion languissante; beaucoup *(O. vacca, O. cœnobita et autres)* métallisent le corselet et la tête et leur donnent l'éclat du bronze florentin.

Le travail du burin complète la beauté du costume. Mignonnes ciselures à sillons parallèles, chapelets noueux, fines rangées d'aspérités, semis de mamelons perlés, sont, presque chez tous, distribués à profusion. Oui, vraiment, ils sont beaux, les petits Onthophages, avec leur corps ramassé et leur trottinante prestesse.

Et puis quelle originalité dans leurs ornements frontaux ! Ces pacifiques se complaisent aux panoplies belliqueuses, comme s'ils voulaient guerroyer, eux les inoffensifs. Beaucoup se surmontent la tête de cornes menaçantes.

Onthophage taureau.

Citons une paire de ces cornus dont l'histoire va nous occuper de façon spéciale. C'est d'abord l'Onthophage taureau *(O. taurus)*, tout de noir vêtu. Il est doué de deux longues cornes, gracieusement courbes et rejetées sur les côtés. Aucun taureau d'élite, dans les pâturages de la Suisse, n'en porte de comparables pour l'élégance et la courbure. Le second est l'Onthophage fourchu *(O. furcatus)*, bien moindre de taille. Son armure consiste en une fourche à trois courtes pointes verticalement dressées.

Voilà les deux principaux sujets de cette courte biographie onthophagienne. Ce n'est pas que les autres ne soient dignes de l'histoire. Du premier au dernier, ils nous fourniraient tous d'intéressantes données, quelques-uns même peut-être des particularités inconnues ailleurs ; mais il fallait se borner dans cette multitude, d'observation difficultueuse en son ensemble. Et puis, condition plus grave, mon choix n'était pas libre : je devais me tenir pour satisfait avec les quelques trouvailles offertes par le hasard, et les quelques réussites obtenues en volière.

Sous ce double rapport, deux espèces seulement, les deux que je viens de mentionner, ont satisfait mes désirs. Voyons-les à l'œuvre. Elles nous apprendront, dans ses traits principaux, le genre de vie de la tribu entière, car elles occupent les deux extrémités de l'échelle des grandeurs, l'Onthophage taureau étant, pour la taille, aux premiers rangs, et l'Onthophage fourchu aux derniers.

Parlons d'abord du nid. Contre mon attente, les Onthophages sont de médiocres nidificateurs. Chez eux pas de globules joyeusement roulés au soleil, pas d'ovoïdes de laborieuse manipulation dans un atelier souterrain. Avec leur fonction d'émetteurs d'immondices, ils ont tant à faire que le temps leur manque, dirait-on, pour des ouvrages de longue patience. On se borne au strict nécessaire, au plus rapidement obtenu.

Un puits vertical est creusé, d'une paire de pouces de profondeur, cylindrique et d'un calibre variable suivant la taille du puisatier. Celui de l'Onthophage fourchu a le diamètre d'un crayon ; celui de l'Onthophage taureau est d'ampleur double. Tout au fond, exactement appliquées contre la paroi, sont amassées et tassées les provisions du ver. Le manque total d'espace libre sur les côtés de l'amas montre de quelle façon l'approvisionnement s'accomplit. Ici absence complète d'une loge, du moindre réduit qui laisserait à la mère liberté de mouvement pour pétrir et modeler son gâteau. La matière est donc simplement refoulée au fond de l'étui cylindrique, où elle prend la forme d'un dé à coudre plein.

En fin juillet, j'exhume quelques nids de l'Onthophage fourchu. C'est travail assez fruste, qui vous surprend par sa grossièreté quand on songe au mignon ouvrier. Des fétus de fourrage mal appliqués, hérissés, en augmentent la rudesse. La nature des matériaux, cette fois fournis par le mulet, est en partie cause de ce disgracieux aspect. La longueur de ces nids est de quatorze millimètres, et la largeur de sept. La face supérieure est légèrement concave, preuve des coups de presse donnés par la mère. Le bout inférieur est arrondi comme le fond du puits servant de moule. Avec la pointe d'une aiguille j'exfolie, parcelle à parcelle, la rustique construction. La masse alimentaire occupe le bas, faisant bloc compact des deux tiers inférieurs du dé ; la loge de l'œuf est en haut, sous un mince couvercle concave.

Rien de nouveau avec l'Onthophage taureau, dont l'ouvrage, dimensions plus grandes à part, ne diffère pas de celui de l'Onthophage fourchu. D'ailleurs sa manière d'opérer m'est inconnue. Pour les intimes secrets de la nidification, ces nains sont aussi réservés que leurs grands collègues. Un seul a satisfait à peu près ma curiosité ; encore n'est-ce pas un Onthophage, mais une espèce voisine, l'Oniticelle à pieds jaunes *(Oniticellus flavipes*).*

Oniticellus flavipes.

Dans la dernière semaine de juillet, j'en fais capture, sous le monceau qu'un mulet employé à fouler les gerbes sur l'aire avait déposé là pendant la suspension du travail. L'épaisse couverture, qu'un soleil violent transforme en couveuse incomparable, abrite une foule d'Onthophages. L'Oniticelle est seul. Sa prompte retraite dans un puits béant attire mon attention. Je fouille à deux pouces environ, et j'extrais le maître de céans, ainsi que son ouvrage, ce dernier très endommagé. J'y reconnais cependant une sorte de sac.

L'Oniticelle est installé dans un verre à boire, sur une couche de terre tassée. Je lui donne pour matériaux de nidification ce que préfèrent les Scarabées, les Copris, la pâte plastique du mouton. Capturée au moment de la ponte, aiguillonnée par les irrésistibles exigences des ovaires, la mère se prête très complaisamment à mes désirs. En trois jours, quatre œufs sont pondus. Cette rapidité, plus grande encore sans doute si ma curiosité n'avait pas troublé la pondeuse, s'explique par la simplicité de l'ouvrage.

A la face inférieure du morceau servi par mes soins, dans la partie centrale, la plus molle, la mère détache, tout d'une pièce, au moyen d'une entaille circulaire, un lopin suffisant à ses desseins. C'est la méthode du Copris prélevant sur sa niche de quoi faire une pilule. Un puits est immédiatement dessous, creusé à l'avance. L'insecte y descend avec sa charge.

Après une demi-heure d'attente, pour donner à l'ouvrage le temps de prendre tournure, je renverse le verre, désireux de surprendre la mère dans ses occupations de ménage.

Le petit bloc du début est maintenant un sac moulé par pression sur la paroi du puits. La mère est au fond de l'outre, immobile, déconcertée par le trouble de ma visite et par l'accès de la lumière. La voir travailler du chaperon et des pattes pour étaler la matière, la fouler et l'appliquer sur son étui de terre, me paraît de réalisation fort difficultueuse. J'y renonce et remets les choses en place.

Un peu plus tard, second examen, quand la mère a quitté le terrier. Maintenant l'ouvrage est terminé. C'est, pour la configuration extérieure, un dé à coudre de 15 millimètres de hauteur sur 10 millimètres de largeur. Le bout plan a tout l'aspect d'un couvercle mis sur l'orifice de l'outre, avec soudure et raccordement soigné. Dans sa moitié inférieure, à bout arrondi, l'outre est pleine. C'est le garde-manger du ver. Au-dessus est la chambre d'éclosion, du fond de laquelle s'élève l'œuf, fixé par une de ses extrémités et verticalement dressé.

Le danger est grand pour l'Oniticelle et pour l'Onthophage, fils de la canicule. Leur outre à conserves est de volume bien réduit. Sa forme n'a rien de calculé en vue de modérer l'évaporation ; son peu de profondeur en terre la laisse exposée aux ravages de l'aride. Si la galette durcit, le vermisseau périt, une fois l'abstinence prolongée jusqu'aux limites du possible.

Je mets dans des tubes de verre, qui représenteront le puits natal, quelques outres d'Onthophage et d'Oniticelle, après leur avoir pratiqué sur le flanc une ouverture qui me permettra de voir ce qui se passe à l'intérieur. Les tubes sont bouchés avec un tampon de coton et tenus à l'ombre dans mon cabinet. Dans ces étuis imperméables et d'ailleurs clos d'un tampon, l'évaporation doit être bien faible. Elle suffit néanmoins pour amener en quelques jours un degré d'aridité incompatible avec l'alimentation.

Je vois les affamés se tenir immobiles, impuissants à mordre sur l'odieux croûton ; je les vois perdre leur embonpoint, se rider, se ratatiner et prendre enfin, au bout d'une quinzaine, toutes les apparences de la mort. Je remplace le coton sec par du coton mouillé. Une moite atmosphère se fait dans les tubes ; les outres s'imbibent par degrés, se gonflent, se ramollissent, et les mourants reviennent à la vie. Ils y reviennent si bien que tout le cycle des métamorphoses s'accomplit sans encombre, à la condition que le coton mouillé soit renouvelé de temps à autre.

Mon artifice d'une ondée graduelle, dont le coton humecté est le nuage, suscite le retour à la vie. C'est comme une résurrection. Dans les conditions normales du torride mois d'août, si avare de pluie, l'équivalent de cette ondée est de probabilité presque nulle. Comment alors s'évite la fatale dessiccation des vivres ? Et d'abord il y a, ce me semble, certaines grâces d'état pour ces petits insuffisamment défendus contre le sec par l'industrie de la mère. J'ai vu des larves d'Onthophage et d'Oniticelle reprendre appétit, embonpoint et vigueur sous le coton humide, après trois semaines d'un jeûne qui les avait réduites à un globule ridé. Cette endurance a son utilité : elle permet d'attendre, dans une léthargie voisine de la mort, les quelques gouttes de pluie, fort douteuses, qui mettront fin à la disette. Elle vient au secours du ver, mais elle ne suffit pas : la prospérité d'une race ne saurait se baser sur des privations.

Il y a donc mieux, et ce mieux est fourni par l'instinct de la mère. Tandis que les confectionneurs de poires et d'ovoïdes creusent toujours leur terrier en un point découvert, sans autre protection que la taupinée de déblais, les fouleurs de petites outres forent leurs puits directement sous la matière exploitée et s'adressent de préférence aux volumineux monceaux du cheval et du mulet. Sous l'épais matelas, le sol, défendu de l'insolation et du vent, se maintient assez longtemps frais, imbibé qu'il est par les humeurs du crottin.

Du reste, le péril n'est pas de longue durée. En moins d'une semaine, l'œuf donne le ver, et dans une douzaine de jours la larve acquiert tout son développement, si rien ne vient y mettre obstacle. Total, vingt jours environ pour la période critique de l'Onthophage et de l'Oniticelle. Qu'importe après si la paroi de l'outre épuisée se dessèche! La nymphe ne sera que mieux dans un coffret solide, qui, plus tard, tombera sans difficulté en ruines lorsque, aux premières pluies de septembre, l'insecte se délivrera.

Pour l'aspect et les mœurs, la larve est celle que le Scarabée et les autres nous ont fait connaître. Même aptitude à garantir la loge de l'accès desséchant de l'air; même zèle, même prestesse à mastiquer la moindre brèche avec le ciment de l'intestin; même besace formant bosse vers le milieu du dos.

La larve de l'Oniticelle est la plus remarquable par sa gibbosité. En désirez-vous un croquis prompt et néanmoins fidèle? Tracez un court boudin ridé. Sur le côté et vers le milieu de ce boudin, greffez un appendice. Voilà la bête, en trois parties à peu près égales. L'inférieure, c'est le ventre; la supérieure, où l'on cherche d'abord la tête, tant elle paraît la continuation de celle d'en bas, c'est la bosse, la bosse démesurée, extravagante, comme jamais crayon de caricaturiste n'en a risqué de pareille dans ses plus folles conceptions. Elle occupe la place qui reviendrait à la poitrine et à la tête. Où donc sont-elles, ces dernières? Rejetées de côté par la monstrueuse besace, elles constituent l'appendice latéral, simple verrue. L'étrange créature plie à angle droit sous la charge de sa bosse.

Lorsque la nature veut faire du grotesque, elle nous dépasse. Est-ce bien grotesque qu'il faut dire? Je connais en effigie des singes porteurs de nez insensés qu'avec sa géniale vision de l'énorme n'a pas soupçonnés Rabelais, lui pourtant l'inventeur du nez « à fleute d'alambic, tout diapré, tout estincellé de bubelettes, pullulant, purpuré, à pompettes »; j'en sais d'embroussaillés avec des barbiches, des tignasses, des favoris où se résument toutes les drôleries poilues; et cependant, chose non douteuse, les nez en flûte d'alambic, les faces horripilées sont très bien vues chez la gent simienne. De limite entre le correct et le grotesque, il n'y en a point. Tout dépend de l'appréciateur.

Si la larve outrageusement bossue se produisait en public, nul doute qu'elle ne fût la souveraine expression du beau aux yeux de l'Oniticelle et de l'Onthophage. Recluse comme elle est, nul ne la voit. Ses charmes seraient inconnus sans l'observateur philosophe se disant : « Tout est bien qui s'harmonise avec les fonctions à remplir. Le ver a besoin d'un sac à ciment pour garantir ses vivres de la dessiccation ; il naît besacier afin de pouvoir vivre ». Ainsi s'excuse, se glorifie la bosse.

Son utilité se manifeste sous un autre aspect. L'outre est de si parcimonieux volume que le ver la consomme presque en totalité. Il n'en reste qu'une faible couche, débris croulant où la nymphe ne trouverait pas la sécurité nécessaire. Il faut consolider la ruine, la doubler d'une enceinte neuve. A cet effet, la larve de l'Oniticelle vide à fond sa besace et tapisse sa loge d'un revêtement uniforme, à la mode des Scarabées et autres.

Celle des Onthophages fait travail plus artistique. De son mastic mis en place par gouttes, elle construit une mosaïque d'écailles de faible saillie, rappelant celles d'un cône de cèdre. Une fois terminée, bien sèche et dépouillée des lambeaux de l'outre primitive, la coque obtenue de la sorte par l'Onthophage taureau a la grosseur d'une médiocre noisette et ressemble à l'élégant cône du verne*. L'imitation est telle que je m'y suis laissé prendre, la première fois que les fouilles de mes volières m'ont mis entre les doigts le curieux produit. Il a fallu, pour me tirer d'erreur, le contenu du prétendu cône du verne. La bosse a ses malices : elle nous réservait cet élégant spécimen de bijouterie stercorale.

La nymphe des Onthophages nous garde une autre surprise. Mes observations ne portent que sur deux espèces : l'Onthophage taureau et l'Onthophage fourchu ; toutefois, entre les deux la différence est assez grande, comme taille et conformation, pour qu'il me soit permis de généraliser et d'appliquer à tout le genre le singulier fait que voici.

Sur le corselet, vers le milieu du bord antérieur, la nymphe est armée d'une corne très nettement accentuée, d'environ deux millimètres de saillie. C'est diaphane, incolore, sans consistance, comme le sont en cette période les organes naissants, les pattes en particulier, les cornicules du front, les pièces de la bouche. Une future corne est annoncée par cette protubérance cristalline, avec autant d'évidence que la mandibule l'est par son mamelon initial, et l'élytre par son fourreau. Tout entomologiste collectionneur comprendra mon étonnement. Une corne là, sur le prothorax! Mais aucun Onthophage ne porte telle armure! Mes registres de volière ont beau m'affirmer le genre de l'insecte, je n'ose leur accorder créance. La nymphe se dépouille. Avec la défroque rejetée, se dessèche et tombe la corne insolite, sans laisser la moindre trace. Mes deux Onthophages, que rendait tantôt méconnaissables une armure inusitée, ont maintenant le corselet inerme.

Cet organe fugace, qui disparaît sans laisser même une simple verrue, cette corne temporaire en un point qui doit être finalement inerme, donne lieu à quelques réflexions. Les bousiers, ces placides, affectionnent en général le harnois belliqueux ; ils aiment les armures hétéroclites, la hallebarde, l'épieu, le croc, le cimeterre. Rappelons à la hâte la corne du Copris espagnol. Dans les jungles de l'Inde, le rhinocéros n'en a pas de pareille sur le nez. Puissante à la base, pointue au bout, infléchie en arc, elle va, lorsque la tête se relève, rejoindre la carène du corselet, obliquement tronqué. On dirait le harpon destiné à l'éventrement de quelque monstre. Rappelons le Minotaure, qui fait mine d'embrocher l'ennemi avec le faisceau de ses trois lances à l'arrêt ; le Copris lunaire, cornu sur le front, armé d'une pique à chaque épaule et entaillant son corselet de lunules qui font songer au coutelas courbe du charcutier.

Les Onthophages ont un arsenal très varié. Celui-ci *(O. taurus)* adopte les cornes en croissant du taureau ; celui-là *(O. vacca)* préfère une large et courte lame dont la pointe a pour fourreau une échancrure du corselet ; cet autre *(O. furcatus)* s'escrime du trident ; ce quatrième *(O. nuchicornis)* possède la dague avec ailerons à la base, ou bien *(O. cœnobita)* la latte du cuirassier. Les moins armés se surmontent le front d'une crête transversale, d'une paire de cornicules.

Onthophage vacca.

A quoi bon cette panoplie ? Faut-il y voir des outils, pioches, pics, fourches, pelles, leviers, dont l'insecte ferait usage dans ses fouilles ? En aucune manière. Les seuls instruments de travail sont le chaperon et les pattes, les antérieures surtout. Je n'ai jamais surpris Bousier quelconque tirant parti de son armure pour excaver son terrier ou bien pour amalgamer ses vivres. Du reste, la plupart du temps, la seule direction des pièces s'opposerait à leur fonctionnement comme outil. Pour une fouille exécutée en avant, que voulez-vous que le Copris espagnol fasse de son pic, dirigé en arrière ? La puissante corne ne fait pas front à l'obstacle attaqué ; elle lui tourne le dos.

Le trident du Minotaure, quoique disposé dans un sens convenable, ne reste pas moins sans emploi. Privé de cette armure par mes coups de ciseaux, l'insecte ne perd rien de ses talents de mineur ; il descend sous terre aussi aisément que son confrère non mutilé. Raison plus concluante encore : les mères, à qui revient le labeur de la nidification ; les mères, travailleuses par excellence, sont dépourvues de ces encornements ou n'en possèdent que de modestes réductions. Elles simplifient l'armure, elles la rejettent en plein, parce que celui-ci est un embarras plutôt qu'un secours dans le travail.

Faut-il y voir des moyens de défense ? Pas davantage. Les ruminants, principaux nourriciers des consommateurs de bouse, sont enclins, eux aussi, à l'armure frontale. L'analogie des goûts est évidente, sans qu'il nous soit possible d'en soupçonner les lointains motifs. Le bélier, le taureau, le bouc, le chamois, le cerf, le renne et les autres s'arment de cornes et d'andouillers, dont il est fait usage pour les joutes amoureuses ou pour la protection du troupeau menacé. Les Onthophages ne connaissent pas ces luttes. Entre eux, pas de noise ; et s'il y a péril, on se contente de faire le mort en rassemblant les pattes sous le ventre.

Leur armure est donc un simple ornement, un atour de la coquetterie masculine. Aux mieux agrémentés la palme, d'après la loi de la concurrence vitale. Si nous trouvons étranges ces flamberges sur le nez, eux sont d'un autre avis, et les plus extravagants sont les préférés. Le moindre tubercule en plus, surgi par hasard, est surcroît de beauté qui peut décider du choix entre les prétendants. Les mieux embellis captivent les mères, font race et transmettent à leur descendance la cornicule, la verrue cause de leur triomphe. Ainsi s'est formée par degrés, ainsi s'est transmise, se perfectionnant toujours, l'ornementation que l'entomologiste admire aujourd'hui.

Au dire de l'évolutionnisme, la nymphe de l'Onthophage répond : « J'ai sur le dos une corne naissante, germe d'une parure très bien portée chez nous, témoin le Bubas bison*, qui s'en fait une superbe protubérance en forme de proue ; témoin divers parents exotiques qui prolongent leur corselet en un magnifique éperon ; je possède de quoi faire révolution parmi les miens. Si je la conservais, ma bosse, gracieuse innovation, reléguerait mes rivaux au second rang ; j'aurais les préférences, je ferais souche, et ma race, complétant, améliorant mon essai, verrait l'extinction de ces vieilleries démodées. Pourquoi faut-il que ma verrue dorsale se flétrisse, inutile ? Pourquoi ma tentative, tous les ans répétée depuis des siècles, n'aboutit-elle jamais au résultat promis ? »

Écoute, ô mon ambitieuse. La théorie affirme bien que toute acquisition fortuite, si minime qu'elle soit, se transmet et s'accroît si elle est profitable ; mais ne compte pas trop sur cette affirmation. Je ne doute pas des avantages que pourrait te valoir un supplément de parure. Je doute, et beaucoup, de l'efficacité du temps et du milieu comme facteurs de transformation. Tu feras sagement de croire que, née, dans le lointain des âges, avec un passager durillon, tu continues et continueras à naître avec ce rudiment de bosse sans aucune chance de le fixer, de le durcir en corne et d'en obtenir un atour de plus pour ton costume de noce.

Hommes et Bousiers, nous sommes tous à l'effigie d'un prototype immuable : les conditions changeantes de la vie nous modifient un peu à la surface ; dans la charpente, jamais. Le vert-de-gris des siècles altère les médailles en les recouvrant d'une patine ; mais à l'effigie, à la légende première, il ne peut en substituer d'autres. Rien ne me donnera l'aile de l'oiseau, si désirable au milieu des fanges humaines ; rien non plus ne gratifiera ton âge adulte du triomphal panache dont ta verrue de nymphe semble le pronostic.

La nymphe de l'Onthophage et celle de l'Oniticelle arrivent à maturité dans une vingtaine de jours. Dans le courant du mois d'août, la forme adulte paraît avec le costume mi-parti de blanc et de rouge que les précédentes études nous ont rendu familier. Assez rapidement la coloration normale se constitue. L'insecte cependant n'est pas pressé de rompre sa coque ; la difficulté serait trop grande. Il attend les premières ondées de septembre, qui lui viennent en aide en ramollissant le coffret.

Elle arrive, cette pluie libératrice ; et voici, sortant de terre pour accourir aux vivres, le petit peuple en liesse des Onthophages. Parmi les intimes secrets que les volières me révèlent à cette époque, un surtout attire mon attention. Je possède à la fois, en des logis séparés, les nouveaux venus et les vétérans, ces derniers aussi allègres, aussi zélés autour des victuailles que leurs fils, attablés pour la première fois en plein air. Deux générations peuplent mes cages.

Même simultanéité des pères et des fils chez tous les Bousiers nidifiant au printemps, Scarabées, Copris et Gymnopleures. La précaution que j'ai prise de surveiller les éclosions et de mettre à mesure les jeunes dans un compartiment spécial m'affirme ce remarquable synchronisme.

Il est de règle entomologique que l'ancêtre ne voit pas sa descendance ; il périt une fois l'avenir de sa famille assuré. Par une magnifique prérogative, le Scarabée et ses émules connaissent leurs successeurs ; pères et fils sont convives du même festin, non dans mes volières, où le problème en étude m'impose de les tenir séparés, mais dans la liberté des champs. En commun ils prennent leurs ébats au soleil, en commun ils exploitent le monceau rencontré ; et cette vie de liesse dure tant que l'automne fournit de belles journées.

Les froids arrivent. Scarabées et Copris, Onthophages et Gymnopleures se creusent un terrier, y descendent avec des provisions, s'enferment et attendent. En janvier, par une glaciale journée, je fouille les volières exposées à toutes les intempéries. Je procède avec discrétion, pour ne pas exposer tous mes captifs à la rude épreuve. Les exhumés sont tapis chacun dans une loge, à côté des provisions restantes. Remuer un peu les antennes et les pattes quand je les expose au soleil, c'est tout ce que leur permet la léthargie du froid.

Dès février, à peine l'imprudent amandier fleuri, quelques endormis se réveillent. Deux Onthophages des plus précoces *(O. lemur* et *O. fronticornis)* sont alors très communs, émiettant déjà la bouse que le soleil attiédit sur la grande route. Bientôt éclatent les fêtes du printemps, où tous, grands et petits, nouveaux et vétérans, viennent prendre part. Les anciens, non tous, du moins quelques-uns, les mieux conservés, convolent en secondes noces, privilège inouï. Ils sont deux familles séparées par un an d'intervalle. Ils peuvent en avoir trois, comme le témoigne certain Scarabée *(S. laticollis)* qui, depuis trois années en volière, me donne chaque printemps sa collection de poires. Peut-être même vont-ils au-delà. La gent bousière a ses vénérables patriarches.

X

LES GÉOTRUPES. — L'HYGIÈNE GÉNÉRALE

Achever le cycle de l'année sous la forme adulte, se voir entouré de ses fils aux fêtes du renouveau, doubler et tripler sa famille, voilà certes un privilège bien exceptionnel dans le monde des insectes. L'Apiaire, aristocratie de l'instinct, périt une fois le pot à miel rempli ; le Papillon, autre aristocratie, non de l'instinct, mais de la parure, meurt quand il a fixé en lieu propice le paquet de ses œufs ; le Carabe, richement cuirassé, succombe quand sont disséminés sous les pierrailles les germes d'une postérité.

Ainsi des autres, sauf les insectes sociaux, dont la mère survit, seule ou bien accompagnée de serviteurs. La loi est générale : l'insecte est, de naissance, orphelin de père et de mère*. Or voici que, par un revirement inattendu, l'humble remueur de fumier échappe aux sévérités moissonnant les superbes. Le Bousier, rassasié de jours, devient patriarche.

Cette longévité m'explique d'abord un fait qui m'avait frappé autrefois, lorsque, pour me familiariser un peu avec les populations dont l'histoire me souriait tant, j'alignais dans mes boîtes des coléoptères épinglés. Carabe, Cétoines, Buprestes, Capricornes, Saperdes, etc., cela se trouvait un par un et demandait recherches prolongées. Telle et telle autre trouvaille allumaient sur la joue les feux de l'enthousiasme. Des exclamations partaient de notre bande novice lorsque l'un de nous avait mis la main sur l'une de ces raretés. Un peu de jalousie accompagnait nos félicitations à l'heureux possesseur. Il ne pouvait en être autrement, jugez donc : il n'y en avait pas pour tous.

Une Saperde scalaire, hôte des cerisiers morts, habillée de jaune d'œuf avec échelons de velours noir ; un Carabe purpurescent, liséré d'améthyste sur le pourtour de ses élytres d'ébène ; un Bupreste rutilant, qui marie les éclairs de l'or et du cuivre au somptueux vert de la malachite, c'étaient là de gros événements, trop rares pour nous satisfaire tous.

Avec les Bousiers, à la bonne heure ! Parlez-moi de ces coléoptères s'il faut garnir à satiété les plus avides flacons asphyxiateurs. Ils sont, les petits surtout, multitude sans nombre quand les autres sont population clairsemée. J'ai souvenir d'Onthophages et d'Aphodies grouillant par milliers sous le même couvert. L'assemblée aurait pu se cueillir à la pelle.

Aujourd'hui la répétition de ces foules n'a pas encore lassé ma surprise ; comme autrefois, l'abondance de la famille bousière fait contraste frappant avec la rareté relative des autres. Si l'idée me venait de reprendre la gibecière de chasseur d'insectes et de recommencer les investigations qui m'ont valu de si délicieux moments, j'aurais la certitude de remplir mes flacons de Scarabées, Copris, Géotrupes, Onthophages et autres membres de la même corporation, avant d'avoir fait médiocre trouvaille dans le reste de la série. Vienne le mois de mai, et le brasseur d'ordures domine en nombre ; viennent les mois de juillet et d'août, avec leurs chaleurs étourdissantes qui suspendent la vie dans les champs, et l'exploiteur des matières sordides est toujours à l'œuvre lorsque les autres sont terrés, immobiles, engourdis. Avec sa contemporaine, la Cigale, il représente à peu près seul l'activité pendant les jours torrides.

Cette plus grande fréquence des bousiers, du moins dans ma région, n'aurait-elle pas pour cause la longévité de la forme adulte ? Je le pense. Tandis que les autres insectes ne sont appelés aux joies de la belle saison qu'une génération après l'autre, eux y sont conviés le père à côté des fils, les filles à côté de la mère. A fécondité égale, ils sont donc doublement représentés.

Et ils le méritent vraiment, en considération des services rendus. Il y a une hygiène générale qui réclame la disparition, dans le plus bref délai, de toute chose corrompue. Paris n'a pas encore résolu le formidable problème de ses immondices, tôt ou tard question de vie ou de mort pour la monstrueuse cité. On se demande si le centre des lumières n'est pas destiné à s'éteindre un jour dans les miasmes d'un sol saturé de pourriture. Ce que l'agglomération de quelques millions d'hommes ne peut obtenir avec tous ses trésors de richesses et de talents, le moindre hameau le possède sans se mettre en frais, ou même s'en préoccuper.

Prodigue de soins à l'égard de la salubrité rurale, la nature est indifférente au bien-être des villes, quand elle n'y est pas hostile. Elle a créé pour les champs deux catégories d'assainisseurs, que rien ne lasse, que rien ne rebute. Les uns, Mouches, Syrphes, Dermestes, Nécrophages, Histériens, sont préposés à la dissection des cadavres. Ils charcutent et dépècent, ils alambiquent dans leur estomac les déchets de la mort pour les rendre à la vie.

Une taupe éventrée par les instruments de labour souille le sentier de ses entrailles déjà violacées ; une couleuvre gît sur le gazon, écrasée par le pied d'un passant qui croyait, le sot, faire bonne œuvre ; un oisillon sans plumes, chu de son nid, s'est aplati, lamentable, au pied de l'arbre qui le portait ; mille et mille autres reliques analogues, de toute provenance, sont çà et là disséminées, compromettantes par leurs miasmes si rien n'y met ordre. N'ayons crainte : aussitôt un cadavre signalé quelque part, les petits croque-morts accourent. Ils le travaillent, le vident, le consomment jusqu'à l'os, ou du moins le réduisent à l'aridité d'une momie. En moins de vingt-quatre heures, taupe, couleuvre, oisillon ont disparu, et l'hygiène est satisfaite.

Même ardeur à la besogne dans la seconde catégorie d'assainisseurs. Le village ne connaît guère ces chalets à odeur d'ammoniaque où dans les villes vont se soulager nos misères. Un petit mur pas plus haut que ça, une haie, un buisson, c'est tout ce que le paysan demande comme au refuge au moment où il désire être seul. C'est assez dire à quelles rencontres pareil sans-façon vous expose. Séduit par les rosettes des lichens, les coussinets de mousse, les touffes de joubarbe et autres jolies choses dont s'embellissent les vieilles pierres, vous vous approchez d'un semblant de mur qui soutient les terres d'une vigne. Ouf! Au pied de l'abri si coquettement paré, quelle horreur, largement étalée! Vous fuyez : lichens, mousses, joubarbes ne vous tentent plus. Revenez le lendemain. La chose a disparu, la place est nette : les Bousiers ont passé par là.

Préserver le regard de rencontres offensantes trop souvent répétées est, pour ces vaillants, le moindre des offices ; une mission plus haute leur est dévolue. La science nous affirme que les plus redoutables fléaux de l'humanité ont leurs agents dans d'infimes organismes, les microbes, voisins des moisissures, aux extrêmes confins du règne végétal. C'est par myriades à lasser le chiffre que les terribles germes pullulent dans les déjections en temps d'épidémie. Ils contaminent l'air et l'eau, ces premiers aliments de la vie ; ils se répandent sur nos linges, nos vêtements, nos vivres, et propagent ainsi la contagion. Il faut détruire par le feu, stériliser par des corrosifs, ensevelir toute chose qui en est souillée.

La prudence exige même de ne jamais laisser séjourner l'ordure à la surface du sol. Est-elle inoffensive? Est-elle dangereuse? Dans le doute, le mieux est qu'elle disparaisse. Ainsi paraît l'avoir compris la sagesse antique, bien avant que le microbe nous eût expliqué combien la vigilance est ici nécessaire. Les peuples d'Orient, plus exposés que nous aux épidémies, ont connu des lois formelles en pareil sujet. Moïse, apparemment écho de la science égyptienne en cette occurrence, a codifié la façon d'agir, lorsque son peuple errait dans les sables de l'Arabie. « Pour tes besoins naturels, dit-il, sors du camp, prends un bâton pointu, fais un trou dans le sol, et couvre l'ordure avec la terre extraite[1]. »

Ordonnance de grave intérêt dans sa naïveté. Il est à croire que si l'islamisme, lors de ses grands pèlerinages à la Kaaba, prenait pareille précaution et quelques autres similaires, La Mecque cesserait d'être annuellement un foyer cholérique, et l'Europe n'aurait pas besoin de monter la garde sur les rives de la mer Rouge pour se garantir du fléau.

Insoucieux d'hygiène comme l'Arabe, l'un de ses ancêtres, le paysan provençal ne se doute pas du péril. Heureusement travaille le Bousier, fidèle observateur du précepte mosaïque. A lui de faire disparaître, à lui d'ensevelir la matière à microbes. Muni d'outils de fouille supérieurs au bâton pointu que l'Israélite devait porter au ceinturon lorsque des affaires urgentes l'appelaient hors du camp, il accourt ; aussitôt l'homme parti, il creuse un puits où s'engloutit l'infection, désormais inoffensive.

Les services rendus par ces ensevelisseurs sont d'une haute importance dans l'hygiène des champs ; et nous, principaux intéressés en ce travail incessant d'épuration, à peine accordons-nous un regard dédaigneux à ces vaillants. Le langage populaire les accable de dénominations malsonnantes. C'est la règle, paraît-il : faites du bien, et vous serez méconnu, vous serez malfamé, lapidé, écrasé sous le talon, comme le témoignent le crapaud, la chauve-souris, le hérisson, la chouette et autres auxiliaires qui, pour nous servir, ne demandent rien qu'un peu de tolérance.

Or, de nos défenseurs contre les périls de l'immondice étalée sans vergogne aux rayons du soleil, les plus remarquables, dans nos climats, sont les Géotrupes : non qu'ils soient plus zélés que les autres, mais parce que leur taille les rend capables de plus grande besogne. D'ailleurs, quand

---

1. *Habebis locum extra castra, ad quem egrediaris ad requisita naturæ, Gerens bacillum in balteo ; cumque sederis, fodies per circuitum et eyesta humo operies.* (Deut., CXXIII, versets 12-13.)

il s'agit de leur simple réfection, ils s'adressent de préférence aux matériaux pour nous les plus à craindre.

Quatre Géotrupes exploitent mon voisinage. Deux (G. *mutator* Marsh et G. *sylvaticus* Panz.) sont des raretés sur lesquelles il convient de ne pas compter pour des études suivies ; les deux autres, au contraire (G. *stercorarius* Lin. et G. *hypocrita** Schneid.), sont des plus fréquents. D'un noir d'encre en dessus, ils sont l'un et l'autre magnifiquement costumés en dessous. On est tout surpris de pareil écrin chez ces préposés à la vidange. Le Géotrupe stercoraire est, à la face inférieure, d'un splendide violet améthyste ; le Géotrupe hypocrite y prodigue les rutilances de la pyrite cuivreuse. Voilà les deux pensionnaires de mes volières.

Demandons-leur d'abord de quelles prouesses ils sont capables comme ensevelisseurs. Ils sont une douzaine, les deux espèces confondues. La cage est au préalable déblayée de ce qui reste des vivres antérieurs, octroyés jusqu'ici sans mesure. Je me propose cette fois d'évaluer ce qu'un Géotrupe est capable d'enfouir en une séance. Vers le coucher du soleil, je sers à mes douze captifs la totalité du monceau laissé à l'instant par un mulet devant ma porte. Il y en a copieusement, la valeur d'un panier.

Le lendemain matin, le tas a disparu sous terre. Plus rien au-dehors, ou très peu s'en faut. Une évaluation assez approchée m'est possible, et je trouve que chacun de mes Géotrupes, en supposant aux douze parts égales dans le travail, a mis en magasin bien près d'un décimètre cube de matière. Besogne de Titan, si l'on songe à la médiocre taille de l'insecte, obligé en outre de creuser l'entrepôt où doit descendre le butin. Et tout cela s'est fait dans l'intervalle d'une nuit.

Vont-ils, si bien nantis, se tenir tranquilles sous terre avec leur trésor? Oh! que non! Le temps est superbe. Le crépuscule arrive, calme et doux. C'est l'heure des grands essors, des bourdonnements de liesse, des recherches au loin, sur les chemins où les troupeaux viennent de passer.

Mes pensionnaires abandonnent leurs caveaux et remontent à la surface. Je les entends bruire, grimper au grillage, se cogner étourdiment aux parois. Cette animation crépusculaire était prévue. Des victuailles avaient été cueillies dans la journée, copieuses comme celles de la veille. Je les sers. Même disparition dans la nuit. La place est de nouveau nette le lendemain. Et cela durerait ainsi indéfiniment, tant que les soirées sont belles, si j'avais toujours à ma disposition de quoi satisfaire ces insatiables thésauriseurs.

Si riche que soit son butin, le Géotrupe le quitte au coucher du soleil pour prendre ses ébats aux dernières lueurs et se mettre en recherche d'un nouveau chantier d'exploitation. Pour lui, dirait-on, l'acquis ne compte pas ; seule est valable la chose qui va s'acquérir. Que fait-il donc de ses entrepôts renouvelés, en temps propice, à chaque crépuscule ? Il saute aux yeux que le stercoraire est incapable de consommer en une nuit provisions aussi copieuses. Il y a chez lui surabondance de victuailles à ne savoir qu'en faire ; il regorge de biens dont il ne profitera pas ; et, non satisfait de son magasin comble, l'accapareur se met en fatigue tous les soirs pour emmagasiner davantage.

De chaque entrepôt, fondé deçà, delà, au hasard des rencontres, il prélève le repas du jour ; il abandonne le reste, la presque totalité. Mes volières font foi de cet instinct de l'ensevelisseur plus exigeant que l'appétit du consommateur. Le sol s'en exhausse rapidement, et je suis obligé de temps à autre de ramener le niveau aux limites voulues. Si je le fouille, je le trouve encombré dans toute son épaisseur d'amas restés intacts. La terre primitive est devenue un inextricable conglomérat, qu'il faut largement émonder si je ne veux pas m'égarer dans mes observations futures.

La part faite aux erreurs, soit par excès, soit par défaut, inévitables en un sujet peu compatible avec un jaugeage précis, un point très net se dégage de mon enquête : les Géotrupes sont de passionnés enfouisseurs ; ils introduisent sous terre bien au-delà du nécessaire à leur consommation. Comme pareil travail, à des degrés divers, est accompli par des légions de collaborateurs, grands ou petits, il est évident que l'expurgation du sol doit s'en ressentir dans une large mesure, et que l'hygiène générale doit se féliciter d'avoir à son service cette armée d'auxiliaires.

La plante, d'ailleurs, et, par ricochet, une foule d'existences sont intéressées à ces ensevelissements. Ce que le Géotrupe enterre et abandonne le lendemain n'est pas perdu, tant s'en faut. Rien ne se perd dans le bilan du monde, le total de l'inventaire est constant. La petite motte de fumier enfouie par l'insecte fera luxueusement verdoyer la touffe de gramen voisine. Un mouton passe, tond le bouquet d'herbe. C'est autant de gagné pour le gigot que l'homme attend. L'industrie du Bousier nous aura valu un savoureux coup de fourchette.

Avec notre mauvaise habitude de tout rapporter à nous, c'est déjà quelque chose. C'est bien davantage si la réflexion nous affranchit de cet étroit point de vue. Dénombrer tous ceux qui, de près ou de loin, participeront aux bénéfices, est impossible dans l'inextricable enchaînement des existences. J'entrevois la fauvette, qui garnira le sommier de son nid avec les menus chaumes rouis par la pluie et le soleil; la chenille de quelque Psyche, qui fabriquera son fourreau de teigne en imbriquant les débris des mêmes chaumes; de petits mélolonthiens qui brouteront les anthères de la graminée; de minimes charançons qui convertiront les semences mûres en berceaux de larves; des tribus de pucerons qui s'établiront sous les feuilles; des fourmis qui viendront s'abreuver aux cornicules sucrées de ce troupeau.

Tenons-nous-en là. L'énumération ne finirait plus. De l'industrie agricole du Bousier, enfouisseur d'engrais, tout un monde tire profit, la plante d'abord et puis les exploiteurs de la plante. Monde petit, très petit, tant que l'on voudra, mais après tout non négligeable. C'est avec des riens pareils que se compose la grande intégrale de la vie, comme l'intégrale des géomètres se compose de quantités voisines de zéro.

La chimie agricole nous enseigne que pour utiliser du mieux le fumier d'étable, il convient de l'enfouir à l'état frais autant que possible. Délavé par les pluies, consumé par l'air, il devient inerte, dépourvu de principes fertilisants. Cette vérité agronomique, de si haut intérêt, est connue à fond du Géotrupe et de ses collègues. Dans leur travail d'enfouissement, c'est toujours à la matière de fraîche date qu'ils s'adressent. Autant ils sont zélés pour mettre en terre le produit du moment, tout imprégné de ses richesses potassiques, azotées, phosphatées, autant ils sont dédaigneux de la chose racornie au soleil, devenue infertile par une longue exposition à l'air : le résidu sans valeur ne les concerne pas. A d'autres cette stérile misère.

Nous voilà renseignés sur le Géotrupe comme hygiéniste et comme collecteur d'engrais. Un troisième point de vue va nous le montrer météorologiste sagace. Il est de croyance, dans les campagnes, que les Géotrupes volant nombreux, le soir, très affairés et rasant la terre, sont signe de beau temps pour le lendemain. Ce pronostic rural a-t-il quelque valeur ? Mes volières vont nous l'apprendre. Pendant tout l'automne, époque de leur nidification, je surveille de près mes pensionnaires ; je note l'état du ciel la veille, j'enregistre le temps du lendemain. Ici pas de thermomètre, pas de baromètre ; rien de l'outillage savant en usage dans les observatoires météorologiques ; je me borne aux sommaires renseignements de mes impressions personnelles.

Les Géotrupes ne quittent leurs terriers qu'après le coucher du soleil. Aux dernières lueurs du soir, si l'air est calme et la température douce, ils vagabondent d'un vol sonore et bas, en recherche des matériaux que l'activité du jour peut leur avoir préparés. S'ils trouvent à leur convenance, ils s'abattent lourdement, culbutés par un essor mal contenu ; ils plongent sous la trouvaille et dépensent à l'enfouir la majeure partie de la nuit. Ainsi disparaissent, en une séance nocturne, les souillures des champs.

Une condition est indispensable pour cette épuration :

il faut une atmosphère tranquille et chaude. S'il pleut, les Géotrupes ne bougent pas. Ils ont sous terre des ressources suffisantes pour un chômage prolongé. S'il fait froid, si la bise souffle, ils ne sortent pas non plus. Dans les deux cas, mes volières restent désertes à la surface. Écartons ces périodes de loisirs forcés et considérons seulement les soirées où l'état atmosphérique se prête à la sortie, ou du moins me paraît devoir s'y prêter. Je résume en trois cas généraux les détails de mon carnet de notes.

Premier cas. Soirée superbe. Les Géotrupes s'agitent dans les cages, impatients d'accourir à leur corvée vespérale. Le lendemain, temps magnifique. Le pronostic n'a rien que de très simple. Le beau temps d'aujourd'hui est la continuation du beau temps de la veille. Si les Géotrupes n'en savent pas plus long, ils ne méritent guère leur réputation. Mais poursuivons l'épreuve avant de conclure.

Second cas. Belle soirée encore. Mon expérience croit reconnaître dans l'état du ciel l'annonce d'un beau lendemain. Les Géotrupes sont d'un autre avis. Ils ne sortent pas. Qui des deux aura raison? L'homme ou le Bousier? C'est le Bousier qui, par la subtilité de ses impressions, a pressenti, flairé l'averse. Voici qu'en effet la pluie survient pendant la nuit et se prolonge une partie de la journée.

Troisième cas. Le ciel est couvert. Le vent du midi, amonceleur de nuages, nous amènerait-il la pluie? Je le crois, tant les apparences semblent l'affirmer. Cependant les Géotrupes volent et bourdonnent dans leurs cages. Leur pronostic dit juste, et moi je me trompe. Les menaces de pluie se dissipent, et le soleil du lendemain se lève radieux.

La tension électrique de l'atmosphère paraît surtout les influencer. Dans les soirées chaudes et lourdes, couvrant l'orage, je les vois s'agiter encore plus que de coutume. Le lendemain éclatent de violents coups de tonnerre.

Ainsi se résument mes observations, continuées pendant trois mois. Quel que soit l'état du ciel, clair ou nuageux, les Géotrupes signalent le beau temps ou l'orage par leur agitation affairée au crépuscule du soir. Ce sont des baromètres vivants, plus dignes de foi peut-être, en semblable occurrence, que ne l'est le baromètre des physiciens. Les exquises impressionnabilités de la vie l'emportent sur le poids brutal d'une colonne de mercure.

Je termine en citant un fait bien digne de nouvelles informations lorsque les circonstances le permettront. Les 12, 13 et 14 novembre 1894, les Géotrupes de mes volières sont dans une agitation extraordinaire. Je n'avais pas encore vu et je n'ai plus revu pareille animation. Ils grimpent, comme éperdus, au grillage ; à tout instant, ils prennent l'essor, aussitôt culbutés par un choc contre les parois. Ils s'attardent dans leurs inquiètes allées et venues jusqu'à des heures avancées, en complet désaccord avec leurs habitudes. Au-dehors quelques voisins, libres, accourent et complètent le tumulte devant la porte de mon habitation. Que se passe-t-il donc pour amener ces étrangers, et surtout pour mettre mes volières en pareil émoi?

Après quelques journées de chaleur, fort exceptionnelles en cette saison, règne le vent du Midi, avec imminence de pluie. Le 14 au soir, d'interminables nuages fragmentés courent devant la face de la lune. Le spectacle est magnifique. Quelques heures avant, les Géotrupes se démenaient affolés. Dans la nuit du 14 au 15, le calme se fait. Aucun souffle d'air. Ciel gris uniforme. La pluie tombe d'aplomb, monotone, continue, désespérante. Elle semble ne devoir jamais finir. Elle ne cesse, en effet, que le 18.

Les Géotrupes, si affairés dès le 12, pressentaient-ils ce déluge? Apparemment oui. Mais aux approches de la pluie, ils ne quittent pas habituellement leurs terriers. Il doit alors y avoir des événements bien extraordinaires pour les émouvoir de la sorte.

Les journaux m'apportèrent le mot de l'énigme. Le 12, une bourrasque de violence inouïe éclatait sur le Nord de la France. La forte dépression barométrique, cause de la tempête, avait son écho dans ma région, et les Géotrupes signalaient ce trouble profond par d'exceptionnelles inquiétudes. Avant le journal, ils me parlaient de l'ouragan, si j'avais su les comprendre. Est-ce là simplement coïncidence fortuite? Est-ce relation de cause à effet? Faute de documents assez nombreux, terminons sur ce point d'interrogation.

XI

LES GÉOTRUPES. — LA NIDIFICATION

En septembre et octobre, alors que les premières pluies automnales imbibent le sol et permettent au Scarabée de rompre son coffret natal, le Géotrupe stercoraire et le Géotrupe hypocrite fondent leurs établissements de famille, établissements assez sommaires, malgré ce que pourrait faire attendre la dénomination de ces mineurs, si bien appelés *troueurs de terre*. S'il faut se creuser une retraite qui mette à l'abri des rudesses de l'hiver, le Géotrupe mérite vraiment son nom : nul ne l'égale pour la profondeur du puits, la perfection et la rapidité de l'ouvrage. En terrain sablonneux et d'excavation peu laborieuse, j'en ai exhumé qui avaient atteint la profondeur d'un mètre. D'autres poussaient leurs fouilles plus avant encore, lassaient ma patience et mes instruments. Le voilà, le puisatier émérite, l'incomparable troueur de terre. Si le froid sévit, il saura descendre jusqu'à telle couche où la gelée n'est plus à craindre.

Pour le logement de la famille, c'est une autre affaire. La saison propice est courte ; le temps manquerait s'il fallait doter chaque larve d'un pareil manoir. Que l'insecte dépense en un trou de sonde illimité les loisirs que lui font les approches de l'hiver, rien de mieux : la retraite est plus sûre, et l'activité, non encore suspendue, n'a pas pour le moment d'autre occupation. A l'époque de la ponte, ces laborieuses entreprises sont impossibles. Les heures s'écoulent vite. Il faut en quatre à cinq semaines loger et approvisionner famille assez nombreuse, ce qui exclut le puits à forage patiemment prolongé.

Du reste, des précautions seront prises contre les dangers de la surface. Une fois sa famille établie, l'insecte adulte, sans protection, est obligé d'établir ses quartiers d'hiver à de grandes profondeurs, d'où il remontera au printemps dans la société de ses fils, comme le fait le Scarabée ; mais ni le ver ni l'œuf n'ont besoin de ce dispendieux refuge dans la mauvaise saison, protégés qu'ils sont par l'industrie des parents.

Le terrier creusé par le Géotrupe en vue de sa larve n'est guère plus profond que celui du Copris et du Scarabée, malgré la différence des saisons. Trois décimètres environ, c'est tout ce que je

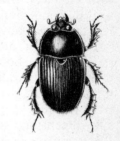

Géotrupe stercoraire.

constate dans la campagne, où rien n'impose des limites à la profondeur. Mes volières, à sol d'épaisseur restreinte, seraient moins dignes de foi en cette mesure, l'insecte étant obligé d'utiliser telle qu'elle est la couche de terre mise à sa disposition. Maintes fois, cependant, je reconnais que cette couche n'est pas traversée en plein jusqu'au plancher de la caisse : nouvelle preuve de la médiocre profondeur nécessaire.

Dans la liberté des champs comme dans la captivité de mes appareils, le terrier est toujours creusé sous le monceau exploité. Rien au-dehors ne le trahit, voilé qu'il est par le volumineux dépôt du mulet. C'est un clapier cylindrique, du calibre d'un col de bouteille, droit et vertical dans un sol homogène ; coudé, sinueux, irrégulier, dans un terrain grossier où l'obstacle d'une pierre, d'une racine, nécessite brusque changement de direction. Dans mes volières, lorsque se trouve insuffisante la couche de terre, le puits, d'abord vertical, se coude à la rencontre de la planche du fond et se prolonge suivant l'horizontale. Donc aucune règle précise dans le forage. Les accidents du sol décident de la configuration.

A l'extrémité de la galerie, rien non plus qui rappelle la salle spacieuse, l'atelier où Copris, Scarabées et Gymnopleures façonnent artistement leurs poires et leurs ovoïdes ; mais un simple cul-de-sac de même diamètre que le reste. Un vrai trou de sonde, abstraction faite des nodosités, des inflexions, inévitables dans un milieu d'inégale résistance ; un boyau tortueux, voilà le terrier du Géotrupe.

Le contenu de la rustique demeure est une sorte de saucisson, de boudin, qui remplit la partie inférieure du cylindre et s'y moule exactement. Sa longueur n'est pas loin d'une paire de décimètres, et sa largeur de quatre centimètres, lorsque la pièce appartient au Géotrupe stercoraire. Les dimensions sont un peu moindres pour l'ouvrage du Géotrupe hypocrite.

Dans l'un et l'autre cas, le saucisson est presque toujours irrégulier, tantôt courbe, tantôt plus ou moins bosselé. Ces imperfections de surface sont dues aux accidents d'un terrain pierreux, que l'insecte n'excave pas toujours suivant les règles de son art, ami de la ligne droite et de la verticale. La matière moulée reproduit fidèlement toutes les irrégularités de son moule. L'extrémité inférieure est arrondie comme l'est lui-même le fond du terrier ; la supérieure est un peu concave, par suite d'un tassement plus fort dans la partie centrale.

La volumineuse pièce se délite en couches qui, par leur courbure et leur assemblage, font songer à une pile de verres de montre. Chacune d'elles, c'est visible, doit correspondre à une brassée de matière qui, puisée dans le monceau surmontant le terrier, est descendue, mise en place sur la couche précédente, puis énergiquement foulée. Les bords de la rondelle, se prêtant moins bien à ce travail de compression, restent à un niveau supérieur, et du tout résulte un ménisque concave. Des mêmes bords moins tassés résulte une sorte d'écorce, souillée de terre par son contact avec les parois du clapier. En somme, la structure nous apprend le mode de fabrication. Le saucisson du Géotrupe est obtenu, comme les nôtres, par moulage dans un cylindre. Il résulte de couches introduites successivement et comprimées à mesure, surtout dans la partie centrale, plus accessible au piétinement du manipulateur. L'observation directe confirmera plus tard ces déductions, et les complètera par des données d'un haut intérêt, que l'examen seul de l'ouvrage ne saurait faire prévoir.

Remarquons, avant de poursuivre, combien l'insecte est bien inspiré en forant toujours le terrier sous le monceau d'où les matériaux du boudin doivent s'extraire. Le nombre des brassées introduites et comprimées l'une après l'autre est considérable. En comptant pour chaque couche 4 millimètres d'épaisseur, chiffre assez approché, j'entrevois une cinquantaine de voyages nécessaires. S'il lui fallait chaque fois s'approvisionner à quelque distance, le Géotrupe ne pourrait suffire à sa besogne, trop dispendieuse de fatigue et de temps. Son industrie est incompatible avec de telles pérégrinations, imitées de celles du Scarabée. Mieux avisé, il s'établit sous le monceau. Il n'a qu'à remonter de son puits pour avoir là, sous la patte, devant la porte, de quoi suffire indéfiniment à son boudin, si volumineux qu'il puisse le souhaiter.

Cela suppose, il est vrai, chantier copieusement fourni. Quand il s'agit de travailler pour sa larve, le Géotrupe veille à cette condition et n'adopte pour fournisseurs que le cheval et le mulet, jamais le mouton, trop parcimonieux. Ce n'est pas ici affaire de qualité dans la denrée, c'est affaire de quantité. Mes volières, en effet, affirment que le mouton aurait la préférence s'il était plus généreux. Ce qu'il ne donne pas naturellement, je le réalise, par mon intervention, en entassant récolte sur récolte. Sous l'extraordinaire trésor, comme jamais les champs n'en présentent de pareil, mes captifs travaillent avec une ardeur démontrant combien ils savent apprécier l'aubaine. Ils m'enrichissent de saucissons à ne savoir plus qu'en faire. Je les stratifie dans de grands pots avec de la terre fraîche, pour suivre, l'hiver venu, les actes de la larve ; je les loge un par un dans des éprouvettes, des tubes en verre ; je les empile dans des boîtes en fer-blanc. Les planches de mon cabinet en sont encombrées. Ma collection fait songer à un assortiment de conserves.

La nouveauté de la matière n'apporte aucun changement dans la structure. A cause du grain plus fin et de la plasticité plus grande, la surface est plus régulière, l'intérieur plus homogène, et voilà tout.

Au bout inférieur du saucisson, bout toujours arrondi, est la chambre d'éclosion, cavité ronde où pourrait trouver place une médiocre noisette. Comme l'exige la respiration du germe, les parois latérales en sont assez minces pour permettre l'accès facile de l'air. A l'intérieur, je vois reluire un enduit verdâtre, demi-fluide, simple exsudation de la masse poreuse, comme dans les ovoïdes du Copris et les poires du Scarabée.

Dans cette niche ronde repose l'œuf, sans aucune adhérence avec l'enceinte. Il est blanc, en ellipsoïde allongé, et d'un volume remarquable relativement à l'insecte. Pour le Géotrupe stercoraire, il mesure de sept à huit millimètres de longueur, sur quatre de plus grande largeur. Celui du Géotrupe hypocrite a des dimensions un peu moindres.

Cette petite niche ménagée dans l'épaisseur du saucisson, au bout inférieur, ne concorde nullement avec ce que je lis sur la nidification des Géotrupes. D'après un vieil auteur allemand, Frisch*, auteur que ma pénurie de livres ne me permet pas de consulter, Mulsant dit, en parlant du Géotrupe stercoraire : « Dans le fond de sa galerie verticale, la mère construit, le plus souvent avec de la terre, une sorte de nid ou coque ovoïde, ouverte d'un côté. Sur la paroi interne de cette coque, elle colle un œuf blanchâtre, de la grosseur d'un grain de froment. »

Qu'est-ce donc que cette coque, le plus souvent en terre et ouverte d'un côté pour que le ver puisse atteindre la colonne de vivres située au-dessus? Je m'y perds. De coque, et surtout en terre, il n'y en a pas... D'ouverture, il n'y en a pas davantage. Je vois et je revois aussi souvent que je le désire une cellule ronde, close de partout et ménagée au bout inférieur du cylindre nourricier ; rien d'autre ; pas même une vague ressemblance avec la structure décrite.

Qui des deux est responsable de l'imaginaire construction? L'entomologiste allemand aurait-il péché par une observation superficielle? L'entomologiste lyonnais aurait-il mal interprété le vieil auteur? Les documents me font défaut pour faire remonter l'erreur à qui de droit. N'est-ce pas affligeant de voir les maîtres, si pointilleux pour un article des palpes, si ombrageux pour la priorité d'un nom barbare, presque indifférents lorsqu'il s'agit des mœurs et de l'industrie, souveraine expression de la vie de l'insecte? L'entomologie du nomenclateur fait des progrès énormes ; elle nous encombre, elle nous submerge. L'autre, l'entomologie du biologiste, la seule intéressante, la seule vraiment digne de nos méditations, est négligée à tel point que l'espèce la plus triviale n'a pas d'histoire, ou demande sérieuse révision du peu qu'on a dit sur son compte. Doléances inutiles : le train des choses ne sera pas de longtemps changé.

Revenons au saucisson du Géotrupe. Sa forme est en opposition avec ce que nous ont enseigné le Copris et le Scarabée, qui, très économes sous le rapport de la quantité de matériaux, sont prodigues en soins de construction et donnent à leur ouvrage la forme la mieux apte à préserver du sec. Avec leurs ovoïdes, leurs globes surmontés d'un col, ils savent conserver fraîche la modique ration de la famille. Le Géotrupe ignore ces savants procédés. De mœurs plus rustiques, il ne voit le bien-être que dans l'excessive abondance. Pourvu que le clapier regorge de vivres, peu lui importe la difformité de son amas.

Au lieu de fuir le sec, il semble le rechercher. Voyez, en effet, son boudin. C'est long outre mesure, grossièrement assemblé. Défaut d'écorce compacte, imperméable ; superficie exagérée, en contact avec la terre dans toute l'étendue du cylindre. C'est justement ce qu'il faut pour amener prompte aridité ; c'est le contre-pied du problème de moindre surface, résolu par le Scarabée et les autres. Que deviennent alors mes aperçus sur la configuration des vivres, aperçus si bien fondés d'après notre logique? Serais-je dupe d'une géométrie aveugle, atteignant par hasard résultat rationnel?

A qui l'affirmerait les faits vont répondre. Ils disent : les confectionneurs de sphères nidifient au plus fort des chaleurs de l'été, alors que le sol est d'une aridité extrême ; les confectionneurs de cylindres nidifient en automne, quand la terre s'imbibe de pluie. Les premiers ont à prémunir leur famille contre les périls d'un pain trop dur. Les seconds ne connaissent pas les misères de la famine par dessiccation ; leurs vivres, emboîtés dans un sol frais, y conservent indéfiniment le degré de mollesse convenable. La moiteur de la gaine est la sauvegarde de la ration non protégée par la forme. L'hygrométrie de la saison est maintenant l'inverse de celle de l'été, et cela suffit pour rendre inutiles les précautions usitées en temps de canicule.

Creusons plus avant, et nous verrons le cylindre préférable à la sphère en automne. Quand viennent octobre et novembre, les pluies sont fréquentes, tenaces ; mais une journée de soleil suffit pour essorer le sol à la faible profondeur où se trouve le nid du Géotrupe. Ne pas perdre les joies de cette belle journée est grave affaire. Comment en profitera le ver?

Supposons-le inclus dans la grosse sphère que pourrait fournir le copieux ensemble de vivres mis à sa disposition. Une fois saturée d'humidité par une ondée, cette boule la gardera obstinément, car sa forme est celle de moindre évaporation et de moindre contact avec le sol réjoui par le soleil. En vain, dans les vingt-quatre heures, la couche superficielle du terrain sera ramenée à la fraîcheur normale, l'amas globuleux conservera son excès d'eau, faute d'un contact suffisant avec la terre essorée. Dans la niche trop humide et trop épaisse, les vivres se moisiront ; la chaleur du dehors arrivera mal, ainsi que l'air, et la larve tirera maigre avantage de ces insolations de l'arrière-saison, de ces coups de feu tardifs qui devraient la mûrir à point et lui donner la vigueur réclamée par les épreuves de l'hiver.

Ce qui était qualité en juillet, quand il fallait se défendre du trop sec, devient vice en octobre, alors qu'il faut éviter le trop humide. A la sphère est donc substitué le cylindre. La nouvelle forme, avec sa longueur exagérée, réalise l'inverse de la condition chère aux fabricants de pilules : ici, pour un même volume, la surface se développe à l'extrême. Y a-t-il un motif à pareille inversion ? Sans doute, et il me semble l'entrevoir.

Maintenant que l'aridité n'est plus à craindre, n'est-ce pas avec cette configuration à grande superficie que l'amas nourricier perdra le plus aisément son excès d'humidité ? S'il pleut, son étendue l'expose, il est vrai, à une imbibition plus rapide ; mais aussi, quand revient le beau temps, promptement se déperd son eau surabondante au large contact d'un sol vite égoutté.

Terminons en nous informant de quelle façon se construit le boudin. Assister au travail dans la campagne me paraît entreprise fort difficultueuse, pour ne pas dire impraticable. Avec les volières, le succès est certain, pour peu qu'on y mette patience et dextérité. J'abats la planche qui retient en arrière le sol artificiel. Celui-ci montre à nu sa nappe verticale, que j'exploite petit à petit avec la pointe d'un couteau jusqu'à la rencontre d'un terrier. Si l'opération est conduite avec prudence, sans le trouble d'éboulements mal calculés, les travailleurs sont surpris à l'œuvre, immobilisés, il est vrai, par la soudaine irruption de la lumière et comme pétrifiés dans leur attitude de travail. La disposition de l'atelier et des matériaux, la place et la pose des ouvriers permettent très bien de reconstituer la scène, brusquement suspendue et non renouvelable tant que se prolongera notre visite.

Et tout d'abord, un fait s'impose à l'attention, fait de grave intérêt, et si exceptionnel que l'entomologie m'en présente ici le premier exemple. Dans chaque terrier mis à découvert je trouve toujours deux collaborateurs, le couple ; je trouve le mâle prêtant main-forte à la mère. Entre les deux se répartissent les occupations du ménage.

De mes notes j'extrais le tableau suivant, auquel il est aisé de rendre l'animation d'après la pose des acteurs immobilisés.

Le mâle est au fond de la galerie, accroupi sur un bout de saucisson mesurant à peine un pouce. Il occupe la cuvette que forment les matériaux tassés plus fortement au centre de chaque touche. Que faisait-il là avant la violation du logis ? Sa posture le dit assez : de ses pattes si vigoureuses, les postérieures surtout, il foulait la dernière couche mise en place. Sa compagne occupe l'étage supérieur, presque à l'orifice du clapier. Je lui vois entre les pattes une forte brassée de matériaux, qu'elle vient de cueillir à la base du tas surmontant la demeure. L'épouvante causée par mon effraction ne lui a pas fait lâcher prise. Suspendue là-haut, au-dessus du vide, arc-boutée contre les parois du puits, elle serre sa charge avec une sorte de raideur cataleptique. L'occupation interrompue se devine : Baucis descendait à Philémon, plus robuste, de quoi continuer le pénible travail d'empilement et de foulage. L'œuf déposé et entouré de ces précautions délicates dont une mère seule a le secret, elle avait cédé à son compagnon la construction du cylindre, pour se borner au modeste rôle de manœuvre pourvoyeur.

Des scènes semblables, surprises pendant les diverses phases du travail, me permettent un tableau d'ensemble. Le saucisson débute par un court et large sac qui tapisse étroitement le fond du terrier. Dans cette outre, béante en plein, je rencontre les deux sexes au milieu de matériaux émiettés, épluchés peut-être avant d'être foulés, afin que le ver, à ses débuts, trouve sous la dent vivres de premier choix. A deux, le ménage crépit la paroi et en augmente l'épaisseur jusqu'à ce que la cavité soit réduite au diamètre réclamé par la chambre d'éclosion.

C'est le moment de la ponte. Discrètement retiré à l'écart, le mâle attend, avec des matériaux prêts pour clore la loge qui vient d'être peuplée. La clôture se fait par le rapprochement des bords du sac et l'adjonction d'une voûte, d'un couvercle hermétiquement cimenté. C'est là

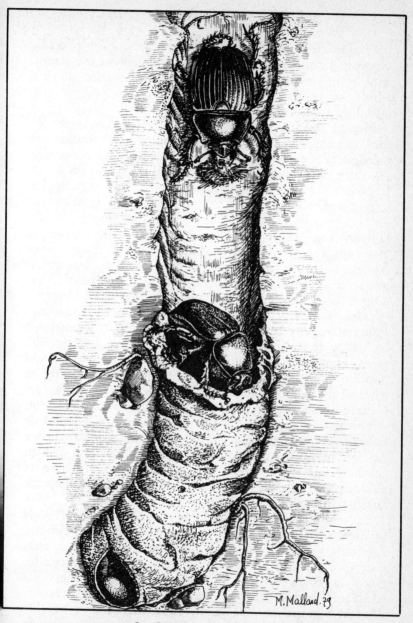

Le Géotrupe stercoraire.
Mâle et femelle au travail. En bas, section du saucisson montrant l'œuf et la chambre d'éclosion.

opération délicate, qui demande dextérité bien plus que vigueur. La mère seule s'en occupe. Philémon est maintenant simple manœuvre ; il fait passer le mortier sans être admis sur la voûte, que sa brutale pression pourrait faire effondrer.

Bientôt la toiture, suffisamment épaissie, renforcée, n'a plus à craindre la pression. Alors commence le foulage non ménagé, la rude besogne qui donne au mâle le premier rôle. La différence des sexes pour la taille et la vigueur est frappante, chez le Géotrupe stercoraire. Ici vraiment, par une exception bien rare, Philémon appartient au sexe fort. A lui la prestance, à lui l'énergie musculaire. Prenez-le dans la main et serrez. Je vous défie bien de tenir bon, pour peu que vous ayez l'épiderme sensible. De ses pattes âprement dentelées et convulsivement raidies, il vous laboure la peau ; il s'insinue, coin irrésistible, dans l'interstice des doigts. C'est intolérable ; il faut lâcher la bête.

Dans le ménage, il fait fonction de presse hydraulique. Pour en réduire le volume encombrant, nous soumettons les balles de fourrage à l'action de la presse ; lui, pareillement, comprime et réduit les filandreux matériaux de son boudin. C'est, le plus souvent, le mâle que je rencontre au sommet du cylindre, sommet excavé en corbeille profonde. Cette corbeille reçoit la charge descendue par la mère, et, semblable au vigneron qui piétine la vendange au fond de la cuve, le Géotrupe foule, tasse, amalgame sous la poussée de ses brassards cataleptiques. L'opération est si bien conduite que la nouvelle charge, sorte de grossière et volumineuse charpie au début, devient assise compacte faisant corps avec ce qui précède.

La mère cependant n'abdique pas ses droits : je la surprends de temps à autre au fond de la cuvette. Peut-être vient-elle s'enquérir de la marche de l'ouvrage. Son tact, plus apte aux délicatesses de l'éducation, saisira mieux les fautes à corriger. Très probablement encore vient-elle remplacer le mâle dans ces exténuants coups de pressoir. Elle est vigoureuse, elle aussi, rigide de pose et capable d'alterner ses forces avec celles de son vaillant compagnon.

Toutefos, sa place habituelle est dans le haut de la galerie. Je l'y trouve tantôt avec la brassée qu'elle vient de cueillir, tantôt avec un amas résultant de plusieurs charges mises en réserve pour le travail d'en bas. A mesure qu'il en est besoin, elle y puise et descend peu à peu la matière sous le refouloir du mâle.

De cet entrepôt temporaire à la cuvette du fond s'étend un long intervalle vide, dont la partie inférieure nous fournit une autre donnée sur la marche du travail. La paroi en est abondamment crépie avec un enduit extrait de ce que les matériaux ont de plus plastique. Ce détail a sa valeur. Il nous apprend qu'avant de tasser couche par couche le saucisson nourricier, l'insecte commence par mastiquer la paroi grossière et perméable du moule. Il cimente son puits pour prémunir le ver contre les suintements de la saison pluvieuse. Dans son impossibilité de durcir à point par la pression la surface de la pièce étroitement enserrée, il adopte une tactique inconnue de ceux qui travaillent en vaste atelier ; il crépit de ciment l'enveloppe terreuse. Ainsi sera évitée, dans la mesure du possible, la noyade en temps de pluie.

Ce revêtement hydrofuge se fait par intermittences, à mesure que le cylindre s'allonge. La mère m'a paru s'y adonner lorsque son entrepôt en fournitures bien garni lui laisse des loisirs. Tandis que son compagnon foule, elle, un pouce plus haut, crépit.

Des travaux combinés des deux conjoints résulte enfin le cylindre avec sa longueur réglementaire. Au-dessus reste vide et non cimentée la majeure partie du puits. Rien ne me dit que les Géotrupes se préoccupent de cette longueur inoccupée. Scarabées et Copris rejettent dans le vestibule de la salle souterraine une partie des déblais extraits ; ils font barricade en avant de la demeure. Les fouleurs de saucisses semblent ignorer cette précaution. Tous les terriers que je visite sont vides supérieurement. Nul indice de déblais remis en place et tassés, mais de simples éboulis provenant soit du monceau exploité, soit des parois croulantes.

Cette négligence pourrait bien avoir pour motif l'épaisse toiture qui surmonte la demeure. Rappelons-nous que les Géotrupes s'établissent ordinairement sous la copieuse provende que leur octroient le cheval et le mulet. Sous pareil abri, est-il bien nécessaire de fermer sa porte? D'ailleurs les intempéries se chargent de la clôture. Le toit s'effondre, les terres s'éboulent, et le puits béant ne tarde pas à se combler sans l'intervention de ceux qui l'ont creusé.

Tantôt sont venues sous ma plume les appellations de Philémon et Baucis. C'est qu'en effet le couple Géotrupe rappelle en certains points le pacifique ménage de la mythologie. Dans le monde des insectes, le mâle, qu'est-il? Une fois les noces célébrées, c'est un incapable, un oisif, un bon à rien, une superfluité que l'on fuit, dont on se débarrasse même parfois atrocement : la Mante religieuse nous en apprendra de bien tragiques sur ce sujet.

Or voici que, par une exception bien étrange, le fainéant devient le laborieux ; l'amant momentané, le fidèle compagnon ; l'insoucieux des siens, le grave père de famille. La rencontre d'un instant se change en association durable. La vie à deux, le ménage se fonde : superbe innovation dont il faut aller chercher le premier essai chez un bousier. Descendez plus bas, il n'y a rien de pareil ; remontez plus haut, de longtemps il n'y a rien encore. Il faut gravir les degrés les plus élevés.

Le mâle de l'épinoche, petit poisson de nos ruisselets, sait bien, avec des conferves et des herbages aquatiques, construire un nid, un manchon, où la femelle viendra frayer ; mais il ne connaît pas le travail partagé. A lui seul reviennent les charges d'une famille dont la mère a peu de souci. N'importe, un pas est fait, bien grand et surtout bien remarquable chez les poissons, eux d'une souveraine indifférence aux tendresses familiales, eux qui remplacent les soins de l'éducation par une effroyable fécondité. Le nombre fabuleux comble les vides amenés par le défaut d'industrie des parents, même de la mère, simple sac à germes.

Quelques crapauds essayent les devoirs de la paternité* ; puis plus rien jusqu'à l'oiseau, fervent adepte du ménage. Avec lui se montre, dans toute sa beauté morale, la vie à deux. Un contrat fait du couple deux collaborateurs également zélés pour la prospérité de la famille. Autant que la mère, le père prend part à la construction du nid, à la recherche des vivres, à la distribution de la becquée, à la surveillance des jeunes essayant leur premier essor.

Plus élevé dans la série animale, le mammifère continue le merveilleux exemple sans rien y ajouter ; au contraire, souvent il simplifie. Reste l'homme. Parmi ses plus beaux titres de noblesse sont les écrasants soins de la famille, jamais dissoute. A notre confusion, il est vrai, certains s'en affranchissent et rétrogradent au-dessous du crapaud.

Le Géotrupe rivalise avec l'oiseau. Le nid est le travail commun des deux conjoints. Le père en assemble les assises, les tasse, les foule ; la mère crépit, va quérir charge nouvelle et la dépose sous les pattes du fouleur. Cette demeure, somme des efforts du couple, est aussi magasin de vivres. Ici pas de becquée distribuée au jour le jour ; la question des victuailles n'en est pas moins résolue : du concours des deux associés résulte le somptueux saucisson. Père et mère ont fait magnifiquement leur devoir ; ils lèguent au ver garde-manger des mieux garnis.

Une pariade qui se maintient, un couple qui concerte ses forces et son industrie pour le bien-être de la descendance, est certes progrès énorme, le plus grand peut-être de l'animalité. Au milieu des isolements apparut un jour le ménage, inventé par un Bousier de génie. Comment se fait-il que cette magnifique acquisition soit l'apanage d'un petit nombre, au lieu de s'être propagée à la ronde, d'une espèce à l'autre, dans toute la corporation de métier? Scarabées et Copris n'auraient-ils donc rien à gagner en économie de temps et de fatigue, si la mère, au lieu de travailler seule, avait un collaborateur? Les choses marcheraient plus vite, ce semble, et famille plus nombreuse serait permise, condition non à dédaigner pour la prospérité de l'espèce.

Comment de son côté, le Géotrupe s'est-il avisé de concerter les deux sexes pour la construction du nid et l'approvisionnement du garde-manger? L'insoucieuse paternité de l'insecte, devenue, en tendresse, l'émule de la maternité, est événement si grave et si rare, que le désir vient d'en rechercher la cause, si toutefois tel souhait est permis à nos misérables moyens d'information. Une idée se présente d'abord : n'y aurait-il pas quelque relation entre la taille plus grande du mâle et ses goûts laborieux? Doué de plus de vigueur, de plus de robusticité que la mère, l'habituel oisif s'est fait auxiliaire zélé ; l'amour du travail est venu d'un excès de forces à dépenser.

Prenons garde : ce semblant d'explication ne tient pas debout. Les deux sexes du Géotrupe hypocrite diffèrent à peine de taille ; l'avantage est souvent même en faveur de la mère ; et néanmoins, le mâle prête main-forte à sa compagne ; il est aussi fervent puisatier, aussi rude fouleur que son voisin le stercoraire colosse.

Raison plus concluante encore : chez les Anthidies, apiaires ourdisseurs de cotonnades ou pétrisseurs de résine, le mâle, bien supérieur de taille à la femelle, est un parfait désœuvré. Lui, le fort, le solidement membré, prendre part à la besogne! Allons donc! A la mère, la faible mère, de s'exténuer ; à lui, le robuste gaillard, de s'ébaudir sur les fleurs des lavandes et des germandrées!

La supériorité corporelle n'a donc pas fait, chez les Géotrupes, le père de famille travailleur, dévoué au bien-être des siens. Là se borne le résultat de l'enquête. Poursuivre le problème serait vaine tentative. L'origine des aptitudes nous échappe. Pourquoi tel don ici, et tel autre don là? Qui le sait? Pouvons-nous même nous flatter de jamais le savoir?

Un seul point apparaît en clarté : l'instinct n'est pas sous la dépendance de la structure. Les Géotrupes sont connus de temps immémorial ; de leur coupe scrupuleuse, les entomologistes les ont examinés dans leurs moindres détails ; et nul ne soupçonnait encore leur merveilleux privilège de la vie en ménage. Au-dessus du monotone niveau océanique brusquement se dresse le talus des îlots, isolés, çà et là disséminés, impossibles à prévoir tant que le géographe n'en a pas fait le relevé ; ainsi de l'océan de la vie émergent les pics de l'instinct.

XII

LES GÉOTRUPES. — LA LARVE

Suivant l'époque plus ou moins tardive de la ponte, il faut d'une à deux semaines pour l'éclosion de l'œuf, qui généralement a lieu dans la première quinzaine d'octobre. La croissance marche assez vite, et bientôt se reconnaît dans la larve un caractère tout différent de ce que nous ont montré les autres Bousiers. On se voit dans un monde nouveau, riche en imprévus. Le ver est plié en deux; il s'infléchit en croc, comme l'exige l'étroitesse du logis, graduellement creusé à mesure que se consomme l'intérieur du boudin.

Ainsi se comportaient les vers du Scarabée, du Copris et des autres; mais celui du Géotrupe n'a pas la gibbosité qui donnait aux premiers tournure si disgracieuse. Son dos est régulièrement courbe. Ce défaut complet de besace, entrepôt à mastic, dénote d'autres mœurs. La larve, en effet, ne connaît pas l'art de tamponner les brèches. Si je pratique une ouverture dans la partie du saucisson qu'elle occupe, je ne la vois pas s'informer du pertuis; se retourner et réparer aussitôt le dommage par quelques coups de truelle bien garnie de ciment. L'accès de l'air, paraît-il, ne l'importune guère, ou plutôt n'est pas prévu dans ses moyens de défense.

Voyez, en effet, sa demeure. A quoi bon l'art du plâtrier, obstructeur de crevasses, quand l'habitation ne peut être lézardée ? Étroitement moulé dans le cylindre du terrier, le saucisson est préservé de l'effritement par l'appui de son moule. La poire du Scarabée, libre de toutes parts dans un vaste souterrain, souvent se gonfle, se fendille, s'écaille ; le saucisson de Géotrupe est affranchi de ces déformations, enserré qu'il est dans un étui. Et si d'ailleurs quelque fissure venait à se produire, l'accident n'aurait rien de périlleux, car maintenant, en automne, en hiver, dans un sol toujours frais, n'est plus à craindre la dessiccation, si redoutée des rouleurs de pilules. Donc, pas d'industrie spéciale contre un danger peu probable et de portée presque nulle ; pas d'intestin docile à l'excès pour garnir la truelle ; pas de gibbosité difforme, magasin du mortier. L'intarissable fienteur de nos premières études disparaît, remplacé par un ver à fonctionnement modéré.

Il va de soi que, gros mangeur comme il est, et de plus reclus dans une loge sans communication avec le dehors, il ignore à fond ce que nous appelons propreté. N'allons pas entendre par là qu'il est dégoutant de souillures, maculé d'immondices : nous ferions grave erreur. Rien de plus net, de plus lustré que sa peau satinée. On se demande par quels soins de toilette, par quelle grâce d'état, tous ces consommateurs d'ordure se maintiennent si propres. A les voir hors de l'habituel milieu, nul ne soupçonnerait leur vie sordide.

Le manque de propreté est ailleurs, si toutefois il est permis d'appeler défaut ce qui, tout bien considéré, est une qualité dont la bête tire profit. Le langage, miroir exclusif de nos idées, aisément s'égare et devient infidèle dans l'expression des réalités. A notre point de vue substituons celui de la larve, secouons l'homme pour devenir Bousier, et aussitôt disparaissent les termes malsonnants.

Le ver, consommateur de robuste appétit, n'a pas de rapport avec l'extérieur. Que fera-t-il des déchets de la digestion ? Loin d'en être embarrassé, il en tire parti, comme le font du reste bien d'autres solitaires confinés

dans une coque. Il les utilise pour calfeutrer son ermitage
et le capitonner de molleton. Il les étale en douce couchette,
précieuse aux délicatesses de l'épiderme ; il les édifie en
niche polie, en alcôve imperméable qui protégera la longue
torpeur de l'hiver. Je le disais bien, qu'il suffisait de
s'imaginer un peu Bousier pour changer de fond en comble
le langage. Voici que l'odieux, l'encombrant est matière de
prix, très utile au bien-être du ver. Onthophages et Copris,
Scarabées et Gymnopleures nous ont habitués à pareille
industrie.

Le saucisson est dans une position verticale, ou à peu
près. Le ver a sa chambre d'éclosion au bout inférieur. A
mesure qu'il grandit, il attaque les vivres au-dessus de lui,
mais en respectant tout autour une paroi d'épaisseur
considérable, ce que lui permet la volumineuse pièce à sa
disposition. Le ver du Scarabée, qui n'a pas à se précaution-
ner contre l'hiver, est parcimonieusement servi. La petite
poire, chiche ration, est consommée en plein, moins une
mince paroi, qu'il a soin du reste d'épaissir et de fortifier
avec une bonne couche de son mortier.

Le ver du Géotrupe est dans des conditions bien
différentes. Il est pourvu d'un monumental saucisson, qui
représente près d'une douzaine de fois les vivres de l'autre.
Consommer la pièce entière lui serait impossible, si bien
doué qu'il soit en panse et en appétit. Aussi la question de
la nourriture n'est pas seule en jeu maintenant ; il y a de
plus la grave affaire de l'hivernation. Les parents ont prévu
les rudesses de l'hiver et légué aux fils de quoi y faire face.
Le boudin exagéré va devenir fourreau contre le froid.

La larve, en effet, le ronge graduellement au-dessus de
sa tête et le creuse d'un couloir tout juste suffisant à son
passage. Ainsi sont respectées des parois très épaisses, la
partie centrale étant seule consommée. A mesure que l'étui
se fore, la muraille est cimentée, capitonnée avec les
évacuations intestinales. Le produit en excès s'accumule et
forme rempart en arrière. Tant que la saison est propice,
le ver déambule dans sa galerie ; il stationne plus haut ou
plus bas, n'attaquant les vivres que d'une dent de jour en

jour plus languissante. Cinq à six semaines se passent ainsi à festoyer ; puis les froids arrivent, et avec eux la torpeur hivernale. Alors, au bout inférieur de son étui, dans l'amas de matière que la digestion a transformée en fine pâte, le ver se creuse une niche ovalaire polie par des roulements de croupe ; il s'y abrite d'un ciel de lit courbe, et le voilà prêt pour le sommeil d'hiver. Il peut dormir tranquille. Si les parents l'ont établi sous terre à une médiocre profondeur où se font ressentir les gelées, ils ont su du moins exagérer les provisions à outrance. De cet excès énorme résulte un excellent habitacle en mauvaise saison.

En décembre, tout le développement est acquis, ou de bien peu s'en faut. Si la température s'y prêtait, devrait maintenant venir la nymphose. Mais les temps sont durs, et le ver, dans sa prudence, juge à propos de différer la délicate transformation. Il pourra, lui le robuste, résister au froid bien mieux que ne le ferait la nymphe, tendre début d'une nouvelle vie. Il patiente donc et attend engourdi. Je l'extrais de sa niche pour l'examiner.

Convexe en dessus, presque plane en dessous, la larve est un demi-cylindre replié en crochet. Absence totale de la gibbosité dévolue aux précédents Bousiers ; absence également de la truelle terminale. L'art du plâtrier réparateur de crevasses étant inconnu, deviennent inutiles l'entrepôt à ciment et l'outil qui met en place.

Peau lisse, blanche obscurcie dans la moitié postérieure par le contenu sombre de l'intestin. Des cils clairsemés, les uns assez longs, les autres très courts, se dressent sur la région moyenne et dorsale des segments. Ils servent apparemment au ver pour se déplacer dans sa loge par les seuls mouvements de croupe. Tête médiocre, d'un jaune pâle ; fortes mandibules, rembrunies au bout.

Mais laissons ces minuties, d'intérêt très médiocre, et disons tout de suite que le trait dominant de la bête est fourni par les pattes. Les deux premières paires sont assez longues, surtout pour un animal sédentaire dans un étroit logis. Elles ont la structure normale, et leur vigueur doit permettre au ver de grimper à l'intérieur de son boudin, converti en étui par la consommation. La troisième paire présente une singularité comme je n'en connais pas d'autre exemple ailleurs.

Les membres de cette paire sont des pattes rudimentaires, estropiées de naissance, impotentes, frappées d'arrêt dans leur développement. On dirait des moignons d'où la vie s'est retirée. Leur longueur mesure à peine le tiers des précédentes. Bien plus, au lieu de se diriger en bas, à la façon des pattes normales, elles se recroquevillent vers le haut, elles se tournent du côté du dos et restent indéfiniment dans cette bizarre posture, tordues, ankylosées. Je ne parviens pas à voir l'animal en faire le moindre usage. On y reconnaît cependant les diverses pièces des autres ; mais tout cela très réduit, pâle, inerte. Bref, trois mots suffisent pour caractériser la larve des Géotrupes sans confusion possible : pattes postérieures atrophiées.

Ce trait est si net, si frappant, si exceptionnel, que le moins clairvoyant ne peut s'y méprendre. Un ver estropié de nature et si visiblement estropié s'impose à l'attention. Qu'en disent les auteurs? Rien, que je sache. Les quelques rares livres que j'ai autour de moi sont muets sur ce point. Mulsant, il est vrai, décrit la larve du Géotrupe stercoraire, mais il ne fait aucune mention de l'extraordinaire structure. Les minuties descriptives lui auraient-elles fait perdre de vue la monstrueuse organisation? Labre, palpes, antennes, nombre des articles, poils, tout est signalé, scruté ; et les pattes inertes, réduites à des moignons, sont passées sous silence. Le grain de sable cache la montagne. Je renonce à comprendre.

Remarquons encore que les pattes postérieures de l'insecte parfait sont plus longues, plus fortes que les moyennes, et rivalisent de puissance avec les antérieures. Les membres atrophiés du ver deviennent donc la robuste machine à compression de l'adulte ; les moignons perclus se changent en vigoureux outils de fouleur.

Qui nous dira d'où viennent ces anomalies déjà constatées par trois fois chez les exploiteurs de la bouse? Le Scarabée, valide de tous ses membres dans le jeune âge, est amputé des doigts antérieurs quand vient la forme adulte ; l'Onthophage, cornu sur le thorax en son état de nymphe, laisse disparaître son durillon dorsal sans profit aucun pour l'ornementation finale ; le Géotrupe, d'abord ver boiteux, fait de ses moignons inutiles les meilleurs de ses leviers. Ce dernier progresse, les autres rétrogradent. Pourquoi l'estropié devient-il le valide, et pourquoi le valide devient-il l'estropié ?

Nous faisons l'analyse chimique des soleils, nous surprenons les nébuleuses en parturition de mondes, et nous ne saurions jamais pourquoi un misérable ver naît boiteux ? Allons, plongeurs qui sondez les mystères de la vie, descendez assez avant dans les abîmes, et rapportez-nous au moins cette modeste perle, la réponse aux questions du Géotrupe et du Scarabée.

Dans l'alcôve qu'elle s'est ménagée au bout inférieur de son étui, que devient la larve lorsque l'hiver est rigoureux ? Les froids extraordinaires de janvier et février 1895 nous renseigneront sur ce point. Mes volières, toujours restées en plein air, avaient, à diverses reprises, subi un abaissement de température d'une dizaine de degrés au-dessous de zéro. Par ces temps sibériens, le désir me vint d'aller aux informations et de constater comment les choses se passaient dans mes cages si mal défendues.

Je ne pus y parvenir. La couche de terre, humectée par les pluies antérieures, était devenue, dans toute son épaisseur, bloc compact qu'il eût fallu débiter, ainsi qu'une pierre, avec le pic et le ciseau. L'extraction violente n'était pas praticable, j'aurais tout mis en péril sous les commotions du pic. D'ailleurs, si quelque vie restait dans la masse du glaçon, je la compromettais par des changements de température trop brusques. Il convenait d'attendre le dégel naturel, très lentement effectué.

Au commencement de mars, nouvelle visite aux volières. Cette fois plus de glace. La terre est souple, de fouille aisée. Tous les Géotrupes adultes sont morts en me léguant une autre provision de saucisses presque aussi copieuse que celle que j'avais cueillie et mise en sûreté en octobre. Du premier au dernier, ils ont péri sans une seule exception. Est-ce de froid? Est-ce de vieillesse?

En ce moment, et plus tard, en avril-mai, alors que la nouvelle génération est toute à l'état de larve ou au plus de nymphe, je rencontre fréquemment des Géotrupes adultes livrés à leur besogne de vidangeurs. Les vieux voient donc un second printemps; ils vivent assez pour connaître leur descendance et travailler avec elle, comme le font les Scarabées, les Copris et les autres. Ces précoces sont des vétérans. Ils ont échappé aux rudesses de l'hiver, parce qu'ils ont pu s'enfoncer assez profondément en terre. Les miens, captifs entre quelques planches, ont péri faute d'un puits suffisamment prolongé. Lorsque, pour se mettre à l'abri, il leur fallait un mètre de terre, ils n'en ont eu qu'un empan. Le froid les a donc tués plutôt que l'âge.

La basse température, mortelle pour l'adulte, a respecté la larve. Les quelques saucissons laissés en place lors de mes fouilles d'octobre contiennent le ver en excellent état. L'étui protecteur a parfaitement rempli son office : il a préservé les fils de la catastrophe fatale aux parents.

Les autres cylindres, façonnés dans le courant de novembre, contiennent quelque chose de plus remarquable encore. Dans leur loge d'éclosion, au bout inférieur, ils renferment un œuf, tout rebondi, tout luisant, d'aussi bon aspect que s'il était du jour même. La vie serait-elle encore là? Est-ce possible après avoir passé la majeure partie de l'hiver dans un bloc de glace? Je n'ose le croire. Le saucisson, de son côté, n'a pas bonne tournure. Rembruni par la fermentation, sentant le moisi, cela ne paraît pas victuaille acceptable.

A tout hasard, je mis les piteux boudins dans des flacons, après avoir constaté la présence de l'œuf. La précaution fut bonne. La fraîche apparence des germes, ayant hiverné dans des conditions si rudes, ne mentait pas. L'éclosion eut bientôt lieu, et vers les premiers jours de mai les larves tardives avaient presque le développement de leurs aînées, écloses en automne.

De cette observation quelques faits intéressants se dégagent.

Et d'abord, la ponte des Géotrupes, commencée en septembre, se continue assez tard, jusque dans le courant de novembre. A cette époque des premiers frimas, la chaleur du sol est insuffisante pour l'incubation, et les œufs tardifs, incapables d'éclore avec la rapidité de leurs aînés, attendent le retour de la belle saison. Il suffit de quelques tièdes journées d'avril pour réveiller leur vitalité suspendue. Alors l'évolution habituelle se poursuit, et si rapidement que, malgré cinq à six mois d'arrêt, les larves retardataires ont, de peu s'en faut, la taille des autres quand se montrent, en mai, les premières nymphes.

En second lieu, les œufs des Géotrupes sont aptes à supporter, indemnes, les épreuves d'un froid rigoureux. J'ignore quelle était précisément la température à l'intérieur du bloc congelé quand j'essayai de l'attaquer avec un ciseau de maçon. A l'extérieur, le thermomètre amenait parfois une dizaine de degrés au-dessous de zéro ; et comme la période froide persistait longtemps, il est à croire que la couche de terre de mes caisses se refroidissait au même point. Or dans la masse congelée, devenue bloc de pierre, étaient enchâssés les boudins des Géotrupes.

Une large part doit être faite, sans doute, à la mauvaise conductibilité de ces boudins, composés de matériaux filamenteux ; l'enceinte de crottin a garanti, dans une certaine mesure, la larve et l'œuf des morsures du froid, qui, éprouvées directement, auraient été meurtrières. N'importe : en un pareil milieu, les cylindres de bouse, humides au début, doivent avoir acquis à la longue la rigidité de la pierre. Dans leur chambre d'éclosion, dans leur galerie, ouvrage de la larve, la température, ce n'est pas douteux, a baissé au-dessous du point de congélation.

Le ver et l'œuf, que sont-ils alors devenus? Se sont-ils réellement congelés? Tout semble le dire. Cette chose si délicate parmi les plus délicates, un germe, une amorce de vie dans un globule de glaire, durcir, devenir grain de caillou, puis reprendre sa vitalité, poursuivre son évolution après dégel, cela dépasse l'admissible. Et pourtant les circonstances l'affirment. Il faudrait supposer aux saucissons des Géotrupes des propriétés athermanes comme n'en possède aucune substance, pour voir en eux des écrans suffisants contre réfrigération si forte et de si longue durée. Quel dommage que les renseignements thermométriques fassent ici défaut! Après tout, si la congélation intégrale est douteuse, un point certain est acquis : le ver et l'œuf des Géotrupes peuvent, sans périr, supporter de très basses températures dans leur fourreau protecteur.

Puisque l'occasion s'en présente, encore quelques mots sur l'endurance de l'insecte contre le froid. Il y a quelques années, en recherchant dans un tas de terreau des cocons de Scolie, j'avais fait copieuse collection de larves de Cétoine dorée. Ma récolte fut mise dans un pot à fleurs avec quelques poignées de matières végétales pourries, juste de quoi couvrir l'échine de mes bêtes. Je devais puiser là pour certaines recherches qui m'occupaient alors. Le pot fut oublié en plein air, dans un coin du jardin. Survinrent des froids vifs, de fortes gelées, des neiges. Le souvenir me vint de mes Cétoines, si mal protégées contre pareil temps. Je trouvai le contenu du pot durci en un conglomérat de terre, de feuilles mortes, de glace, de neige et de vers ratatinés. C'était une sorte de nougat dont les larves représentaient les amandes. Si éprouvée par le froid, la population devait avoir péri. Eh bien, non : au dégel, les congelés ressuscitèrent et se mirent à grouiller comme si rien d'extraordinaire ne s'était passé.

L'endurance de l'insecte parfait est moindre que celle de la larve. A mesure qu'elle s'affine, l'organisation perd en robusticité. Mes volières, mises à mal par l'hiver 1895, m'en donnent un exemple frappant. J'avais là rassemblée en vue de mes études, population bousière fort variée. Quelques espèces, Scarabées, Copris, Pilulaires, Onthophages étaient représentées à la fois par des nouveaux et par des vétérans.

Tous les Géotrupes, du premier au dernier, ont péri dans la couche terreuse devenue bloc de pierre ; ont succombé pareillement en totalité les Minotaures. Les uns et les autres cependant s'avancent dans le nord et ne redoutent pas les climats froids. Au contraire, les espèces méridionales, le Scarabée sacré, le Copris espagnol, le Pilulaire flagellé, tant les vétérans que les nouveaux, ont supporté l'hiver bien mieux que je n'osais l'espérer. Beaucoup sont mort, il est vrai ; ils forment la majorité ; mais enfin il y a des survivants que je suis émerveillé de voir revenir de leur raidissement frigide et trotiner aux premières caresses du soleil. En avril, ces échappés de la congélation reprennent leurs travaux. Ils m'apprennent qu'en liberté, Copris et Scarabées n'ont pas besoin de prendre leurs quartiers d'hiver à de grandes profondeurs. Un médiocre écran de terre, dans quelque recoin abrité, leur suffit. Excavateurs moins habiles que les Géotrupes, ils sont mieux doués en résistance à des froids temporaires.

Terminons cette digression en faisant remarquer, après bien d'autres, que l'agriculture n'a pas à compter sur le froid pour la débarrasser de l'insecte, son terrible ennemi. Des gelées très fortes, persistantes, à de grandes profondeurs, peuvent détruire diverses espèces qui ne savent pas descendre assez avant ; mais beaucoup survivent. D'ailleurs la larve, et l'œuf surtout, dans bien des cas, bravent nos hivers les plus rigoureux.

Les premiers beaux jours d'avril mettent fin à l'inertie des larves des deux Géotrupes, retirées à l'étage inférieur de leur cylindre dans une loge provisoire. L'activité revient et avec elle un reste d'appétit. Les reliefs du festin d'automne sont copieux. Le ver les met à profit. Ce n'est plus maintenant consommation gloutonne, mais simple réveillon entre deux sommeils, celui de l'hiver et celui, plus profond, de la métamorphose. Les parois de l'étui sont donc attaquées de façon inégale. Des brèches bâillent, des pans de muraille s'écroulent, et l'édifice n'est bientôt plus qu'une ruine méconnaissable.

Du boudin primitif il reste cependant la partie inférieure, à parois intactes sur quelques travers de doigt de longueur. Là se sont amassées, en une couche épaisse, les déjections du ver, mises en réserve pour le travail final. Au centre de cet amas, une niche est creusée, soigneusement polie à l'intérieur. Avec les déblais se construit en dessus, non plus un simple ciel de lit comme celui dont s'abritait l'alcôve de l'hiver, mais un solide couvercle, extérieurement noduleux, assez semblable d'aspect au travail des Cétoines s'enveloppant d'une coque de terreau. Ce couvercle, avec le reste du boudin, forme un habitacle qui rappellerait assez celui du Hanneton, s'il n'était tronqué à la partie supérieure, où se dressent d'ailleurs le plus souvent quelques ruines du cylindre détruit.

Voilà le ver enclos pour la transformation, immobile et les flancs vides de toute scorie. En peu de jours, une ampoule apparaît à la face dorsale des derniers segments abdominaux. Elle se gonfle, gagne en étendue et remonte peu à peu jusque sur le thorax. C'est le travail d'excoriation qui commence. Distendue par un liquide incolore, l'ampoule laisse vaguement entrevoir une sorte de nuage laiteux, esquisse de l'organisation nouvelle.

Une rupture se fait sur l'avant du thorax, la dépouille est refoulée lentement en arrière, et voici enfin la nymphe, toute blanche, à demi opaque, à demi cristalline. C'est vers le commencement de mai que j'ai obtenu les premières nymphes.

Quatre à cinq semaines plus tard vient l'insecte parfait, blanc sur les élytres et le ventre, tandis que le reste du corps a déjà la coloration normale. L'évolution chromatique rapidement s'achève, et juin n'est pas terminé que le Géotrupe, mûr au degré voulu, émerge du sol au crépuscule du soir et prend l'essor pour aller commencer sans retard sa besogne de vidangeur. Les retardataires, dont l'œuf a passé l'hiver, sont encore à l'état de nymphe blanche quand se libèrent leurs aînés. Ce n'est qu'aux approches de septembre qu'ils fracturent la coque natale, et vont collaborer à leur tour à l'hygiène des champs.

XIII

LA FABLE DE LA CIGALE ET LA FOURMI

La renommée se fait surtout avec des légendes ; le conte a le pas sur l'histoire dans le domaine de l'animal comme dans le domaine de l'homme. L'insecte, en particulier, s'il attire notre attention d'une manière ou de l'autre, a son lot de récits populaires dont le moindre souci est celui de la vérité.

Et, par exemple, qui ne connaît, au moins de nom, la Cigale ? Où trouver, dans le monde entomologique, une renommée pareille à la sienne ? Sa réputation de chanteuse passionnée, imprévoyante de l'avenir, a servi de thème à nos premiers exercices de mémoire. En de petits vers, aisément appris, on nous la montre fort dépourvue quand la bise est venue et courant crier famine chez la Fourmi, sa voisine. Mal accueillie, l'emprunteuse reçoit une réponse topique, cause principale du renom de la bête. Avec leur triviale malice, les deux courtes lignes :

> Vous chantiez ! j'en suis fort aise.
> Eh bien, dansez maintenant,

ont plus fait pour la célébrité de l'insecte que ses exploits de virtuosité. Cela pénètre comme un coin dans l'esprit infantile et n'en sort jamais plus.

La plupart ignorent le chant de la Cigale, cantonnée dans la région de l'olivier* ; nous savons tous, grands et petits, sa déconvenue auprès de la Fourmi. A quoi tient donc la renommée! Un récit de valeur fort contestable, où la morale est offensée tout autant que l'histoire naturelle, un conte de nourrice dont tout le mérite est d'être court, telle est la base d'une réputation qui dominera les ruines des âges tout aussi crânement que pourront le faire les bottes du Petit Poucet et la galette du Chaperon Rouge.

Cicada plebeja.

L'enfant est le conservateur par excellence. L'usage, les traditions deviennent indestructibles, une fois confiés aux archives de sa mémoire. Nous lui devons la célébrité de la Cigale, dont il a balbutié les infortunes en ses premiers essais de récitation. Avec lui se conserveront les grossiers non-sens qui font le tissu de la fable : la Cigale souffrira toujours de la faim quand viendront les froids, bien qu'il n'y ait plus de Cigales en hiver ; elle demandera toujours l'aumône de quelques grains de blé, nourriture incompatible avec son délicat suçoir ; en suppliante, elle fera la quête de mouches et de vermisseaux, elle qui ne mange jamais.

A qui revient la responsabilité de ces étranges erreurs? La Fontaine, qui nous charme dans la plupart de ses fables par une exquise finesse d'observation, est ici bien mal inspiré. Il connaît à fond ses premiers sujets, le Renard, le Loup, le Chat, le Bouc, le Corbeau, le Rat, la Belette et tant d'autres, dont il nous raconte les faits et gestes avec une délicieuse précision de détails. Ce sont des personnages du pays, des voisins, des commensaux. Leur vie publique et privée se passe sous ses yeux ; mais la Cigale est étrangère là où gambade Jeannot Lapin ; La Fontaine ne l'a jamais entendue, ne l'a jamais vue. Pour lui, la célèbre chanteuse est certainement une Sauterelle.

Grandville, dont le crayon rivalise de fine malice avec le texte illustré, commet la même confusion*. Dans son dessin, voici bien la Fourmi costumée en laborieuse ménagère. Sur le seuil de sa porte, à côté de gros sacs de blé, elle tourne dédaigneusement le dos à l'emprunteuse qui tend la patte, pardon, la main. Grand chapeau en cabriolet, guitare sous le bras, jupe collée aux mollets par la bise, tel est le second personnage, à effigie parfaite de Sauterelle. Pas plus que La Fontaine, Grandville n'a soupçonné la vraie Cigale ; il a magnifiquement traduit l'erreur générale.

D'ailleurs, dans sa maigre historiette, La Fontaine n'est que l'écho d'un autre fabuliste. La légende de la Cigale, si mal accueillie de la Fourmi, est vieille comme l'égoïsme, c'est-à-dire comme le monde. Les bambins d'Athènes, se rendant à l'école avec leur cabas en sparterie bourré de figues et d'olives, la marmottaient déjà comme leçon à réciter. Ils disaient : « En hiver, les Fourmis font sécher au soleil leurs privisions mouillées. Survient en suppliante une Cigale affamée. Elle demande quelques grains. Les avares amasseuses répondent : « Tu chantais en été, danse en hiver ». Avec un peu plus d'aridité, c'est exactement le thème de La Fontaine, contraire à toute saine notion.

La fable nous vient néanmoins de la Grèce, pays par excellence de l'olivier et de la Cigale. Ésope en est-il bien l'auteur, comme le veut la tradition ? C'est douteux. Peu importe après tout : le narrateur est Grec, il est compatriote de la Cigale, qu'il doit suffisamment connaître. Il n'y a pas dans mon village de paysan assez borné pour ignorer le défaut absolu de Cigales en hiver ; tout remueur de terre y connaît le premier état de l'insecte, la larve, que sa bêche exhume si souvent quand il faut, à l'approche des froids, chausser les oliviers** ; il sait, l'ayant vu mille fois sur le bord des sentiers, comment en été cette larve sort de terre, par un puits rond, son ouvrage ; comment elle s'accroche à quelque brindille, se fend sur le dos, rejette sa dépouille, plus aride qu'un parchemin racorni, et donne la Cigale, d'un tendre vert d'herbe rapidement remplacé par le brun.

Le paysan de l'Attique n'était pas un sot, lui non plus ; il avait remarqué ce qui ne peut échapper au regard le moins observateur ; il savait ce que savent si bien mes rustiques voisins. Le lettré, quel qu'il soit, auteur de la fable, se trouvait dans les meilleures conditions pour être au courant de ces choses-là. D'où proviennent alors les erreurs de son récit ?

Moins excusable que La Fontaine, le fabuliste grec recontait la Cigale des livres, au lieu d'interroger la vraie Cigale, dont les cymbales résonnaient à ses côtés ; insoucieux du réel, il suivait la tradition. Il était lui-même l'écho d'un raconteur plus ancien ; il répétait quelque légende venue de l'Inde, la vénérable mère des civilisations. Sans savoir au juste le thème que le calame* de l'Hindou avait confié à l'écriture pour montrer à quel péril conduit une vie sans prévoyance, il est à croire que la petite scène animale mise en jeu était plus rapprochée du vrai que ne l'est le colloque entre la Cigale et la Fourmi. L'Inde, grande amie des bêtes, était incapable de pareille méprise. Tout semble le dire : le personnage principal de l'affabulation primitive n'était pas notre Cigale, mais bien quelque autre animal, un insecte si l'on veut, dont les mœurs concordaient convenablement avec le texte adopté.

Importé en Grèce, après avoir pendant de longs siècles fait réfléchir les sages et amusé les enfants sur les bords de l'Indus, l'antique conte, vieux peut-être comme le premier conseil d'économie d'un père de famille, et transmis avec plus ou moins de fidélité d'une mémoire à l'autre, dut se trouver altéré dans ses détails, comme le sont toutes les légendes, que le cours des âges accommode aux circonstances des temps et des lieux.

Le Grec, n'ayant pas dans ses campagnes l'insecte dont parlait l'Hindou, fit intervenir par à peu près la Cigale, de même qu'à Paris, la moderne Athènes, la Cigale est remplacée par la Sauterelle. Le mal était fait. Désormais indélébile, confiée qu'elle est à la mémoire de l'enfant, l'erreur prévaudra contre une vérité qui crève les yeux.

Cigale du frêne. Adulte, larve et nymphe.

Essayons de réhabiliter la chanteuse calomniée par la fable. C'est une importune voisine, je me hâte de le reconnaître. Tous les étés, elle vient s'établir par centaines devant ma porte, attirée qu'elle est par la verdure de deux grands platanes ; et là, du lever au coucher du soleil, elle me martèle le cerveau de sa rauque symphonie. Avec cet étourdissant concert, la pensée est impossible ; l'idée tournoie, prise de vertige, incapable de se fixer. Si je n'ai pas profité des heures matinales, la journée est perdue.

Ah! bête ensorcelée, plaie de ma demeure que je voudrais si paisible, on dit que les Athéniens t'élevaient en cage pour jouir à l'aise de ton chant. Une, passe encore, pendant la somnolence de la digestion ; mais des centaines, bruissant à la fois et vous tympanisant l'ouïe lorsque la réflexion se recueille, c'est un vrai supplice! Tu fais valoir pour excuse tes droits de première occupante. Avant mon arrivée, les deux platanes t'appartenaient sans réserve ; et c'est moi qui suis l'intrus sous leur ombrage. D'accord : mets néanmoins une sourdine à tes cymbales, modère tes arpèges, en faveur de ton historien.

La vérité rejette comme invention insensée ce que nous dit le fabuliste. Qu'il y ait parfois des relations entre la Cigale et la Fourmi, rien de plus certain ; seulement ces relations sont l'inverse de ce qu'on nous raconte. Elles ne viennent pas de l'initiative de la première, qui n'a jamais besoin du secours d'autrui pour vivre ; elles viennent de la seconde, rapace exploiteuse, accaparant dans ses greniers toute chose comestible. En aucun temps, la Cigale ne va crier famine aux portes des fourmilières, promettant loyalement de rendre intérêt et principal ; tout au contraire, c'est la Fourmi qui, pressée par la disette, implore la chanteuse. Que dis-je, implore! Emprunter et rendre n'entrent pas dans les mœurs de la pillarde. Elle exploite la Cigale, effrontément la dévalise. Expliquons ce rapt, curieux point d'histoire non encore connu.

En juillet, aux heures étouffantes de l'après-midi, lorsque la plèbe insecte, exténuée de soif, erre cherchant en vain à se désaltérer sur les fleurs fanées, taries, la Cigale se rit de la disette générale. Avec son rostre*, fine vrille, elle met en perce une pièce de sa cave inépuisable. Établie, toujours chantant, sur un rameau d'arbuste, elle force l'écorce ferme et lisse que gonfle une sève mûrie par le soleil. Le suçoir avait plongé par le trou de bonde, délicieusement elle s'abreuve, immobile, recueillie, tout entière aux charmes du sirop et de la chanson.

Surveillons-la quelque temps. Nous assisterons peut-être à des misères inattendues. De nombreux assoiffés rôdent, en effet ; ils découvrent le puits que trahit un suintement sur la margelle. Ils accourent, d'abord avec quelque réserve, se bornant à lécher la liqueur extravasée. Je vois s'empresser autour de la piqûre melliflue des Guêpes, des Mouches, des Forficules, des Sphex, des Pompiles, des Cétoines, des Fourmis surtout.

Les plus petits, pour se rapprocher de la source, se glissent sous le ventre de la Cigale, qui, débonnaire, se hausse sur les pattes et laisse passage libre aux importuns ; les plus grands, trépignant d'impatience, cueillent vite une lippée, se retirent, vont faire un tour sur les rameaux voisins, puis reviennent, plus entreprenants. Les convoitises s'exacerbent ; les réservés de tantôt deviennent turbulents agresseurs, disposés à chasser de la source le puisatier qui l'a fait jaillir.

En ce coup de bandits, les plus opiniâtres sont les Fourmis. J'en ai vu mordiller la Cigale au bout des pattes ; j'en ai surpris lui tirant le bout de l'aile, lui grimpant sur le dos, lui chatouillant l'antenne. Une audacieuse s'est permis, sous mes yeux, de lui saisir le suçoir, s'efforçant de l'extraire.

Ainsi tracassé par ces nains et à bout de patience, le géant finit par abandonner le puits. Il fuit en lançant aux détrousseurs un jet de son urine. Qu'importe à la Fourmi cette expression de souverain mépris! Son but est atteint. La voilà maîtresse de la source, trop tôt tarie quand ne fonctionne plus la pompe qui la faisait sourdre. C'est peu, mais c'est exquis. Autant de gagné pour attendre nouvelle lampée, acquise de la même manière dès que l'occasion s'en présentera.

    On le voit : la réalité intervertit à fond les rôles imaginés par la fable. Le quémandeur sans délicatesse, ne reculant pas devant le rapt, c'est la Fourmi ; l'artisan industrieux, partageant volontiers avec qui souffre, c'est la Cigale. Encore un détail, et l'inversion des rôles s'accusera davantage. Après cinq à six semaines de liesse, long espace de temps, la chanteuse tombe du haut de l'arbre, épuisée par la vie. Le soleil dessèche, les pieds des passants écrasent le cadavre. Forban toujours en quête de butin, la Fourmi le rencontre. Elle dépèce la riche pièce, la dissèque, la cisaille, la réduit en miettes, qui vont grossir son amas de provisions. Il n'est pas rare de voir la Cigale agonisante, dont l'aile frémit encore dans la poussière, tiraillée, écartelée par une escouade d'équarrisseurs. Elle en est toute noire. Après ce trait de cannibalisme, la preuve est faite des vraies relations entre les deux insectes.

    L'Antiquité classique avait la Cigale en haute estime. Le Béranger hellène, Anacréon, lui consacre une ode où la louange est singulièrement exagérée. « Tu es presque semblable aux dieux », dit-il. Les raisons qu'il donne de cette apothéose ne sont pas des meilleures. Elles consistent en ces trois privilèges : γηγενής, ἀπαθής, ἀναιμόσαρκε (née de la terre, insensible à la douleur, chair dépourvue de sang). N'allons pas reprocher au poète ces erreurs, alors de croyance générale et perpétuées bien longtemps après, jusqu'à ce que se soit ouvert l'œil scrutateur de l'observation. D'ailleurs, en de petits vers où la mesure et l'harmonie font le principal mérite, on n'y regarde pas de si près.

    Même de nos jours, les poètes provençaux, familiers avec la Cigale tout autant qu'Anacréon, ne sont guère soucieux du vrai en célébrant l'insecte qu'ils ont pris pour emblème. Un de mes amis, fervent observateur et réaliste scrupuleux, échappe à ce reproche. Il m'autorise à extraire de son portefeuille la pièce provençale suivante, où sont mis en relief, avec pleine rigueur scientifique, les rapports de la Cigale et de la Fourmi. Je lui laisse la responsabilité de ses images poétiques et de ses aperçus moraux, fleurs délicates étrangères à mon terrain de naturaliste ; mais j'affirme la véracité de son récit, conforme à ce que je vois tous les étés sur les lilas de mon jardin. J'accompagne son œuvre d'une traduction, en bien des cas approximative, le français n'ayant pas toujours l'équivalent du terme provençal*.

LA CIGALO E LA FOURNIGO

I

Jour de Dièu, queto caud! Bèu tèms pèr la cigalo,
Que, trefoulido, se regalo
D'uno raisso do fiò ; bèu tèms pèr la meissoun.
Dins lis erso d'or, lou segaire,
Ren plega, pitre au vent, rustico e canto gaire :
Dins soun gousiè, la set estranglo la cansoun.

Tèms benesi pèr tu. Dounc, ardit! cigaleto,
Fai-lei brusi, ti chimbaleto,
E brandusso lou ventre à creba ti mirau.
L'Ome enterin mando la daio,
Que vai balin-balan de longo e que dardaio
L'uiau de soun acié sus li rous espigau.

LA CIGALE ET LA FOURMI

I

Jour de Dieu, quelle chaleur! Beau temps pour la cigale — qui, folle de joie, se régale — d'une averse de feu ; beau temps pour la moisson. — Dans les vagues d'or, le moissonneur, — reins ployés, poitrine au vent, travaille dur et ne chante guère : — dans son gosier, la soif étrangle la chanson.

Temps béni pour toi. Donc, hardi, Cigale mignonne, — fais-les bruire, tes petites cymbales, — et trémousse le ventre à crever tes miroirs. — L'homme cependant lance la faux, — qui va continuellement oscillante, fait rayonner — l'éclair de son acier sur les roux épis.

Plèn d'aigo pèr la péiro e tampouna d'erbiho
Lou coufié sus l'anco pendiho.
Se la péiro es au frès dins soun estui de bos
E se de longo es abèurado,
L'Ome barbelo au fiò d'aqueli souleiado
Que fan bouli de fes la mesoulo dis os.

Tu, Cigalo, as un biais pèr la set : dins la rusco
Tendro e jutouso d'uno busco,
L'aguio de toun bè cabusso e cavo un pous.
Lou sirò monto pèr la draio.
T'amourres à la fon melicouso que raio,
E dòu sourgènt sucra bèves lou teta-dous.

Mai pas toujour en pas, oh! que nàni : de laire,
Vesin, vesino o barrulaire,
T'an vist cava lou pous. An set ; vènon, doulènt,
Te prène un degout pèr si tasso.
Mesfiso-te, ma bello : aqueli curo-biasso,
Umble d'abord, soun lèu de gusas insoulènt.

Quiston un chicouloun de rèn ; pièi de ti resto
Soun plus countènt, ausson la testo
E volon tout. L'auran. Sis arpioun en rastèu

Pleine d'eau pour la pierre et tamponnée d'herbages, — la cuvette pendille sur la hanche. — Si la pierre est au frais dans son étui de bois, — sans cesse abreuvée, — l'homme halète au feu de ces coups de soleil — qui font bouillir parfois la moelle des os.

Toi, Cigale, tu as une ressource pour la soif : dans l'écorce — tendre et juteuse d'un rameau, — l'aiguille de ton bec plonge et fore un puits. — Le sirop monte par l'étroite voie. — Tu t'abouches à la fontaine mielleuse qui coule, — et du suitement sucré tu bois l'exquise lampée.

Mais pas toujours en paix, oh! que non : des larrons, — voisins, voisines ou vagabonds, — t'ont vue creuser le puits. Ils ont soif ; ils viennent, dolents, — te prendre une goutte pour leurs tasses. — Méfie-toi, ma belle : Ces vide-besace, — humbles d'abord, sont bientôt des gredins insolents.

Ils quêtent une gorgée de rien ; puis de tes restes — ils ne sont plus satisfaits, ils relèvent la tête — et veulent le tout. Ils l'auront.

La fable de *La Cigale et la Fourmi* vue par Grandville.

Te gatihoun lou bout de l'alo.
Sus ta larjo esquinasso es un mounto-davalo ;
T'aganton pèr lou bè, li bano, lis artèu ;

Tiron d'eici, d'eilà. L'impaciènci te gagno.
Pst! pst! d'un giscle de pissagno
Aspèrges l'assemblado e quites lou ramèu.
T'en vas bèn lieuen de la racaio,
Que t'a rauba lou pous, e ris, e se gougaio,
E se lipo li brego enviscado de mèu.

Or d'aqueli boumian abèura sens fatigo,
Lou mai tihous es la fournigo.
Mousco, cabrian, guespo e tavan embana,
Espeloufi de touto meno,
Costo-en-long qu'à toun pous lou souleias ameno,
N'an pas soun testardige à te faire enana.

Pèr t'esquicha l'artèu, te coutiga lou mourre,
Te pessuga lou nas, pèr courre
A l'oumbro de toun ventre, osco! degun la vau.
Lou marrit-péu prend pèr escalo
Uno patto e te monto, ardido, sus lis alo,
E s'espasso, insoulènto, e vai d'amont, d'avau.

Leurs griffes en râteau — te chatouillent le bout de l'aile. — Sur ta large échine, c'est un monte-descend ; — ils te saisissent par le bec, les cornes, les orteils ;

Ils tirent d'ici, de là. L'impatience te gagne. — Pst! pst! d'un jet d'urine — tu asperges l'assemblée et tu quittes le rameau. — Tu t'en vas bien loin de la racaille — qui t'a dérobé le puits, et rit, et se gaudit, — et se lèche les lèvres engluées de miel.

Or de ces bohémiens abreuvés sans fatigue, — le plus tenace est la fourmi. — Mouches, frelons, guêpes, scarabées cornus, — aigrefins de toute espèce, — fainéants qu'à ton puits le gros soleil amène, — n'ont pas son entêtement à te faire partir.

Pour te presser l'orteil, te chatouiller la face, — te pincer le nez, pour courir — à l'ombre de ton ventre, vraiment nul ne la vaut. — La coquine prend pour échelle — une patte et te monte, audacieuse, sur les ailes ; — elle s'y promène, insolente, et va d'en haut, d'en bas.

II

Aro veici qu'es pas de crèire.
Ancian tèms, nous dison li rèire,
Un jour d'ivèr, la fam te prenguè. Lou front bas
E d'escoundoun anères vèire,
Dins si grand magasin, la fournigo, eilàbas.

L'endrudido au soulèu secavo,
Avans de lis escoundre en cavo,
Si blad qu'aviè mousi l'eigagno de la niue.
Quand èron lest lis ensacavo.
Tu survènes alor, emé de plour is iue.

Ié disés : « Fai bèn fre ; l'aurasso
D'un caire à l'autre me tirasso
Avanido de fam. A toun riche mouloun
Leisso-me prène pèr ma biasso.
Te lou rendrai segur au bèu tèms di meloun.

« Presto-me un pau de gran. » Mai, bouto,
Se cresès que l'autro t'escouto,
T'enganes. Di gros sa, rèn de rèn sara tièu.
« Vai-t'en plus liuen rascla de bouto ;
Crebo de fam l'ivèr, tu que cantes l'estièu. »

II

Maintenant voici qui n'est pas à croire. — Autrefois, nous disent les anciens, — un jour d'hiver, la faim te prit. Le front bas — et en cachette, tu allas voir, — dans ses grands magasins, la fourmi, sous terre.

L'enrichie au soleil séchait, — avant de les cacher en cave, — ses blés qu'avait moisis la rosée de la nuit. — Quand ils étaient prêts, elle les mettait en sac. — Tu surviens alors, avec des pleurs aux yeux.

Tu lui dis : « Il fait bien froid ; la bise — d'un coin à l'autre me traîne — mourante de faim. A ton riche monceau — laisse-moi prendre pour ma besace. — Je te le rendrai, bien sûr, au beau temps des melons.

« Prête-moi un peu de grain. » Mais va, si tu crois que l'autre t'écoute, — tu te trompes. Des gros sacs, tu n'auras rien de rien. — « File plus loin, va racler des tonneaux ; — crève de faim l'hiver, toi qui chantes l'été! »

Ansin charro la fablo antico
Pèr nous counséia la pratico
Di sarro-piastro, urous de nousa li courdoun
De si bourso. — Que la coulico
Rousiguè la tripaio en aqueli coudoun!

Me fai susa, lou fabulisto,
Quand dis que l'ivèr vas en quisto
De mousco, verme, gran, tu que manges jama
De blad! Que n'en fariès, ma fisto!
As ta fon melicouso e demandes rèn mai.

Que t'enchau l'ivèr! Ta famiho
A la sousto en terro soumiho,
E tu dormes la som que n'a ges de revèi ;
Toun cadabre toumbo en douliho.
Un jour, en tafurant, la fournigo lou vèi.

De ta magro péu dessecado
La marriasso fai becado ;
Te curo lou perus, te chapouto à moucèu,
T'encafourno pèr car-salado,
Requisto prouvisioun, l'ivèr, en tèms de nèu.

Ainsi parle la fable antique — pour nous conseiller la pratique — des grippe-sous, heureux de nouer les cordons — de leurs bourses... Que la colique — ronge les entrailles à ces sots!

Il m'indigne, le fabuliste, — quand il dit que l'hiver tu vas en quête — de mouches, vermisseaux, grains, toi qui ne manges jamais. — Du blé! Qu'en ferais-tu, ma foi! — Tu as ta fontaine mielleuse, et tu ne demandes rien de plus.

Que t'importe l'hiver! Ta famille — à l'abri sous terre sommeille, — et tu dors le somme qui n'a pas de réveil. — Ton cadavre tombe en loques. — Un jour, en furetant, la fourmi le voit.

De ta maigre peau desséchée — la méchante fait curée ; — elle te vide la poitrine, elle te découpe en morceaux, — elle t'emmagasine pour salaison, — provision de choix, l'hiver, en temps de neige.

III

Vaqui l'istori veritablo
Bèn liuen dòu conte de la fablo.
Que n'en pensas, canèu de sort!
— O ramaissaire de dardeno,
Det croucu, boumbudo bedeno
Que gouvernas lou mounde emé lou coffre-fort,

Fasès courre lou bru, canaio,
Que l'artisto jamai travaio
E dèu pati, lou bedigas.
Teisas-vous dounc : quand di lambrusco
La Cigalo a cava la rusco,
Raubas soun bèure, e pièi, morto, la rousigas.

III

Voilà l'histoire véritable — bien loin du dire de la fable. — Qu'en pensez-vous, sacrebleu! — O ramasseurs de liards, — doigts crochus, bombées bedaines — qui gouvernez le monde avec le coffre-fort,

Vous faites courir le bruit, canaille, — que l'artiste jamais ne travaille — et qu'il doit pâtir, l'imbécile. — Taisez-vous donc : quand les lambrusques — la Cigale a foré l'écorce, — vous lui dérobez son boire, et puis, morte, vous la rongez.

En son expressif idiome provençal, ainsi parle mon ami, réhabilitant la Cigale calomniée par le fabuliste.

XIV

LA CIGALE. — LA SORTIE DU TERRIER

―――

Revenir après Réaumur sur l'histoire de la Cigale serait inutile, si le disciple n'avait un avantage inconnu du maître. Le grand historien recevait de ma région les matériaux de son étude ; il travaillait avec des documents venus par le coche et confits dans le trois-six*. Je vis, au contraire, en compagnie de la Cigale. Le mois de juillet venu, elle prend possession de l'enclos jusque sur le seuil de la maison. L'ermitage est propriété à deux. Je reste maître à l'intérieur ; mais, à l'extérieur, elle est maîtresse souveraine, abusive, assourdissante. Cet étroit voisinage, cette fréquence m'ont permis d'entrer dans certains détails auxquels Réaumur ne pouvait songer.

Vers le solstice d'été paraissent les premières Cigales. Sur les sentiers de fréquent passage, calcinés par le soleil, durcis par le piétinement, s'ouvrent, au niveau du sol, des orifices ronds où pourrait s'engager le pouce. Ce sont les trous de sortie des larves de Cigale, qui remontent des profondeurs pour venir se transformer à la surface. On en voit un peu partout, sauf dans les terrains remués par la culture. Leur emplacement habituel est aux expositions les plus chaudes et les plus arides, en particulier au bord des chemins. Puissamment outillée pour traverser au besoin le tuf et l'argile cuite, la larve, sortant de terre, affectionne les points les plus durs.

Une allée du jardin, convertie en petit Sénégal par la réverbération d'un mur exposé au midi, abonde en trous de sortie. Dans les derniers jours de juin, je procède à l'examen de ces puits récemment abandonnés. Le sol est si compact qu'il me faut le pic pour l'attaquer.

Les orifices sont ronds, avec un diamètre de deux centimètres et demi à peu près. Autour de ces orifices, absolument aucun déblai, aucune taupinée de terre refoulée au-dehors. Le fait est constant : jamais trou de Cigale n'est surmonté d'un amas, comme le sont les terriers des Géotrupes, autres vaillants excavateurs. La marche du travail rend compte de cette différence. Le Bousier progresse de l'extérieur à l'intérieur ; il commence ses fouilles par l'embouchure du puits, ce qui lui permet de remonter et d'amonceler à la surface les matériaux extraits. La larve de la Cigale, au contraire, va de l'intérieur à l'extérieur ; elle ouvre en dernier lieu la porte de sortie, qui, libre seulement à la fin du travail, ne peut servir au débarras. Le premier entre et sur le seuil du logis dresse une taupinée ; la seconde sort sans pouvoir rien accumuler sur un seuil qui n'existe pas encore.

Le canal de la Cigale descend à quatre décimètres environ. Il est cylindrique, un peu tortueux suivant les exigences du terrain, et toujours rapproché de la verticale, direction de moindre trajet. Il est parfaitement libre dans toute sa longueur. Vainement on cherche les déblais que pareille excavation suppose ; on n'en voit nulle part. Ce canal se termine en cul-de-sac, en loge un peu plus spacieuse, à parois unies, sans le moindre vestige de communication avec une galerie quelconque, prolongement du puits.

D'après sa longueur et son diamètre, l'excavation représente un volume d'environ deux cents centimètres cubes. Qu'est devenue la terre enlevée ? Forés dans un milieu très aride et très friable, le puits et la loge du fond devraient avoir des parois poudreuses, d'éboulement facile, si rien autre n'était intervenu que le travail de perforation. Ma surprise n'est pas petite de trouver, au contraire, des surfaces badigeonnées, crépies avec une bouillie de terre argileuse. Elles ne sont pas précisément lisses, il s'en faut de beaucoup, mais enfin leurs âpretés sont noyées sous une couche d'enduit ; leurs matériaux croulants, imprégnés d'agglutinatif, sont maintenus en place.

Larve de Cigale.

La larve peut aller et venir, remonter au voisinage de la surface, redescendre dans son refuge du fond, sans amener, sous ses pattes griffues, des éboulements qui encombreraient le tube, rendraient pénible l'ascension, impraticable la retraite. Le mineur étançonne avec des pieux et des traverses les parois de ses galeries ; le constructeur de voies ferrées souterraines maintient ses tunnels avec un revêtement de maçonnerie ; ingénieur non moins avisé, la larve de Cigale cimente son canal, toujours libre malgré la durée du service.

Si je surprends la bête au moment où elle émerge du sol pour gagner un rameau voisin et s'y transformer, je la vois aussitôt faire prudente retraite et redescendre, sans le moindre embarras, au fond de sa galerie, preuve que, même sur le point d'être abandonnée pour toujours, la demeure ne s'encombre pas de déblais.

Le tube d'ascension n'est pas une œuvre improvisée à la hâte dans l'impatience de venir au soleil ; c'est un vrai manoir, une demeure où la larve doit faire long séjour. Ainsi le disent les murailles badigeonnées. Telle précaution serait inutile pour une simple issue abandonnée aussitôt que perforée. A n'en pas douter, il y a là une sorte d'observatoire météorologique où se prend connaissance du temps qu'il fait au dehors. Sous terre, à la profondeur d'une brassée et plus, la larve, mûre pour la sortie, ne peut guère juger si les conditions climatologiques sont bonnes. Son climat souterrain, trop lentement variable, ne saurait lui fournir les indications précises que réclame l'acte le plus important de la vie, la venue au soleil pour la métamorphose.

Patiemment, des semaines, des mois peut-être, elle creuse, déblaye, raffermit une cheminée verticale, en respectant à la surface, pour s'isoler du dehors, une couche d'un travers de doigt d'épaisseur. Au bas, elle se ménage un réduit mieux soigné que le reste. C'est là son refuge, sa loge d'attente, où elle repose si les renseignements pris lui conseillent de différer l'émigration. Au moindre pressentiment des belles journées, elle grimpe là-haut, elle ausculte l'extérieur à travers le peu de terre formant couvercle, elle s'informe de la température et de l'hygrométrie de l'air.

Si les choses ne vont pas à souhait, s'il y a menace d'une ondée, d'un coup de bise, événements de mortelle gravité quand se fait l'excoriation de la tendre Cigale, la prudente redescend au fond du tube pour attendre encore. Si l'état atmosphérique est, au contraire, favorable, le plafond est abattu en quelques coups de griffe, et la larve émerge du puits.

Tout semble l'affirmer : la galerie de la Cigale est une salle d'attente, un poste météorologique où la larve longtemps séjourne, tantôt se hissant au voisinage de la surface pour s'enquérir de la climatologie extérieure, tantôt gagnant les profondeurs pour mieux s'abriter. Ainsi s'expliquent l'opportunité d'un reposoir à la base et la nécessité d'un enduit fixateur sur des parois que de continuelles allées et venues ne manqueraient pas de faire crouler.

Ce qui s'explique moins aisément, c'est la disparition complète des déblais correspondant à l'excavation. Que sont devenus les deux cents centimètres cubes de terre fournis en moyenne par un puits? Il n'y a rien au-dehors qui les représente ; rien non plus au-dedans. Et puis, de quelle façon, dans un sol aride comme cendre, est obtenue la bouillie dont les parois sont enduites?

Les larves qui rongent le bois, celles du Capricorne et des Buprestes, par exemple, sembleraient devoir répondre à la première question. Elles progressent dans un tronc d'arbre, elles y creusent des galeries en mangeant la matière de la voie ouverte. Détachée parcelle à parcelle par les mandibules, cette matière est digérée. Elle traverse d'un bout à l'autre le corps du pionnier, cède en passant ses maigres principes nutritifs, et s'accumule en arrière en obstruant à fond la voie où le ver ne doit plus repasser. Le travail d'extrême division, soit par les mandibules, soit par l'estomac, permet dans les matériaux digérés un tassement supérieur à celui du bois intact, et de là résulte, en avant de la galerie, un vide, une loge où la larve travaille, loge très réduite en longueur, juste suffisante aux manœuvres de l'incarcérée.

Ne serait-ce pas de façon analogue que la larve de la Cigale fore son canal? Certes, les déblais d'excavation ne lui passent pas à travers le corps; la terre, fût-elle l'humus le plus souple, n'entre absolument pour rien dans sa nourriture. Mais enfin, les matériaux enlevés ne seraient-ils pas tout simplement rejetés en arrière à mesure que le travail progresse?

La Cigale reste quatre années en terre. Cette longue vie ne se passe pas, bien entendu, au fond du puits que nous venons de décrire, gîte de préparation pour la sortie. La larve y vient d'ailleurs, d'assez loin sans doute. C'est une vagabonde, allant d'une racine à l'autre s'implanter son suçoir. Quand elle se déplace, soit pour fuir les hautes couches trop froides en hiver, soit pour s'installer en meilleure buvette, elle se fraye un chemin en rejetant en arrière les matériaux ébranlés par le croc de ses pics. Cette méthode est incontestable.

Comme aux larves du Capricorne et des Buprestes, il suffit à la voyageuse d'avoir autour d'elle le peu d'espace libre que nécessitent ses mouvements. Des terres humides, molles, aisément compressibles, sont pour elle ce qu'est pour les autres la bouillie digérée. Cela se tasse sans difficulté, cela se condense et laisse place vacante.

La difficulté est d'un autre ordre, avec le puits de sortie dans un milieu très sec, éminemment rebelle à la compression tant que se maintiendra son aridité. Que la larve, commençant l'excavation de son couloir, ait rejeté en arrière, dans une galerie antérieure maintenant disparue, une partie des matériaux fouillés, c'est assez probable, bien que rien dans l'état des choses ne l'affirme ; mais si l'on considère la capacité du puits et l'extrême difficulté de trouver place pour d'aussi volumineux déblais, le doute vous reprend, et l'on se dit : « A ces déblais, il fallait un spacieux vide, obtenu lui-même par le déplacement d'autres décombres non moins difficultueux à loger. La place à faire en suppose une autre où seront refoulées les terres extraites. » On tourne ainsi dans un cercle vicieux, le seul tassement de matières poudreuses rejetées en arrière ne suffisant pas à l'explication d'un vide aussi considérable. Pour se débarrasser des terres encombrantes, la Cigale doit avoir une méthode spéciale. Essayons de lui dérober son secret.

Examinons une larve au moment où elle émerge du sol. Elle est presque toujours plus ou moins souillée de boue, tantôt fraîche et tantôt desséchée. Les outils de fouille, les pattes antérieures ont la pointe de leur pic noyée dans un globule de limon ; les autres portent gantelet boueux ; le dos est maculé d'argile. On dirait un égoutier qui vient de remuer la vase. Ces souillures

Nymphe de Cigale.

sont d'autant plus frappantes que l'animal sort d'un terrain très sec. On s'attendait à le voir poudreux, on le trouve crotté.

Encore un pas dans cette voie, et le problème du puits est résolu. J'exhume une larve quand elle travaille à sa galerie de sortie. Le hasard des fouilles me vaut de loin en loin cette bonne fortune, après laquelle il serait inutile de courir, lorsque rien en dehors ne guide les recherches. L'heureuse trouvaille en est à ses débuts d'excavation. Un pouce de canal, libre de tout décombre, et au fond la chambre de repos, voilà pour le moment tout l'ouvrage. En quel état est l'ouvrière ? Voici.

La larve est d'une coloration bien plus pâle que celles que je prends à leur sortie. Les yeux, si gros, sont en particulier blanchâtres, nébuleux, louches, non aptes à voir apparem-

ment. A quoi bon la vue sous terre? Ceux des larves issues
du sol sont, au contraire, noirs, luisants, et dénotent
l'aptitude à la vision. Apparue au soleil, la future Cigale
doit rechercher, parfois assez loin du trou de sortie, le
rameau de suspension où se fera la métamorphose; y voir
lui est alors d'utilité manifeste. Il suffit de cette maturité
de la vue accomplie pendant les préparatifs de la délivrance,
pour nous montrer que la larve, loin d'improviser à la hâte
son canal d'ascension, y travaille longtemps.

En outre, la larve pâle et aveugle est plus volumineuse
qu'à l'état mûr. Elle est gonflée de liquide et comme atteinte
d'hydropisie. Saisie entre les doigts, elle laisse suinter à
l'arrière une humeur limpide qui lui humecte tout le corps.
Ce fluide, évacué par l'intestin, est-il un produit de la
sécrétion urinaire? Est-il le simple résidu d'un estomac
uniquement nourri de sève? Je ne déciderai pas, me
bornant à l'appeler urine, pour les commodités du langage.

Eh bien, cette fontaine d'urine, voilà le mot de l'énigme.
A mesure qu'elle avance et qu'elle fouille, la larve arrose
les matériaux poudreux et les convertit en pâte, aussitôt
appliquée contre les parois par la pression de l'abdomen.
A l'aridité première succède la plasticité. La boue obtenue
pénètre dans les interstices d'un sol grossier; la partie la
mieux délayée s'infiltre avant; le reste se comprime, se
tasse, en occupant les intervalles vides. Aussi s'obtient une
galerie libre, sans déblais aucuns, parce que les décombres
poudreux sont utilisés sur place en mortier plus compact,
plus homogène que le terrain traversé.

La larve travaille donc au sein d'une fange glaiseuse, et
telle est la cause de ses souillures, si étonnantes quand on
la voit sortir d'un sol sec à l'excès. L'insecte parfait,
quoique affranchi désormais de toute corvée de mineur, ne
renonce pas en plein à l'outre urineuse; des restes en sont
conservés comme moyen de défense. Observé de trop près,
il lance à l'importun un jet d'urine et brusquement
s'envole. Sous ses deux formes, la Cigale, malgré son
tempérament sec, est un irrigateur émérite.

Tout hydropique qu'elle est, la larve ne peut avoir assez de liquide pour humecter et convertir en boue aisément compressible la longue colonne de terre qui doit s'évider en canal. Le réservoir s'épuise, et la provision doit se renouveler. Où et comment? Je crois l'entrevoir.

Les quelques puits mis à découvert dans toute leur longueur, avec les soins minutieux que pareille fouille exige, me montrent au fond, incrustée dans la paroi de la loge terminale, une racine vivante, parfois de la grosseur d'un crayon, parfois du calibre d'une paille. La partie visible de cette racine est de faible étendue, quelques millimètres à peine. Le reste s'engage dans la terre environnante. Est-ce rencontre fortuite que cette source de sève? Est-ce recherche spéciale de la part de la larve? J'incline vers la seconde alternative, tant se répète la présence d'une radicelle, au moins lorsque ma fouille est bien conduite.

Oui : la Cigale creusant sa loge, amorce de la future cheminée, recherche le voisinage immédiat d'une petite racine fraîche ; elle en met à nu une certaine portion, qui continue la paroi sans faire saillie. Ce point vivant de la muraille, voilà, je le pense, la fontaine où se renouvelle, à mesure qu'il en est besoin, la provision de l'outre urineuse. Son réservoir est-il tari par la conversion d'une aride poussière en boue, le mineur descend dans sa loge, il implante son suçoir, et copieusement s'abreuve à la tonne encastrée dans le mur. Le bidon bien garni, il remonte. Il reprend l'ouvrage, humectant le dur pour mieux l'abattre de la griffe, réduisant les décombres en boue pour les tasser autour de lui et obtenir passage libre. Ainsi doivent se passer les choses. En l'absence de l'observation directe, ici impraticable, la logique et les circonstances l'affirment.

Si le baril de la racine fait défaut, si, de plus, le réservoir de l'intestin est épuisé, qu'adviendra-t-il? L'expérience suivante va nous le dire. — Une larve est prise sortant du sol. Je la mets au fond d'une éprouvette et la couvre d'une colonne de terre aride, médiocrement tassée. Cette colonne a un décimètre et demi de hauteur. La larve vient d'abandonner une excavation trois fois plus longue, dans un sol de même nature, mais de résistance bien supérieure. Maintenant ensevelie sous ma courte colonne poudreuse, sera-t-elle capable de remonter à la surface? Si la vigueur suffisait, l'issue serait certaine. Pour qui vient de trouer un terrain dur, que peut être un obstacle sans consistance?

Des doutes cependant me prennent. Pour abattre l'écran qui la séparait encore du dehors, la larve a dépensé ses dernières réserves en liquide. L'outre est à sec, et nul moyen de la remplir en l'absence d'une racine vivante. Mes soupçons de l'insuccès sont fondés. Pendant trois jours, en effet, je vois l'ensevelie s'exténuer en efforts sans parvenir à remonter d'un pouce. Les matériaux remués, impossibles à maintenir en place faute de liant, aussitôt écartés, s'éboulent et reviennent sous les pattes. Travail sans résultat sensible, toujours à recommencer. Le quatrième jour, la bête périt.

Avec le bidon plein, le résultat est tout autre. Je soumets à la même épreuve une larve dont les travaux de libération commencent. Elle est toute gonflée d'humeur urineuse qui suinte et lui humecte le corps. Pour elle, la besogne est aisée. Les matériaux n'offrent presque pas de résistance. Un peu d'humidité, fournie par l'outre du mineur, les convertit en boue, les agglutine et les maintient à distance. Le canal s'ouvre, très irrégulier, il est vrai, et presque comblé en arrière à mesure que l'ascension progresse. On dirait que l'animal, reconnaissant l'impossibilité de renouveler sa provision de liquide, économise le peu qu'il possède et n'en dépense que le strict nécessaire pour sortir au plus vite d'un milieu étranger à ses habitudes. La parcimonie est si bien conduite, que l'insecte gagne la surface au bout d'une dizaine de jours.

XV

LA CIGALE. — LA TRANSFORMATION

La porte de sortie est franchie, abandonnée toute béante, semblable au trou pratiqué par une grosse vrille. Quelque temps la larve erre dans le voisinage, à la recherche d'un appui aérien, menue broussaille, touffe de thym, chaume de graminée, brindille d'arbuste. C'est trouvé. Elle y grimpe et s'y cramponne solidement, la tête en haut, avec les harpons des pattes antérieures qui se ferment et ne lâchent plus. Les autres pattes, si les dispositions du rameau le permettent, prennent part à la sustentation ; dans le cas contraire, les deux crocs suffisent. Suit un moment de repos pour permettre aux bras suspenseurs de se raidir en appuis inébranlables.

Le mésothorax se fend le premier sur la ligne médiane du dos. Les bords de la fente lentement s'écartent et laissent voir la couleur vert tendre de l'insecte. Presque aussitôt, le prothorax se fend aussi. La scissure longitudinale gagne en haut l'arrière de la tête, et en bas le métathorax*, sans se propager plus loin. En travers et au-devant des yeux, l'enveloppe crânienne se rompt, et apparaissent les stemmates** rouges. La partie verte mise à découvert par ces ruptures se gonfle et fait hernie surtout sur le mésothorax. Il y a là de lentes palpitations, des gonflements et dégonflements alternatifs dus à l'afflux et au reflux du sang***.

Cette hernie, travaillant d'abord invisible, voilà le coin qui a fait éclater la cuirasse suivant deux lignes cruciales de moindre résistance.

La décortication fait de rapides progrès. Maintenant la tête est libre. Le rostre, les pattes antérieures sortent peu à peu de leurs fourreaux. Le corps est horizontal, avec la face ventrale en haut. Sous la carapace, largement bâillante, apparaissent les pattes postérieures, les dernières dégagées. Les ailes se gonflent d'humeur*. Chiffonnées encore, elles ressemblent à des moignons courbés en arc. Dix minutes ont suffi pour cette première phase de la transformation.

Cigale sortant de sa nymphe.

Reste la seconde, de plus longue durée. L'insecte est en entier libre, moins le bout de l'abdomen, toujours engagé dans son étui. La dépouille continue d'enlacer solidement le rameau. Devenue rigide par une prompte dessiccation, elle conserve, invariable, l'attitude prise au début. C'est la base d'appui pour ce qui va suivre.

Retenue à la défroque par le bout de l'abdomen non encore extrait, la Cigale se renverse suivant la verticale, la tête en bas. Elle est d'un vert pâle, nuancé de jaune. Les ailes, jusqu'ici condensées en épais moignons, se redressent, se déploient, s'étalent par l'afflux du liquide qui les gorge. Cette lente et délicate opération terminée, la Cigale, d'un mouvement presque insensible, se redresse à la force des reins et reprend la station normale, la tête en haut. Les pattes antérieures s'accrochent à la dépouille vide, et finalement le bout du ventre est extrait de son étui. L'arrachement est terminé. En tout, le travail a exigé une demi-heure.

Voilà l'insecte en plein hors de son masque, mais combien différent de ce qu'il sera tout à l'heure! Les ailes sont lourdes, humides, hyalines, avec les nervures d'un vert tendre. Le prothorax et le mésothorax sont à peine nuagés de brun. Tout le reste du corps est d'un vert pâle, blanchâtre par places. Un bain prolongé d'air et de chaleur est nécessaire pour raffermir et colorer la frêle créature*. Deux heures se passent environ sans amener de changement sensible. Appendue à sa dépouille par les seules griffes d'avant, la Cigale oscille au moindre souffle, toujours débile, toujours verte. Enfin le rembrunissement se déclare, s'accentue et rapidement s'achève. Une demi-heure a suffi. Hissée au rameau de suspension à neuf heures du matin, la Cigale s'envole, sous mes yeux, à midi et demi.

La défroque reste, intacte moins sa fissure, et si solidement accrochée que les intempéries de l'arrière-saison ne parviennent pas toujours à la faire choir. Pendant des mois encore, même pendant l'hiver, très fréquemment se rencontrent de vieilles dépouilles, appendues aux broussailles dans l'exacte pose qu'avait prise la larve au moment de se transformer. Une nature coriace, rappelant le parchemin sec, en fait des reliques de longue durée.

Revenons un moment sur la gymnastique qui permet à la Cigale de sortir de son fourreau. D'abord, retenue par le bout du ventre, qui reste engagé le dernier dans son étui, la Cigale se renverse suivant la verticale, la tête en bas. Cette culbute lui permet de libérer les ailes et les pattes quand déjà la tête et la poitrine ont apparu au-dehors en crevant la cuirasse sous la poussée d'une hernie. Vient le moment de libérer l'extrémité du ventre, pivot de ce renversement. A cet effet, l'insecte, par un laborieux effort d'échine, se redresse, ramène la tête en haut, et de ses griffes antérieures s'accroche à la dépouille. Un nouvel appui est obtenu, qui permet de sortir de sa gaine le bout de l'abdomen.

Ainsi deux moyens de sustentation : d'abord l'extrémité du ventre, et puis les griffettes d'avant ; deux mouvements principaux : en premier lieu la culbute en bas, en second lieu le retour à la station normale. Cette gymnastique exige que la larve se fixe sur un rameau, la tête en haut, et qu'elle ait au-dessous espace libre. Si, par mes artifices, ces conditions manquent, qu'adviendra-t-il? C'était à voir.

Avec un fil noué à l'extrémité de l'une des pattes postérieures, je suspens la larve dans l'atmosphère tranquille d'une éprouvette. C'est un fil à plomb dont rien ne viendra troubler la verticale. Dans cette position insolite qui lui met la tête en bas alors que l'approche de la transformation l'exige en haut, la malheureuse bête longtemps gigote, se démène, s'efforçant de se retourner et de saisir avec les crocs antérieurs soit le fil de suspension, soit l'une de ses pattes d'arrière. Quelques-unes y parviennent, se redressent tant bien que mal, se fixent à leur guise malgré la difficulté de l'équilibre et se transforment sans autre encombre.

D'autres s'exténuent en vain. Le fil n'est pas saisi, la tête n'est pas ramenée en haut. Alors la métamorphose ne s'accomplit pas. Parfois la rupture dorsale se fait, laissant à nu le mésothorax gonflé en hernie, mais l'énucléation ne progresse pas davantage, et l'animal ne tarde pas à périr. Plus souvent encore la larve meurt intacte, sans la moindre fissure.

Autre épreuve. Je mets la larve dans un bocal avec mince lit de sable qui rend la progression possible. L'animal chemine, mais ne peut se hisser nulle part : la paroi glissante du verre s'y oppose. Dans ces conditions la captive périt sans essayer de se transformer. A cette fin misérable je connais des exceptions : j'ai vu parfois la larve se métamorphoser régulièrement sur un lit de sable, grâce à des particularités d'équilibre bien difficiles à démêler. En somme, si la station normale ou quelque chose d'approchant est impossible, la métamorphose n'a pas lieu, et l'insecte succombe. Telle est la règle générale.

Ce résultat semble nous dire que la larve est apte à réagir contre les forces qui la travaillent aux approches de la transformation*. Arrivées à maturité, une silique de chou, une gousse de pois, invariablement éclatent pour libérer leurs graines. La larve de Cigale, sorte de silique contenant, en guise de graine, l'insecte parfait, peut maîtriser sa déhiscence, la différer à un moment plus opportun, et même la supprimer en plein, si les circonstances sont défavorables. Violentée par l'intime révolution qui se fait dans son être sur le point de se transfigurer, mais avertie par l'instinct que les conditions sont mauvaises, la bête désespérément résiste et meurt plutôt que de s'ouvrir.

En dehors des épreuves que ma curiosité lui fait subir, je ne vois pas que la larve de Cigale soit exposée à périr de cette façon. Une broussaille quelconque se trouve toujours à proximité du trou de sortie. L'exhumée y grimpe, et quelques minutes suffisent pour que la gousse animale se fende sur le dos. Cette rapidité de l'éclosion a été souvent, en mes études, une source d'ennuis. Une larve se présente sur les collines voisines. Je la surprends en train de se fixer au rameau. Ce serait, chez moi, intéressant sujet d'observation. Je la mets dans un cornet de papier avec la brindille qui la porte et je me hâte de rentrer. Un quart d'heure suffit à mon retour. Peine perdue : à mon arrivée, la Cigale verte est presque libre. Je ne verrai pas ce que je tenais à voir. Il m'a fallu renoncer à ce moyen d'information et recourir uniquement aux trouvailles que la bonne fortune m'offrait à quelques pas de ma porte.

Tout est dans tout, comme le disait en son temps le pédagogue Jacotot*. La promptitude de la métamorphose nous conduit à une question de cuisine. D'après Aristote, les Cigales étaient un mets très estimé des Grecs. Le texte du grand naturaliste m'est inconnu : ma bibliothèque de villageois ne possède pas telle richesse. D'aventure j'ai sous les yeux un vénérable bouquin excellent pour me renseigner. C'est le commentaire de Dioscoride par Matthiole**. Erudit de haute valeur, Matthiole doit très bien connaître son Aristote. Il m'inspire pleine confiance***.

Or il dit : *Mirum non est quod dixerit Aristoteles, cicadas esse gustu suavissimas antequam tettigomettrae rumpatur cortex.* Sachant que *tettigometra*, ou mère de la Cigale, est l'antique expression usitée pour désigner la larve, on voit que, d'après Aristote, les Cigales sont de saveur exquise avant que soit rompue l'écorce ou enveloppe de la tettigomètre.

Ce détail de l'écorce non rompue nous apprend en quel temps doit se faire la récolte de la délicieuse bouchée. Ce ne peut être en hiver, pendant les profondes fouilles culturales, car alors n'est nullement à craindre l'éclosion de la larve. On ne recommande pas une précaution tout à fait inutile. C'est donc en été, à l'époque de la sortie de la terre, lorsque les larves peuvent se rencontrer une par une, en cherchant bien, à la surface du sol. Voilà le vrai et l'unique moment de prendre garde à ce que l'écorce ne soit pas rompue. C'est le moment aussi de se hâter dans la récolte et dans les apprêts culinaires : en quelques minutes l'écorce éclatera.

L'antique renommée culinaire, l'appétissante épithète *suavissima gustu*, sont-elles méritées? L'occasion est excellente, profitons-en : remettons en honneur, s'il y a lieu, le mets vanté par Aristote. Rondelet, le savant ami de Rabelais, se fit gloire de retrouver le *garum*, la célèbre sauce faite avec des entrailles de poissons pourris. Ne serait-il pas méritoire de rendre les tettigomètres aux gourmets?

Une matinée de juillet, quand le soleil déjà brûlant engage les larves de Cigale à sortir de terre, toute la maisonnée se met en recherches, grands et petits. Nous sommes cinq à explorer l'enclos, les bords des allées surtout, points les plus riches. Pour éviter la rupture de l'écorce, à mesure qu'une larve est trouvée, je la plonge dans un verre d'eau. L'asphyxie arrêtera le travail de transformation. Au bout de deux heures d'une perquisition attentive, qui nous fait à tous ruisseler le front de sueur, me voilà muni de quatre larves, pas plus. Elles sont mortes ou mourantes dans leur bain préservateur ; mais qu'importe, destinées qu'elles sont à devenir friture!

La préparation est des plus simples, afin d'altérer le moins possible cette saveur qu'on dit exquise : quelques gouttes d'huile, une pincée de sel, un peu d'oignon, et voilà tout. La *Cuisinière bourgeoise* n'a pas recette plus sommaire. Au dîner, entre tous les chasseurs la friture se partage.

A l'unanimité, c'est reconnu mangeable. Il est vrai que nous sommes gens de bon appétit et d'estomac sans préjugé aucun. Cela possède même un petit goût de crevette qui se retrouverait, plus accentué encore, dans une brochette de criquets. Mais c'est coriace en diable, pauvre de suc, un vrai morceau de parchemin à mâcher. Je ne recommanderai à personne le mets glorifié par Aristote.

Certes, le célèbre historien des animaux était en général magnifiquement renseigné. Son royal élève lui faisait parvenir de l'Inde, si mystérieuse alors, les curiosités les plus frappantes pour des yeux macédoniens ; des caravanes lui amenaient l'éléphant, la panthère, le tigre, le rhinocéros, le paon, dont il donnait fidèle description. Mais, en Macédoine même, l'insecte ne lui était connu que par l'intermédiaire du paysan, l'acharné remueur de glèbe, qui rencontrait la tettigomètre sous sa bêche et savait avant tous qu'il en sort une Cigale. Dans son immense entreprise, Aristote faisait donc un peu ce que devait faire plus tard Pline, avec beaucoup plus de naïve crédulité. Il écoutait les bavardages de la campagne et les enregistrait comme documents véridiques.

Partout le paysan est malin. Il se gausse volontiers des vétilles que nous appelons science ; il rit de qui s'arrête devant une bestiole de rien ; il s'esclaffe s'il nous voit ramasser un caillou, l'examiner, le mettre dans la poche. Le paysan grec excellait dans ce travers. Il dit au citadin : la tettigomètre est un mets des dieux, de saveur incomparable, *suavissima gustu*. Mais, en alléchant le naïf par une hyperbolique louange, il le mettait dans l'impossibilité de satisfaire sa convoitise, puisque, condition essentielle, il fallait récolter le délicieux morceau avant la rupture de la coque.

Allez donc, en vue d'un plat suffisamment copieux, faire cueillette de quelques poignées de tettigomètres sortant de terre, lorsque mon escouade de cinq personnes, sur un terrain riche en Cigales, a mis deux heures pour trouver quatre larves. Prenez bien garde surtout à ce que l'écorce ne soit pas rompue pendant vos recherches, qui dureront des jours et des jours, lorsque cette rupture se fait en quelques minutes. Aristote, m'est avis, n'a jamais goûté friture de tettigomètres ; ma cuisine en témoigne. Il répète de bonne foi quelque plaisanterie rurale. Son mets divin est une horreur.

Ah! la belle collection que je pourrais faire, à mon tour, sur le compte de la Cigale, si j'écoutais tout ce que me disent les paysans, mes voisins. Citons un trait, un seul, de son histoire à la campagne.

Êtes-vous affligé de quelque infirmité rénale, êtes-vous ballonné par l'hydropisie, avez-vous besoin d'un énergique dépuratif? La pharmacopée villageoise, unanime en ce sujet, vous propose la Cigale comme remède souverain. L'insecte sous sa forme adulte est recueilli en été. On en fait des chapelets, qui, desséchés au soleil, se conservent précieusement en un coin de l'armoire. Une ménagère croirait manquer de prudence si elle laissait passer le mois de juillet sans enfiler sa provision.

Survient-il quelque irritation néphrétique, quelque embarras des voies urinaires? Vite la tisane aux Cigales. Rien, dit-on, n'est aussi efficace. Je rends grâce à la bonne âme qui dans le temps, m'a-t-on raconté depuis, m'a fait prendre à mon insu pareil breuvage pour un malaise quelconque, mais je reste profondément incrédule. Ce qui me frappe, c'est de trouver le même remède préconisé déjà par le vieux médecin d'Anazarba. Dioscoride nous dit : *Cicadæ, quæ inassatæ manduntur, vesicæ doloribus prosunt*[*]. Depuis les temps reculés de ce patriarche de la matière médicale, le paysan provençal a conservé sa foi au remède que lui ont révélé les Grecs venus de Phocée avec l'olivier, le figuier et la vigne. Une seule chose est changée : Dioscoride conseille de manger les Cigales rôties ; maintenant on les utilise bouillies, on les prend en décoction.

L'explication qu'on donne des propriétés diurétiques de l'insecte est merveilleuse de naïveté. La Cigale, chacun le sait ici, part en lançant à la face de qui veut la saisir un brusque jet de son urine. Donc elle doit nous transmettre ses vertus évacuatrices. Ainsi devaient raisonner Dioscoride et ses contemporains, ainsi raisonne encore le paysan de Provence.

Ô braves gens! Que serait-ce si vous connaissiez les vertus de la tettigomètre, capable de gâcher du mortier avec son urine pour se bâtir une station météorologique! Vous en seriez à l'hyperbole de Rabelais qui nous montre Gargantua assis sur les tours de Notre-Dame et noyant, du déluge de sa puissante vessie, tant de mille badauds parisiens, sans compter les femmes et les petits enfants.

XVI

LA CIGALE. — LE CHANT

De son propre aveu, Réaumur n'a jamais entendu chanter la Cigale ; il n'en a jamais vu de vivante. L'insecte lui arrivait des environs d'Avignon dans de l'eau-de-vie chargée de sucre. En ces conditions, suffisantes pour l'anatomiste, pouvait se donner une exacte description de l'organe sonore. Le maître n'y a pas manqué : son œil clairvoyant a très bien démêlé la structure de l'étrange boîte à musique, si bien que son étude est devenue la source où puise quiconque veut dire quelques mots sur le chant de la Cigale.

Après lui la moisson est faite ; restent seuls à glaner quelques épis dont le disciple espère faire une gerbe. J'ai à l'excès ce qui manquait à Réaumur : j'entends bruire plus que je ne le désirerais l'étourdissant symphoniste ; aussi obtiendrai-je peut-être quelques vues nouvelles en un sujet qui semble épuisé. Reprenons donc la question du chant de la Cigale, ne répétant des données acquises que le nécessaire à la clarté de mon exposition.

Dans mon voisinage, je peux faire récolte de cinq espèces de Cigales, savoir : *Cicada plebeja* Lin. ; *Cicada orni* Lin. ; *Cicada hematodes* Lin. ; *Cicada atra* Oliv. ; et *Cicada pygmœa* Oliv. Les deux premières sont extrêmement communes ; les trois autres sont des raretés, à peine connues des gens de la campagne. La Cigale commune est la plus grosse des cinq, la plus populaire et celle dont l'appareil sonore est habituellement décrit.

Sous la poitrine du mâle, immédiatement en arrière des pattes postérieures, sont deux amples plaques semi-circulaires, chevauchant un peu l'une sur l'autre, celle de droite sur celle de gauche. Ce sont les volets, les couvercles, les étouffoirs, enfin les *opercules* du bruyant appareil. Soulevons-les. Alors s'ouvrent, l'une à droite, l'autre à gauche, deux spacieuses cavités connues en Provence sous le nom de chapelle *(li capello)*. Leur ensemble forme l'église *(la glèiso)*. Elles sont limitées en avant par une membrane d'un jaune crème, fine et molle ; en arrière par une pellicule aride, irisée ainsi qu'une bulle de savon et dénommée miroir en provençal *(mirau)*.

Appareil musical de la Cigale mâle.

L'église, les miroirs, les couvercles sont vulgairement considérés comme les organes producteurs du son. D'un chanteur qui manque de souffle, on dit qu'il a les miroirs crevés *(a li mirau creba)*. Le langage imagé le dit aussi du poète sans inspiration. L'acoustique dément la croyance populaire. On peut crever les miroirs, enlever les opercules d'un coup de ciseaux, dilacérer la membrane jaune antérieure, et ces mutilations n'abolissent pas le chant de la Cigale ; elles l'altèrent simplement, l'affaiblissent un peu. Les chapelles sont des appareils de résonance. Elles ne produisent pas le son, elles le renforcent par les vibrations de leurs membranes d'avant et d'arrière ; elles le modifient par leurs volets plus ou moins entr'ouverts.

Le véritable organe sonore est ailleurs et assez difficile à trouver pour un novice. Sur le flanc externe de l'une et l'autre chapelle, à l'arête de jonction du ventre et du dos, bâille une boutonnière délimitée par des parois cornées et masquée par l'opercule rabattu. Donnons-lui le nom de *fenêtre*. Cette ouverture donne accès dans une cavité ou *chambre sonore* plus profonde que la chapelle voisine, mais d'ampleur bien moindre. Immédiatement en arrière du point d'attache des ailes postérieures se voit une légère protubérance, à peu près ovalaire, qui, par sa coloration d'un noir mat, se distingue des téguments voisins, à duvet argenté. Cette protubérance est la paroi extérieure de la chambre sonore.

Pratiquons-y large brèche. Alors apparaît à découvert l'appareil producteur du son, la *cymbale*. C'est une petite membrane aride, blanche, de forme ovalaire, convexe au dehors, parcourue d'un bout à l'autre de son grand diamètre par un faisceau de trois ou quatre nervures brunes, qui lui donnent du ressort, et fixée en tout son pourtour dans un encadrement rigide. Imaginons que cette écaille bombée se déforme, tiraillée à l'intérieur, se déprime un peu, puis rapidement revienne à sa convexité première par le fait de ses élastiques nervures. Un cliquetis résultera de ce va-et-vient.

Il y a une vingtaine d'années, la capitale s'était éprise d'un stupide jouet appelé criquet ou cri-cri, si je ne me trompe. C'était une courte lame d'acier fixée d'un bout sur une base métallique. Pressée et déformée du pouce, puis abandonnée à elle-même, tour à tour, ladite lame, à défaut d'autre mérite, avait un cliquetis fort agaçant : il n'en faut pas davantage pour captiver les suffrages populaires. Le criquet eut ses jours de gloire. L'oubli en a fait justice, et de façon si radicale que je crains de ne pas être compris en rappelant le célèbre engin.

La cymbale membraneuse et le criquet d'acier sont des instruments analogues. L'un et l'autre bruissent par la déformation d'une lame élastique et le retour à l'état primitif. Le criquet se déforme par la pression du pouce. Comment se modifie la convexité des cymbales ? Revenons à l'église, et crevons le rideau jaune qui délimite en avant chaque chapelle. Deux gros piliers musculaires se montrent, d'un orangé pâle, associés en forme de V, dont la pointe repose sur la ligne médiane de l'insecte, à la face inférieure. Chacun de ces piliers charnus se termine brusquement en haut, comme tronqué, et de la troncature s'élève un court et mince cordon qui va se rattacher latéralement à la cymbale correspondante.

Tout le mécanisme est là, non moins simple que celui du criquet métallique. Les deux colonnes musculaires se contractent et se relâchent, se raccourcissent et s'allongent. Au moyen du lien terminal, elles tiraillent donc chacune sa cymbale, la dépriment et aussitôt l'abandonnent à son propre ressort. Ainsi vibrent les deux écailles sonores.

Veut-on se convaincre de l'efficacité de ce mécanisme ? Veut-on faire chanter une Cigale morte, mais encore fraîche ? Rien de plus simple. Saisissons avec des pinces l'une des colonnes musculaires et tirons par secousses ménagées. Le cri-cri mort ressuscite ; à chaque secousse bruit le cliquetis de la cymbale. C'est très maigre, il est vrai, dépourvu de cette ampleur que le virtuose vivant obtient au moyen de ses chambres de résonance ; l'élément fondamental de la chanson n'en est pas moins obtenu par cet artifice d'anatomiste.

Veut-on, au contraire, rendre muette une Cigale vivante, obstinée mélomane qui, saisie, tourmentée entre les doigts, déplore son infortune aussi loquacement que tantôt, sur l'arbre, elle célébrait ses joies ? Inutile de lui violenter les chapelles, de lui crever les miroirs : l'atroce mutilation ne la modérerait pas. Mais, par la boutonnière latérale que nous avons nommée fenêtre, introduisons une épingle et atteignons la cymbale au fond de la chambre sonore. Un petit coup de rien, et se tait la cymbale trouée. Pareille opération sur l'autre flanc achève de rendre aphone l'insecte, vigoureux d'ailleurs comme avant, sans blessure sensible. Qui n'est pas au courant de l'affaire reste émerveillé devant le résultat de mon coup d'épingle, lorsque la ruine des miroirs et autres dépendances de l'église n'amène pas le silence. Une subtile piqûre, de gravité négligeable, produit ce que ne donnerait pas l'éventrement de la bête.

Les opercules, plaques rigides solidement encastrées, sont immobiles. C'est l'abdomen lui-même qui, se relevant ou s'abaissant, fait ouvrir ou fermer l'église. Quand le ventre est abaissé, les opercules obturent exactement les chapelles, ainsi que les fenêtres des chambres sonores. Le son est alors affaibli, sourd, étouffé. Quand le ventre se relève, les chapelles bâillent, les fenêtres sont libres, et le son acquiert tout son éclat. Les rapides oscillations de l'abdomen, synchroniques avec les contractions des muscles moteurs des cymbales, déterminent donc l'ampleur variable du son, qui semble provenir de coups d'archet précipités.

Si le temps est calme, chaud, vers l'heure méridienne, le chant de la Cigale se subdivise en strophes de la durée de quelques secondes, et séparées par de courts silences. La strophe brusquement débute. Par une ascension rapide, l'abdomen oscillant de plus en plus vite, elle acquiert le maximum d'éclat; elle se maintient avec la même puissance quelques secondes, puis faiblit par degrés et dégénère en un frémissement qui décroît à mesure que le ventre revient au repos. Avec les dernières pulsations abdominales survient le silence, de durée variable suivant l'état de l'atmosphère. Puis soudain nouvelle strophe, répétition monotone de la première. Ainsi de suite indéfiniment.

Il arrive parfois, surtout aux heures des soirées lourdes, que l'insecte, enivré de soleil, abrège les silences, et les supprime même. Le chant est alors continu, mais toujours avec alternance de crescendo et de decrescendo. C'est vers les sept ou huit heures du matin que se donnent les premiers coups d'archet, et l'orchestre ne cesse qu'aux lueurs mourantes du crépuscule, vers les huit heures du soir. Total, le tour complet du cadran pour la durée du concert. Mais si le ciel est couvert, si le vent souffle trop froid, la Cigale se tait.

La seconde espèce, de moitié moindre que la Cigale commune, porte dans le pays le nom de *Cacan*, imitation assez exacte de sa façon de bruire. C'est la Cigale de l'orne des naturalistes, beaucoup plus alerte, plus méfiante que la première. Son chant rauque et fort est une série de can! can! can! sans aucun silence subdivisant l'ode en strophes. Par sa monotonie, son aigre raucité, il est des plus odieux, surtout quand l'orchestre se compose de quelques centaines d'exécutants, ainsi que cela se passe sur mes deux platanes pendant la canicule. On dirait alors qu'un amas de noix sèches est ballotté dans un sac jusqu'à rupture des coques. L'agaçant concert, vrai supplice, n'a qu'un médiocre palliatif : la Cigale de l'orne est un peu moins matinale que la Cigale commune et ne s'attarde pas autant dans la soirée.

Bien que construit sur les mêmes principes fondamentaux, l'appareil vocal offre de nombreuses particularités qui donnent au chant son caractère spécial. La chambre sonore manque en plein, ce qui supprime son entrée, la fenêtre. La cymbale se montre à découvert, immédiatement en arrière de l'insertion de l'aile postérieure. C'est encore une aride écaille blanche, convexe au dehors et parcourue par un faisceau de cinq nervures d'un brun rougeâtre.

Le premier segment de l'abdomen émet en avant une large et courte languette rigide qui, par son extrémité libre, s'appuie sur la cymbale. Cette languette peut être comparée à la lame d'une crécelle qui, au lieu de s'appliquer sur les dents d'une noix en rotation, toucherait plus ou moins les nervures de la cymbale vibrante. De là doit résulter en partie, ce me semble, le son rauque et criard. Il n'est guère possible de vérifier le fait en tenant l'animal entre les doigts : le *cacan* effarouché est loin de faire entendre alors sa normale chanson.

Les opercules ne chevauchent pas l'un sur l'autre ; ils sont, au contraire, séparés par un assez long intervalle. Avec les languettes rigides, appendices de l'abdomen, ils abritent à demi les cymbales, complètement à découvert sur l'autre moitié. Sous la pression du doigt, l'abdomen bâille peu dans son articulation avec le thorax. Du reste, l'insecte se tient immobile quand il chante ; il ignore les rapides trémoussements du ventre, source de modulations dans le chant de la Cigale commune. Les chapelles sont très petites, presque négligeables comme appareils de résonance. Il y a toutefois des miroirs, mais fort réduits et mesurant un millimètre à peine. En somme, l'appareil de résonance, si développé dans la Cigale commune, est ici très rudimentaire. Comment alors se renforce, jusqu'à devenir intolérable, le maigre cliquetis des cymbales ?

La Cigale de l'orne est ventriloque. Si l'on examine l'abdomen par transparence, on le voit translucide dans ses deux tiers antérieurs. D'un coup de ciseaux retranchons le tiers opaque où sont relégués, réduits au strict indispensable, les organes dont ne peuvent se passer la propagation de l'espèce et la conservation de l'individu. Le reste du ventre largement bâille et présente une ample cavité, réduite à ses parois tégumentaires, sauf à la face dorsale, qui, tapissée d'une mince couche musculaire, donne appui au fin canal digestif, un fil presque. La vaste capacité, formant près de la moitié du volume total de la bête, est donc vide, ou peu s'en faut. Au fond se voient les deux piliers moteurs des cymbales, les deux colonnes musculaires assemblées en V. A droite et à gauche de la pointe de ce V brillent les deux miroirs minuscules ; et entre les deux branches, dans les profondeurs du thorax, se prolonge l'espace vide.

Ce ventre creux et son complément thoracique sont un énorme résonateur, comme n'en possède de comparable nul autre virtuose de nos régions. Si je ferme du doigt l'orifice de l'abdomen que je viens de tronquer, le son devient plus grave, conformément aux lois des tuyaux sonores ; si j'adapte à l'embouchure du ventre ouvert un cylindre, un cornet de papier, le son gagne en intensité aussi bien qu'en gravité. Avec un cornet réglé à point et de plus immergé par son large bout dans l'embouchure d'une éprouvette renforçante, ce n'est plus chant de cigale, c'est presque beuglement de taureau. Mes jeunes enfants, se trouvant là par hasard au moment de mes expériences acoustiques, s'enfuient épouvantés. L'insecte qui leur est si familier leur inspire terreur.

La cause de la raucité du son paraît être la languette de crécelle frôlant les nervures des cymbales en vibration ; la cause de l'intensité est, à n'en pas douter, le spacieux résonateur du ventre. Il faut être, reconnaissons-le, bien passionné de chant pour se vider ainsi le ventre et la poitrine en faveur d'une boîte à musique. Les organes essentiels de la vie s'amoindrissent à l'extrême, se confinent dans un étroit recoin, pour laisser vaste ampleur à la caisse de résonance. Le chant d'abord, le reste au second rang.

Il est heureux que la Cigale de l'orne ne suive pas les conseils des évolutionnistes. Si, plus enthousiaste d'une génération à l'autre, elle pouvait acquérir, de progrès en progrès, un résonateur ventral comparable à celui que lui font mes cornets de papier, la Provence, peuplée de *cacans*, serait un jour inhabitable.

Après les détails déjà donnés sur la Cigale commune, est-il bien nécessaire de dire comment se réduit au silence l'insupportable bavarde de l'orne? Les cymbales sont bien visibles à l'extérieur. On les perce avec la pointe d'une aiguille. A l'instant silence complet. Que n'y a-t-il sur mes platanes, parmi les insectes porteurs de stylet, des auxiliaires amis, eux aussi, de la tranquillité, et dévoués à pareil travail! Vœu insensé : une note manquerait à la majestueuse symphonie de la moisson.

La Cigale rouge *(Cicada hematodes)* est un peu moindre que la Cigale commune. Elle doit son nom au rouge de sang qui remplace le brun de l'autre sur les nervures des ailes et quelques autres linéaments du corps. Elle est rare. Je la rencontre de loin en loin sur les haies d'aubépine. Pour l'appareil musical, elle est intermédiaire entre la Cigale commune et la Cigale de l'orne. De la première elle possède le mouvement oscillatoire du ventre, qui rend le son plus fort ou plus faible en faisant entr'ouvrir ou fermer l'église ; de la seconde elle a les cymbales découvertes, non accompagnées de chambre sonore et de fenêtre.

Les cymbales sont donc à nu, immédiatement en arrière du point d'attache des ailes postérieures. Blanches et assez régulièrement convexes, elles ont huit grandes nervures parallèles d'un brun rougeâtre, et sept autres beaucoup plus courtes, insérées une à une dans les intervalles des premières. Les opercules sont petits, échancrés à leur bord interne de façon à ne recouvrir qu'à demi la chapelle correspondante. Le pertuis laissé par l'échancrure operculaire a pour volet une petite palette fixée à la base de la patte postérieure, qui, s'appliquant contre le corps ou bien se soulevant un peu, ferme ou laisse libre l'ouverture. Les autres Cigales ont un appendice analogue, mais plus étroit, plus pointu.

En outre, le ventre est largement mobile de bas en haut et de haut en bas, comme pour la Cigale commune. Ce mouvement oscillatoire, combiné avec le jeu des palettes fémorales, ouvre ou ferme les chapelles à des degrés divers.

Les miroirs, sans avoir l'ampleur de ceux de la Cigale commune, ont le même aspect. La membrane qui leur fait face du côté du thorax est blanche, ovalaire, très fine, bien tendue quand l'abdomen est relevé, flasque et ridée quand l'abdomen est abaissé. En l'état de tension, elle paraît apte à vibrer et à renforcer le son.

Le chant, modulé et subdivisé en strophes, rappelle celui de la Cigale commune, mais il est beaucoup plus discret. Son défaut d'éclat pourrait bien provenir de l'absence des chambres sonores. A parité d'énergie, les cymbales vibrant à découvert ne peuvent avoir l'intensité de son de celles qui vibrent au fond d'un vestibule de résonance. La bruyante Cigale de l'orne est dépourvue, il est vrai, elle aussi, de ce vestibule, mais elle y supplée largement par l'énorme résonateur de son ventre.

Je n'ai pas rencontré la troisième espèce de Cigale figurée par Réaumur et décrite par Olivier sous le nom de *Cicada tomentosa**. Elle est connue en Provence, disent-ils l'un et l'autre, sous le nom de *Cigalon,* ou plutôt *Cigaloun* (petite Cigale). Cette appellation est inconnue dans mon voisinage.

Je suis en possession de deux autres espèces que Réaumur a probablement confondues avec celle dont il nous donne la figure. L'une est la Cigale noire (*Cicada atra* Oliv.), rencontrée une seule fois ; l'autre est la Cigale pygmée (*Cicada pygmœa* Oliv.), dont j'ai fait récolte suffisante. Disons quelques mots de cette dernière.

C'est la plus petite du genre dans ma région. Elle a la taille d'un médiocre taon et mesure deux centimètres environ. Hyalines avec trois nervures d'un blanc opaque, les cymbales, à peine abritées par un repli du tégument, sont visibles en plein, sans vestibule aucun ou chambre sonore. Remarquons, en terminant notre revue, que ce vestibule se trouve uniquement dans la Cigale commune ; toutes les autres en sont privées.

Les opercules, séparés l'un de l'autre par un large intervalle, laissent amplement bâiller les chapelles. Les miroirs sont relativement grands. Leur configuration rappelle la silhouette d'un haricot. L'abdomen n'oscille pas lorsque l'insecte chante ; il reste immobile comme celui de la Cigale de l'orne. De là, pour l'une et l'autre, défaut de variété dans la mélodie.

Le chant de la Cigale pygmée est un bruissement monotone, aigu, mais faible et perceptible à peine à quelques pas de distance dans le calme des énervantes après-midi de juillet. Si jamais il lui prenait fantaisie d'abandonner les buissons brûlés par le soleil et de venir s'établir en nombre sur mes frais platanes, ce que je souhaite, désireux de mieux l'étudier, la mignonne Cigale ne troublerait pas ma solitude comme le fait l'enragé *Cacan*.

Voilà franchies les broussailles descriptives : l'instrument sonore nous est connu en sa structure. Pour finir, demandons-nous le but de ces orgies musicales. A quoi bon tant de bruit ? Une réponse est inévitable : c'est l'appel des mâles invitant leurs compagnes ; c'est la cantate des amoureux.

Je me permettrai de discuter la réponse, très naturelle d'ailleurs. Voilà une quinzaine d'années que la Cigale commune et son aigre associé le *Cacan* m'imposent leur société. Tous les étés, pendant deux mois, je les ai sous les yeux, je les ai dans les oreilles. Si je ne les écoute pas volontiers, je les observe avec quelque zèle. Je les vois rangés en files sur l'écorce lisse des platanes, tous la tête en haut, les deux sexes mélangés à quelques pouces l'un de l'autre.

Le suçoir implanté, ils s'abreuvent, immobiles. A mesure que le soleil tourne et déplace l'ombre, ils tournent aussi autour de la branche par lentes enjambées latérales, et gagnent la face la mieux illuminée, la plus chaude. Que le suçoir fonctionne ou que le déménagement se fasse, le chant ne discontinue pas.

Convient-il de prendre l'interminable cantilène pour un appel passionné? J'hésite. Dans l'assemblée, les deux sexes sont côte à côte, et l'on n'appelle pas des mois durant quiconque vous coudoie. Je ne vois jamais, du reste, accourir une femelle au milieu de l'orchestre le plus bruyant. Comme préludes du mariage, la vue suffit ici, car elle est excellente : le prétendant n'a que faire d'une sempiternelle déclaration, la prétendue est sa proche voisine.

Serait-ce alors un moyen de charmer, de toucher l'insensible? Mon doute persiste. Je ne surprends dans les femelles aucun signe de satisfaction ; je ne les vois jamais se trémousser un peu, dodeliner lorsque les amoureux prodiguent leurs plus éclatants coups de cymbales.

Les paysans, mes voisins, disent qu'en temps de moisson la Cigale leur chante : *Sego, sego, sego!* (Fauche, fauche, fauche!) pour les encourager au travail. Moissonneurs d'idées et moissonneurs d'épis, nous sommes mêmes gens, travaillant, ceux-ci pour le pain de l'estomac, ceux-là pour le pain de l'intelligence. Leur explication, je la comprends donc, et je l'adopte comme gracieuse naïveté.

La science désire mieux, mais elle trouve dans l'insecte un monde fermé pour nous. Nulle possibilité d'entrevoir, de soupçonner même l'impression produite par le cliquetis des cymbales sur celles qui l'inspirent. Tout ce que je peux dire, c'est que leur extérieur impassible semble dénoter complète indifférence. N'insistons pas : le sentiment intime de la bête est mystère insondable.

Un autre motif de doute est celui-ci. Qui est sensible au chant a toujours l'ouïe fine, et cette ouïe, sentinelle vigilante, doit, au moindre bruit, donner l'éveil du danger. Les oiseaux, chanteurs émérites, ont une exquise finesse d'audition. Pour une feuille remuée dans le branchage, pour une parole échangée entre passants, soudain ils se taisent, inquiets, sur leur garde. Ah! Que la Cigale est loin de telle émotion!

Elle a la vue très fine. Ses gros yeux à facettes l'instruisent de ce qui se passe à droite et de ce qui se passe à gauche; ses trois stemmates, petits télescopes en rubis, explorent l'étendue au-dessus du front. Qu'elle nous voie venir, et aussitôt elle se tait, s'envole. Mais plaçons-nous derrière la branche où elle chante, disposons-nous de façon à éviter les cinq appareils de vision; et là, parlons, sifflons, faisons claquer les mains l'une dans l'autre, entre-choquons deux cailloux. Pour bien moins, un oiseau qui ne vous verrait pas, à l'instant suspendrait son chant, s'envolerait éperdu. Elle, imperturbable, continue de bruire comme si de rien n'était.

De mes expériences en pareil sujet, je n'en mentionnerai qu'une, la plus mémorable.

J'emprunte l'artillerie municipale, c'est-à-dire les boîtes que l'on fait tonner le jour de la fête patronale. Le canonnier se fait un plaisir de les charger à l'intention des Cigales et de venir les tirer chez moi. Il y en a deux, bourrées comme pour la réjouissance la plus solennelle. Jamais homme politique faisant sa tournée électorale n'a été honoré d'autant de poudre. Aussi, pour prévenir la rupture des vitres, les fenêtres sont-elles ouvertes. Les deux tonnants engins sont disposés au pied des platanes, devant ma porte, sans précaution aucune pour les masquer : les Cigales qui chantent là-haut sur les branches ne peuvent voir ce qui se passe en bas.

Nous sommes six auditeurs. Un moment de calme relatif est attendu. Le nombre des chanteuses est constaté par chacun de nous, ainsi que l'ampleur et le rythme du chant. Nous voilà prêts, l'oreille attentive à ce qui va se passer dans l'orchestre aérien. La boîte part, vrai coup de tonnerre...

Aucun émoi là-haut. Le nombre des exécutants est le même, le rythme est le même, l'ampleur du son est la même.

Les six témoignages sont unanimes : la puissante explosion n'a modifié en rien le chant des Cigales. Avec la seconde boîte, résultat identique.

Que conclure de cette persistance de l'orchestre, nullement surpris et troublé par un coup de canon? En déduirai-je que la Cigale est sourde? Je me garderai bien de m'aventurer jusque-là ; mais si quelqu'un, plus audacieux, l'affirmait, je ne saurais vraiment quelles raisons invoquer pour le contredire. Je serais contraint de concéder au moins qu'elle est dure d'oreille et qu'on peut lui appliquer la célèbre locution : crier comme un sourd*.

Lorsque, sur les pierrailles d'un sentier, le Criquet à ailes bleues délicieusement se grise de soleil et frôle de ses grosses cuisses postérieures l'âpre rebord de ses élytres ; lorsque la Grenouille verte, la Rainette, non moins enrhumée que le Cacan, se gonfle la gorge dans le feuillage des arbustes, et la ballonne en sonore vessie au moment où l'orage couve, font-ils appel l'un et l'autre à la compagne absente? En aucune manière. Les coups d'archet du premier donnent à peine stridulation perceptible ; les volumineux coups de gosier de la seconde se perdent inutiles : la désirée n'accourt pas**.

Est-ce que l'insecte a besoin de ces effusions retentissantes, de ces aveux loquaces pour déclarer sa flamme? Consultez l'immense majorité, que le rapprochement des sexes laisse silencieux. Je ne vois dans le violon de la Sauterelle, dans la cornemuse de la Rainette, dans les cymbales du Cacan, que des moyens propres à témoigner la joie de vivre, l'universelle joie que chaque espèce animale célèbre à sa manière.

Si l'on m'affirmait que les Cigales mettent en branle leur bruyant appareil sans nul souci du son produit, pour le seul plaisir de se sentir vivre, de même que nous nous frottons les mains en un moment de satisfaction, je n'en serais pas autrement scandalisé. Qu'il y ait en outre, dans leur concert, un but secondaire où le sexe muet est intéressé, c'est fort possible, fort naturel, sans être encore démontré.

XVII

LA CIGALE. — LA PONTE. L'ÉCLOSION

La Cigale commune confie sa ponte à de menus rameaux secs. Tous les rameaux examinés par Réaumur et reconnus peuplés provenaient du mûrier : preuve que la personne chargée de la récolte aux environs d'Avignon n'avait pas bien varié ses recherches. Outre le mûrier, je trouve à mon tour le pêcher, le cerisier, le saule, le troène du Japon et autres arbres. Mais ce sont là des raretés. La Cigale affectionne autre chose. Il lui faut, autant que possible, des tiges menues, depuis la grosseur d'une paille jusqu'à celle d'un crayon, avec mince couche ligneuse et moelle abondante. Ces conditions remplies, peu importe le végétal. Je passerais en revue toute la flore semi-ligneuse du pays si je voulais cataloguer les divers supports qu'utilise la pondeuse. Je me borne à signaler en note quelques-uns d'entre eux, pour montrer la variété d'emplacements dont la Cigale dispose[1].

Jamais la brindille occupée ne gît à terre ; elle est dans une position plus ou moins voisine de la verticale, le plus souvent à sa place naturelle, parfois détachée, mais néanmoins fortuitement redressée. Une longue étendue, régu-

---

1. J'ai récolté la ponte de la cigale sur : *Spartium junceum, Asphodelus cerasiferus, Linaria striata, Calamintha nepeta, Hirschfeldia adpressa, Chondrilla juncea, Allium polyanthum, Asteriscus spinosus,* etc.

lière et lisse, qui puisse recevoir la ponte entière, a la préférence. Les meilleures de mes récoltes se font sur les ramilles du *Spartium junceum,* semblables à des chaumes bourrés de moelle ; et surtout sur les hautes tiges de l'*Asphodelus cerasiferus,* qui se dressent à près d'un mètre avant de se ramifier.

Il est de règle que le support, n'importe lequel, soit mort et parfaitement sec. Mes notes mentionnent toutefois quelques pontes confiées à des tiges encore vivantes, portant feuilles vertes et fleurs épanouies. Il est vrai que, dans ces cas bien exceptionnels, la tige est d'elle-même assez aride[1].

L'œuvre de la Cigale consiste en une série d'éraflures comme pourrait en faire la pointe d'une épingle qui, plongée obliquement de haut en bas, déchirerait les fibres ligneuses et les refoulerait au-dehors en une courte saillie. Qui voit ces ponctuations sans en connaître l'origine pense tout d'abord à quelque végétation cryptogamique, à quelque sphériacée* gonflant et rompant l'épiderme sous la poussée de ses périthèces à demi émergés.

Si la tige manque de régularité, ou bien si plusieurs Cigales ont travaillé l'une après l'autre au même point, la distribution des éraflures est confuse ; l'œil s'y égare, impuissant à reconnaître l'ordre de succession et le travail individuel. Un seul caractère est constant : c'est la direction oblique du lambeau ligneux soulevé, démontrant que la Cigale travaille toujours dans une position droite et plonge son outil de haut en bas, dans le sens longitudinal du rameau.

Si la tige est régulière, lisse et convenablement longue, les ponctuations, à peu près équidistantes, s'écartent peu de la direction rectiligne. Leur nombre est variable : assez faible lorsque la mère, troublée dans son opération, est allée continuer sa ponte ailleurs ; de trente à quarante, plus ou moins, lorsque la rangée représente la totalité des œufs. La longueur de la série, pour un même nombre de coups

---

1. *Calamintha nepeta, Hirschfeldia adpressa.*

de sonde, varie, elle aussi. Quelques exemples nous renseigneront à cet égard : une file de trente mesure 28 centimètres sur la Linaire striée, 30 sur la Chondrille, 12 seulement sur l'Asphodèle.

N'allons pas nous figurer que ces diversités de longueur tiennent à la nature du support : les données inverses abondent, et l'Asphodèle, qui nous montre ici les entailles les plus rapprochées, en d'autres cas nous fournirait les plus distantes. L'écart des points dépend de circonstances impossibles à démêler, en particulier des mobiles caprices de la mère, concentrant sa ponte ici plus et là moins, à sa guise. La moyenne de mes mesures est de 8 à 10 millimètres pour la distance d'un pertuis au suivant.

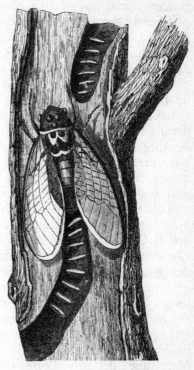

Cigale en train de pondre.

Chacune de ces écorchures est l'entrée d'une loge oblique, forée d'habitude dans la partie médullaire de la tige. Nulle clôture à cette entrée, sauf le bouquet de fibres ligneuses qui, écartées au moment de la ponte, se groupent de nouveau quand est retirée la double scie de l'oviscapte*. Tout au plus voit-on reluire dans certains cas, mais non toujours, parmi les filaments de cette barricade, une infime couche miroitante rappelant un vernis d'albumine desséchée. Ce ne saurait être qu'une insignifiante trace de quelque humeur albumineuse accompagnant les œufs ou bien facilitant le jeu de la double lime perforatrice.

Immédiatement en bas de l'éraflure se trouve la loge, minime canal qui occupe presque toute la longueur comprise entre son point d'entrée et celui de la loge précédente. Parfois même la cloison de séparation manque, l'étage d'en haut rejoint celui d'en bas, et les œufs, quoique introduits par de nombreuses entrées, s'alignent en file non interrompue. Le cas le plus fréquent est celui de loges distinctes l'une de l'autre.

Leur contenu varie beaucoup. Pour chacune je compte depuis six jusqu'à quinze œufs. La moyenne est de dix. Le nombre de loges d'une ponte complète étant de trente à quarante, on voit que la Cigale dispose de trois cents à quatre cents germes. D'après l'examen des ovaires, Réaumur était arrivé à pareils chiffres.

Belle famille en vérité, capable de tenir tête par le nombre à de bien sérieuses chances de destruction. Je ne vois pas que la Cigale adulte soit plus exposée qu'un autre insecte : elle a œil vigilant, essor soudain, vol rapide ; elle habite à des hauteurs où ne sont pas à craindre les forbans des gazons. Le Moineau, il est vrai, s'en montre friand. De temps à autre, son plan bien médité, il fond du toit voisin sur les platanes et happe la chanteuse, qui grince éperdue. Quelques coups de bec assénés de droite et de gauche la débitent en quartiers, délicieux morceaux pour la couvée. Mais que de fois l'oiseau revient bredouille! L'autre prévient l'attaque, urine aux yeux de l'assaillant et part. Non, ce n'est pas le Moineau qui impose à la Cigale progéniture si nombreuse. Le péril est ailleurs. Nous le verrons terrible au moment de l'éclosion, au moment aussi de la ponte.

Deux à trois semaines après sa sortie de terre, c'est-à-dire vers le milieu de juillet, la Cigale s'occupe de ses œufs. Pour assister à la ponte sans recourir aux chances trop aléatoires que la bonne fortune pouvait me réserver, j'avais pris certaines précautions dont le succès me paraissait certain. L'Asphodèle sèche est le support que préfère l'insecte ; des observations antérieures me l'avaient appris. C'est aussi la plante qui se prêtera le mieux à mes desseins par sa tige longue et lisse. Or, les premières années de mon séjour ici, j'ai remplacé les chardons de l'enclos par une autre végétation indigène, moins revêche. L'Asphodèle est du nombre des nouveaux occupants. Voilà précisément ce qu'il me faut aujourd'hui. Je laisse donc en place les tiges sèches de l'année précédente, et, la saison favorable venue, chaque jour je les inspecte.

L'attente n'est pas longue. Dès le 15 juillet, je trouve, autant que j'en désire, des Cigales installées sur les Asphodèles, en train de pondre. La pondeuse est toujours solitaire. A chaque mère sa tige, sans crainte d'une concurrence qui troublerait la délicate inoculation. La première occupante partie, une autre pourra venir, et puis d'autres encore. Il y a place pour toutes, et largement ; mais chacune à son tour désire se trouver seule. Du reste, nulle noise entre elles ; les choses se passent de la façon la plus pacifique. Si quelque mère survient, la place étant déjà prise, elle s'envole et va chercher ailleurs aussitôt son erreur reconnue.

La pondeuse a constamment la tête en haut, position qu'elle occupe d'ailleurs dans les autres circonstances. Elle se laisse examiner de très près, même sous le verre de la loupe, tant elle est absorbée dans sa besogne. L'oviscapte, de la longueur d'un centimètre environ, plonge en entier et obliquement dans la tige. Le forage ne paraît pas exiger de manœuvres bien pénibles, tant l'outil est parfait. Je vois la Cigale se trémousser un peu, dilater et contracter en palpitations fréquentes le bout de l'abdomen. C'est tout. Le foret en double lime à jeu alternatif plonge et disparaît dans le bois, d'un mouvement doux, presque insensible. Rien de particulier pendant la ponte. L'insecte est immobile. Dix minutes à peu près s'écoulent depuis la première morsure de la tarière jusqu'à la fin du peuplement de la loge.

L'oviscapte est alors retiré avec une méthodique lenteur pour ne pas le fausser. Le trou de sonde se referme de lui-même par le rapprochement des fibres ligneuses, et la

Cigale grimpe un peu plus haut, de la longueur de son outil environ, dans une direction rectiligne. Là nouveau coup de percerette et nouvelle loge recevant sa dizaine d'œufs. Ainsi s'échelonne la ponte de bas en haut.

Ces faits reconnus, nous sommes en mesure de nous expliquer l'arrangement si remarquable qui préside à l'ouvrage. Les entailles, entrées des loges, sont à peu près équidistantes, parce que chaque fois la Cigale s'élève d'une même longueur, celle de son oviscapte environ. Très prompte de vol, elle est très paresseuse de marche. D'un pas grave, presque solennel, gagner un point voisin mieux ensoleillé, c'est tout ce qu'on lui voit faire sur le rameau vivant où elle s'abreuve. Sur le rameau sec où la ponte s'inocule, elle garde ses habitudes compassées, les exagère même, vu l'importance de l'opération. Elle se déplace le moins possible, tout juste de quoi ne pas faire empiéter l'une sur l'autre deux loges voisines. La mesure du pas ascensionnel à faire est fournie approximativement par la longueur de la sonde.

De plus, les entailles se rangent suivant une ligne droite quand elles sont en nombre médiocre. Pourquoi, en effet, la pondeuse obliquerait-elle à droite ou à gauche sur une tige qui de partout a des qualités identiques? Passionnée de soleil, elle a choisi la face la mieux exposée. Tant qu'elle recevra sur le dos le bain de chaleur, sa suprême joie, elle se gardera bien de quitter l'orientation qui fait ses délices pour une autre où les rayons solaires n'arrivent pas d'aplomb.

Mais la ponte est de longue durée quand elle s'accomplit en entier sur le même support. A dix minutes par loge, les séries de quarante que j'ai parfois rencontrées représentent un laps de temps de six à sept heures. Le soleil peut donc se déplacer considérablement avant que la Cigale ait terminé son œuvre. Dans ce cas la direction rectiligne s'infléchit en un arc hélicoïdal. La pondeuse tourne autour de sa tige à mesure que le soleil tourne aussi, et sa ligne de piqûres fait songer au trajet de l'ombre du style sur un cadran solaire cylindrique.

Bien des fois, pendant que la Cigale est absorbée dans son œuvre maternelle, un moucheron de rien, porteur lui aussi d'une sonde, travaille à l'extermination des œufs à mesure qu'ils sont mis en place. Réaumur l'a connu. Dans presque tous les brins de bois examinés, il rencontra son ver, cause d'une méprise au début des recherches. Mais il n'a pas vu, il ne pouvait voir en action l'audacieux ravageur. C'est un Chalcidite de quatre à cinq millimètres de longueur, tout noir, avec les antennes noueuses, grossissant un peu vers l'extrémité. La tarière dégainée est implantée à la partie inférieure de l'abdomen, vers le milieu, et se dirige perpendiculairement à l'axe du corps, comme cela a lieu pour les Leucospis, fléau de quelques apiaires. Ayant négligé de le prendre, j'ignore de quelle dénomination les nomenclateurs l'ont gratifié, si toutefois le nain exterminateur de Cigales est déjà catalogué.

Ce que je sais mieux, c'est sa tranquille témérité, son imprudente audace tout près du colosse qui l'écraserait rien qu'en lui mettant la patte dessus. J'en ai vu jusqu'à trois exploiter en même temps la misérable pondeuse. Ils se tiennent en arrière, aux talons de l'insecte, où ils travaillent de la sonde, ou bien attendent la minute propice.

La Cigale vient de peupler une loge et monte un peu plus haut pour forer la suivante. L'un des bandits accourt au point abandonné ; et là, presque sous la griffe de la géante, sans la moindre crainte, comme s'il était chez lui et accomplissait œuvre méritoire, il dégaine sa sonde et l'introduit dans la colonne d'œufs, non par l'entaille, hérissée de fibres rompues, mais par quelque fissure latérale. L'outil est lent à fonctionner, à cause de la résistance du bois presque intact. La cigale a le temps de peupler l'étage supérieur.

Dès qu'elle a fini, l'un des moucherons, celui d'arrière attardé dans sa besogne, la remplace et vient inoculer son germe exterminateur. Quand la mère s'envole, les ovaires épuisés, la plupart de ses loges ont ainsi reçu l'œuf étranger qui sera la ruine de leur contenu. Un petit ver, d'éclosion hâtive, remplacera la famille de la Cigale, grassement nourri, un seul par chambre, d'une douzaine d'œufs à la coque.

L'expérience des siècles ne t'a donc rien appris, ô lamentable pondeuse! Avec tes yeux excellents, tu ne peux manquer de les apercevoir, ces terribles sondeurs, lorsqu'ils voltigent autour de toi, préparant leur mauvais coup; tu les vois, tu les sais à tes talons, et tu restes impassible, tu te laisses faire. Retourne-toi donc, débonnaire colosse; écrase ces pygmées! Tu n'en feras jamais rien, incapable de modifier tes instincts, même pour alléger ton lot de misères maternelles.

Les œufs de la Cigale commune ont le blanc luisant de l'ivoire. Coniques aux deux bouts et de forme allongée, ils pourraient être comparés à de minuscules navettes de tisserand. Ils mesurent deux millimètres et demi de longueur sur un demi-millimètre de largeur. Ils sont rangés en file et chevauchent un peu l'un sur l'autre. Ceux de la Cigale de l'orne, légèrement plus petits, sont assemblés en groupes réguliers qui simulent de microscopiques paquets de cigares. Occupons-nous exclusivement des premiers; leur histoire nous donnera celle des autres.

Septembre n'est pas fini que le blanc luisant de l'ivoire fait place à la couleur blonde du froment. Dans les premiers jours d'octobre se montrent, en avant, deux petits points d'un brun marron, arrondis, bien nets, qui sont les taches oculaires de l'animalcule en formation. Ces deux yeux brillants, qui regardent presque, et l'extrémité antérieure conoïde, donnent aux œufs l'aspect de poissons sans nageoires, poissons minuscules à qui conviendrait pour bassin une demi-coquille de noix.

Vers la même époque, je vois fréquemment sur les Asphodèles de l'enclos et sur celles des collines voisines des indices d'une récente éclosion. Ce sont certaines défroques, certaines guenilles laissées sur le seuil de la porte par les nouveau-nés déménageant et pressés de gagner un autre logis. Nous allons voir dans un instant ce que signifient ces dépouilles.

Cependant, malgré mes visites, dignes par leur assiduité d'un meilleur résultat, je ne parviens jamais à voir les jeunes Cigales émerger de leurs loges. Mes éducations en domesticité n'aboutissent pas mieux. Deux années de suite, en temps opportun, je collectionne en boîtes, en tubes, en bocaux, une centaine de brindilles de toute nature peuplées d'œufs de Cigale ; aucune ne me montre ce que je désire tant voir : la sortie des Cigales naissantes.

Réaumur a éprouvé les mêmes déceptions. Il raconte comment ont échoué tous les envois faits pas ses amis, même en tenant la nichée dans un tube de verre au fond de son gousset pour lui donner douce température. Oh! vénéré maître! Ici ne suffisent ni l'abri tempéré de nos cabinets de travail, ni le mesquin calorifère de nos chausses ; il faut le suprême stimulant, le baiser du soleil ; il faut, après les fraîcheurs matinales qui déjà font frissonner, le coup de feu subit d'une superbe journée d'automne, derniers adieux de la belle saison.

C'est dans des circonstances semblables, par un soleil vif, opposition violente d'une nuit froide, que je trouvais des signes d'éclosion ; mais j'arrivais toujours trop tard : les jeunes Cigales étaient parties. Tout au plus m'arrivait-il parfois d'en rencontrer une appendue par un fil à sa tige natale et se démenant en l'air. Je la croyais empêtrée dans quelque lambeau de toile d'araignée.

Enfin, le 27 octobre, désespérant du succès, je fis récolte des Asphodèles de l'enclos, et la brassée de tiges sèches, où la Cigale avait pondu fut montée dans mon cabinet. Avant de tout abandonner, je me proposais d'examiner encore une fois les loges et leur contenu. La matinée était froide. Le premier feu de la saison était allumé. Je mis mon petit fagot sur une chaise, devant le foyer, sans aucune intention d'essayer l'effet que produirait sur les nichées la chaleur d'une flambée. Les broussailles que j'allais fendre une à une étaient mieux là à la portée de la main. Rien autre n'avait décidé de l'emplacement choisi.

Or, tandis que je promène ma loupe sur une tige fendue, l'éclosion, que je n'espérais plus obtenir, brusquement se fait à mes côtés. Mon fagot se peuple ; les jeunes larves, par douzaines et douzaines, émergent de leurs loges. Leur nombre est tel, que mon ambition d'observateur a largement de quoi se satisfaire. Les œufs étaient mûrs à point, et la flambée du foyer, vive, pénétrante, a réalisé ce qu'aurait produit un coup de soleil en plein champ. Profitons vite de l'aubaine inattendue.

A l'orifice de la loge aux œufs, parmi les fibres déchirées, se montre un corpuscule conoïde, avec deux gros points noirs oculaires. C'est absolument, pour l'aspect, la partie antérieure de l'œuf, semblable, je viens de le dire, à l'avant d'un poisson d'extrême exiguïté. On dirait que l'œuf s'est déplacé, en remontant des profondeurs de la cuvette à l'orifice de la petite galerie. Un œuf se mouvoir dans un étroit canal ! Un germe cheminer ! Mais c'est impossible, cela ne s'est jamais vu. Quelque chose m'illusionne. La tige est fendue, et le mystère se dévoile. Les œufs véritables, un peu troublés dans leur coordination, n'ont pas changé de place. Ils sont vides, réduits à un sac diaphane, largement fendu au pôle antérieur. Il en est sorti le singulier organisme dont voici les traits les plus marquants.

Par la forme générale, la configuration de la tête et les gros yeux noirs, l'animalcule, encore mieux que l'œuf, a l'aspect d'un poisson extrêmement petit. Un simulacre de nageoire ventrale accentue la ressemblance. Cette espèce d'aviron provient des pattes antérieures qui, logées ensemble dans un fourreau spécial, se couchent en arrière, tendues en ligne droite l'une contre l'autre. Sa faible mobilité doit servir à la sortie du sac ovulaire et à la sortie plus difficultueuse du canal ligneux. S'éloignant un peu du corps, puis s'en rapprochant, ce levier donne appui pour la progression au moyen des crocs terminaux déjà vigoureux. Les quatre autres pattes sont engagées, absolument inertes, sous l'enveloppe commune. Il en est de même des antennes, que la loupe peut à peine entrevoir. En somme, l'organisme issu de l'œuf est un corpuscule naviculaire avec un aviron impair dirigé en arrière, à la face ventrale, et formé par l'ensemble des deux pattes d'avant. La segmentation est très nette, en particulier sur l'abdomen. Enfin le tout est parfaitement lisse, sans le moindre cil.

Quel nom donner à cet état initial des Cigales, état si étrange, si imprévu, jusqu'ici non soupçonné? Dois-je amalgamer du grec et forger quelque expression rébarbative? Je n'en ferai rien, persuadé que des termes barbares sont pour la science broussailles encombrantes. Je dirai tout simplement *larve primaire**, comme je l'ai fait au sujet des Méloïdes, des Leucospis et des Anthrax.

La forme de la larve primaire chez les Cigales est éminemment propice à la sortie. Le canal où se fait l'éclosion est très étroit et laisse tout juste place pour un sortant. D'ailleurs les œufs sont disposés en file, non bout à bout, mais partiellement superposés. L'animalcule venu des rangs reculés doit s'insinuer à travers les dépouilles restées en place des œufs antérieurs déjà éclos. A l'étroitesse du couloir s'ajoute l'encombrement des coques vides.

Dans ces conditions, la larve, telle qu'elle sera tantôt, quand elle aura déchiré son fourreau provisoire, ne pourrait franchir le difficultueux défilé. Antennes gênantes, longues pattes étalées loin de l'axe du corps, pioches à pointe courbe s'accrochant en chemin, tout s'opposerait à la manœuvre d'une prompte libération. Les œufs d'une loge éclosent à peu près à la fois. Il faut que les nouveau-nés d'avant déménagent au plus vite et laissent passage libre à ceux d'arrière. Il faut la forme naviculaire, lisse, dépourvue de saillies, qui s'insinue, se faufile à la façon d'un coin. La larve primaire, avec ses divers appendices étroitement appliquées contre le corps sous une gaine commune, avec sa forme de navette et son aviron impair doué de quelque mobilité, a donc pour rôle la venue au jour à travers un difficile passage.

Ce rôle est de courte durée. Voici qu'en effet l'un des émigrants montre sa tête aux gros yeux et soulève les fibres rompues de l'entaille. Il fait de plus en plus saillie par un mouvement de progression très lent que la loupe a de la peine à constater. Au bout d'une demi-heure au moins, l'objet naviculaire apparaît en entier, mais retenu par l'extrémité postérieure à l'orifice de sortie.

Sans retard, la casaque d'évasion se fend, et l'animalcule se dépouille d'avant en arrière. C'est alors la larve normale, la seule connue de Réaumur. La défroque rejetée forme un filament suspenseur, épanoui en godet à son extrémité libre. Dans ce godet est enchâssé le bout de l'abdomen de la larve qui, avant de se laisser choir à terre, prend un bain de soleil, se raffermit, gigote, fait essai de ses forces, mollement balancée au bout de son cordon de sûreté.

La petite puce, comme dit Réaumur, d'abord blanche, puis ambrée, est l'exacte larve qui fouira la terre. Les antennes, assez longues, sont libres et s'agitent ; les pattes font jouer leurs articulations ; les antérieures ouvrent et ferment leurs crochets, relativement robustes. Je ne connais guère de spectacle plus singulier que celui de ce minime gymnasiarque appendu par l'arrière, oscillant au moindre souffle, et préparant en l'air sa culbute dans le monde. La suspension a une durée variable. Quelques larves se laissent choir au bout d'une demi-heure environ ; d'autres persistent dans leur cupule pédonculée des heures entières ; quelques-unes même attendent le lendemain.

Prompte ou tardive, la chute de l'animalcule laisse en place le cordon suspenseur, dépouille de la larve primaire. Quand toute la nichée a disparu, l'orifice de la loge est ainsi surmonté d'un bouquet de fils courts et subtils, tordus et chiffonnés, semblables à de la glaire desséchée. Chacun, à son bout libre, s'évase en cupule. Reliques bien délicates, bien éphémères, qu'on ne peut toucher sans les anéantir. Le moindre vent bientôt les dissipe.

Revenons à la larve. Un peu plus tôt, un peu plus tard, elle tombe à terre, soit par accident, soit par elle-même. L'infime bestiole, pas plus grosse qu'une puce, a préservé ses tendres chairs naissantes des duretés du sol au moyen de son cordon suspenseur. Elle s'est raffermie dans l'air, moelleux édredon. Maintenant elle plonge dans les âpretés de la vie.

J'entrevois mille dangers pour elle. Un souffle de rien peut emporter cette atome ici, sur le roc inattaquable, là, sur l'océan d'une ornière où croupit un peu d'eau ; ailleurs, sur du sable, région de famine où rien ne végète ; ailleurs encore, sur un terrain argileux, trop tenace pour être labouré. Ces mortelles étendues sont fréquentes, et sont fréquents aussi les souffles dispersateurs en cette saison venteuse et déjà mauvaise de fin octobre.

Il faut à la débile créature une terre très souple, d'accès facile, afin de se mettre immédiatement à l'abri. Les jours froids s'approchent, les gelées vont venir. Errer quelque temps à la surface exposerait à de graves périls. Sans tarder, il convient de descendre en terre, et même profondément. Cette condition de salut, unique, impérieuse, dans bien des cas ne peut se réaliser. Que peuvent les griffettes de la puce sur la roche, le grès, la glaise durcie ? L'animalcule périra, faute de trouver à temps le refuge souterrain.

Le premier établissement, exposé à tant de mauvaises chances, est, tout l'affirme, cause de grande mortalité dans la famille de la Cigale. Le petit parasite noir, ravageur des œufs, nous disait déjà l'opportunité d'une ponte longuement fertile ; la difficulté de l'installation initiale nous explique, à son tour, comment le maintien de la race dans des proportions convenables exige de trois cents à quatre cents germes de la part de chaque mère. Émondée à l'excès, la Cigale est féconde à l'excès. Par la richesse de ses ovaires elle conjure la multiplicité des périls.

Dans l'expérience qui me reste à faire, je lui épargnerai du moins les difficultés de la première installation. Je fais choix de terre de bruyère, très souple, très noire, passée à un crible fin. Sa couleur foncée me permettra de retrouver plus aisément l'animalcule blond quand je voudrai m'informer de ce qui se passe ; sa souplesse conviendra à la débile pioche. Je la tasse médiocrement dans un vase en verre ; j'y plante une petite touffe de thym ; j'y sème quelques grains de blé. Aucun trou au fond du vase, comme l'exigerait la prospérité du thym et du froment : les captifs, trouvant l'orifice, ne manqueraient pas de s'évader. La plantation souffrira de ce défaut de drainage, mais au moins je suis sûr de retrouver mes bêtes, avec le secours de la loupe et beaucoup de patience. Du reste, je serai sobre d'irrigations, juste le strict nécessaire pour empêcher les plantes de périr.

Quand tout est en ordre, le blé commençant d'étaler sa première feuille, je dépose six jeunes larves de Cigale à la surface du sol. Les chétives bestioles arpentent, explorent assez rapidement le lit de terre ; quelques-unes essayent, sans y parvenir, de grimper sur la paroi du vase. Aucune ne fait mine de vouloir s'enfouir, à tel point que je me demande, anxieux, le but de recherches si actives, si prolongées. Deux heures se passent et le vagabondage ne cesse pas.

Que désirent-elles? De la nourriture? Je leur offre quelques petits bulbes avec faisceau de racines naissantes, quelques fragments de feuilles et des brins d'herbe frais. Rien ne les tente, ne les fixe. Apparemment elles font choix d'un point favorable avant de descendre en terre. Sur le sol que leur a fait mon industrie, ces hésitantes explorations sont inutiles : toute la superficie du champ se prête très bien, ce me semble, au travail que j'attends d'elles. Cela ne suffit pas, paraît-il.

Dans les conditions naturelles, une tournée à la ronde pourrait bien être indispensable. Là sont rares les emplacements souples comme mon lit de terre de bruyère, expurgée de tout corps dur, finement tamisée. Là sont fréquents, au contraire, les terrains grossiers, inattaquables par la minuscule pioche. La larve doit errer à l'aventure, pérégriner plus ou moins avant de trouver lieu favorable. Beaucoup même, à n'en pas douter, périssent épuisées d'infructueuses recherches. Un voyage d'exploration, dans un pays de quelques pouces d'étendue, fait donc partie du programme éducateur des jeunes Cigales. Dans mon bocal de verre, si somptueusement garni, ce pèlerinage est inutile. N'importe, il s'accomplit suivant les rites consacrés.

Mes voyageuses enfin se calment. Je les vois attaquer la terre avec les pics crochus de leurs pattes antérieures, la fouir et y pratiquer une excavation comme en ferait la pointe d'une forte aiguille. Armé d'une loupe, j'assiste à leurs coups de pioche, à leurs manœuvres du râteau ramenant à la surface un atome de terre. En quelques minutes, un puits bâille. L'animalcule y descend, s'y ensevelit, désormais invisible.

Le lendemain je renverse le contenu du vase, sans briser la motte, maintenue par les racines du thym et du froment. Je trouve toutes mes larves au fond, arrêtées par le verre. En vingt-quatre heures, elles ont franchi l'entière épaisseur de la couche de terre, un décimètre environ. Elles seraient même descendues plus bas sans l'obstacle du fond.

Dans le trajet, elles ont probablement rencontré les radicelles de ma plantation. S'y sont-elles arrêtées pour prendre un peu de nourriture en y implantant le suçoir? Ce n'est guère probable. Au fond du vase vide, quelques radicelles rampent. Aucune de mes six prisonnières ne s'y trouve installée. Peut-être la secousse du pot renversé les a-t-elle détachées.

Il est évident que, sous terre, il ne peut y avoir pour elles d'autre nourriture que le suc des racines. Adulte ou larvaire, la Cigale vit aux dépens des végétaux. Adulte, elle boit la sève des branches; larvaire, elle hume la sève des racines. Mais à quel moment se puise la première gorgée? Je l'ignore encore. Ce qui précède semble nous dire que la larve nouvellement éclose est plus pressée de gagner les profondeurs du sol, à l'abri des froids imminents, que de stationner aux buvettes rencontrées en route.

Je remets en place la motte de terre de bruyère, et les six exhumées sont déposées une seconde fois à la surface du sol. Des puits se creusent sans tarder. Les larves y disparaissent. Enfin le vase est mis sur la fenêtre de mon cabinet, où il recevra toutes les influences de l'air extérieur, les mauvaises comme les bonnes.

Un mois plus tard, en fin novembre, seconde visite. Les jeunes Cigales sont blotties, isolées, à la base de la motte. Elles n'adhèrent pas aux racines; elles n'ont changé ni d'aspect ni de taille. Telles je les avais vues au début de l'expérience, telles je les retrouve, un peu moins actives cependant. Ce défaut de croissance dans l'intervalle de novembre, le mois le plus doux de la rude saison, n'indiquerait-il pas que de tout l'hiver aucune nourriture n'est prise?

Les jeunes Sitaris, autres atomes animés, aussitôt sortis de l'œuf à l'entrée des galeries de l'Anthophore, restent amoncelés, immobiles, et passent dans une abstinence complète la mauvaise saison. A peu près ainsi sembleraient se comporter les petites Cigales. Une fois enfouies à des profondeurs où les gelées ne sont pas à craindre, elles sommeillent, solitaires, dans leurs quartiers d'hiver et attendent le retour du printemps pour mettre en perce quelque racine voisine et prendre leur première réfection.

J'ai essayé, sans succès, de confirmer par le fait observé les déductions où conduisent les précédents résultats. Au renouveau, en avril, je dépote pour la troisième fois ma touffe de thym. Je romps la motte, je l'épluche sous la loupe. C'est la recherche d'une épingle dans un tas de paille. Je trouve enfin mes petites Cigales. Elles sont mortes, peut-être de froid malgré la cloche dont j'avais couvert le pot, peut-être de famine, si le thym ne leur a pas convenu. Je renonce à la solution du problème trop difficultueux.

Pour la réussite de semblable éducation, il faudrait une couche de terre vaste et profonde, qui mettrait à l'abri des rigueurs de l'hiver; il faudrait, dans l'ignorance où je suis des racines préférées, végétation variée, où les petites larves choisiraient d'après leurs goûts. Ces conditions-là n'ont rien d'impraticable; mais comment, dans l'énorme amas terreux, d'un mètre cube au moins, retrouver ensuite l'atome que j'ai tant de peine à démêler dans une poignée de terre de bruyère noire? Et puis, il est certain qu'une fouille aussi laborieuse détacherait l'animalcule de sa racine nourricière.

La vie souterraine de la Cigale en ses débuts nous échappe. Celle de la larve bien développée n'est pas mieux connue. Dans les travaux des champs, à quelque profondeur, rien de plus commun que de rencontrer sous la bêche la rude fouisseuse; mais la surprendre fixée sur les racines qui l'alimentent incontestablement de leur sève, c'est une tout autre affaire. L'ébranlement du sol travaillé l'avertit du péril. Elle dégage le suçoir pour faire retraite dans quelque galerie ; et quand elle est mise à nu, elle a cessé de s'abreuver.

Mais si les fouilles agricoles, avec leurs troubles inévitables, ne peuvent nous renseigner sur les mœurs souterraines, elles nous instruisent au moins de la durée de la larve. Quelques cultivateurs de bonne volonté, occupés en mars à des défoncements profonds, se sont fait un plaisir de me ramasser toutes les larves, petites et grandes, que leur travail exhumait. La récolte fut de quelques centaines. Des différences de taille fort nettes partageaient le total en trois catégories : les grandes, avec rudiments d'ailes comme en possèdent les larves sortant de terre, les moyennes et les petites. A chacun de ces ordres de grandeur doit correspondre un âge différent. Adjoignons-y les larves de la dernière éclosion, animalcules forcément inaperçus de mes rustiques collaborateurs, et nous aurons quatre années pour la durée probable des Cigales sous terre.

La vie aérienne s'évalue plus aisément. J'entends les premières Cigales vers le solstice d'été. Un mois plus tard, l'orchestre atteint sa pleine puissance. Quelques retardataires, fort rares, exécutent de maigres solos jusqu'au milieu de septembre. C'est la fin du concert. Comme la sortie de terre n'a pas lieu pour toutes à la même époque, il est clair que les chanteuses de septembre ne sont pas contemporaines de celles du solstice. Prenons la moyenne entre ces deux dates extrêmes, et nous aurons environ cinq semaines.

Quatre années de rude besogne sous terre, un mois de fête au soleil, telle serait donc la vie de la Cigale. Ne reprochons plus à l'insecte adulte son délirant triomphe. Quatre ans, dans les ténèbres, il a porté sordide casaque de parchemin ; quatre ans, de la pointe de ses pics, il a fouillé le sol ; et voici le terrassier boueux soudain revêtu d'un élégant costume, doué d'ailes rivalisant avec celles de l'oiseau, grisé de chaleur, inondé de lumière, suprême joie de ce monde. Les cymbales ne seront jamais assez bruyantes pour célébrer de telles félicités, si bien gagnées, si éphémères.

XVIII

LA MANTE. — LA CHASSE

Encore une bête du Midi, d'intérêt au moins égal à celui de la Cigale, mais de célébrité bien moindre, parce qu'elle ne fait point de bruit*. Si le Ciel l'eût gratifiée de cymbales, première condition de la popularité, elle éclipserait le renom de la célèbre chanteuse, tant sont étranges et sa forme et ses mœurs. On l'appelle ici *lou Prègo-Diéu*, la bête qui prie Dieu. Son nom officiel est Mante religieuse (*Mantis religiosa* Lin.).

Le langage de la science et le naïf vocabulaire du paysan sont ici d'accord et font de la bizarre créature une pythonisse rendant ses oracles, une ascète en extase mystique. La comparaison date de loin. Déjà les Grecs appelaient l'insecte Μάντις, le devin, le prophète. L'homme des champs n'est pas difficile en fait d'analogies ; il supplée richement aux vagues données des apparences. Il a vu sur les herbages brûlés par le soleil un insecte de belle prestance, à demi redressé majestueusement. Il a remarqué ses amples et fines ailes vertes, traînant à la façon de longs voiles de lin ; il a vu ses pattes antérieures, des bras pour ainsi dire, levées vers le ciel en posture d'invocation. Il n'en fallait pas davantage ; l'imagination populaire a fait le reste ; et voilà, depuis les temps antiques, les broussailles peuplées de devineresses en exercice d'oracle, de religieuses en oraison.

O bonnes gens aux naïvetés enfantines, quelle erreur était la vôtre ! Ces airs patenôtriers cachent des mœurs atroces ; ces bras suppliants sont d'horribles machines de brigandage : ils n'égrènent pas des chapelets, ils exterminent qui passe à leur portée. Par une exception qu'on serait loin de soupçonner dans la série herbivore des Orthoptères*, la Mante se nourrit exclusivement de proie vivante. Elle est le tigre des paisibles populations entomologiques, l'ogre en embuscade qui prélève tribut de chair fraîche. Supposons-lui vigueur suffisante, et ses appétits carnassiers, ses traquenards d'horrible perfection en feraient la terreur des campagnes. Le *Prègo-Diéu* deviendrait vampire satanique.

Son instrument de mort à part, la Mante n'a rien qui inspire appréhension. Elle ne manque même pas de gracieuseté, avec sa taille svelte, son élégant corsage, sa coloration d'un vert tendre, ses longues ailes de gaze. Pas de mandibules féroces, ouvertes en cisailles ; au contraire, un fin museau pointu qui semble fait pour becqueter. A la faveur d'un cou flexible, bien dégagé du thorax, la tête peut pivoter, se tourner de droite et de gauche, se pencher, se redresser. Seule parmi les insectes, la Mante dirige son regard ; elle inspecte, elle examine ; elle a presque une physionomie.

Le contraste est grand entre l'ensemble du corps, d'aspect très pacifique, et la meurtrière machine des pattes antérieures, si justement qualifiées de ravisseuses. La hanche** est d'une longueur et d'une puissance insolites. Son rôle est de lancer en avant le piège à loups qui n'attend pas la victime, mais va la chercher. Un peu de parure embellit le traquenard. A la face interne, la base de la hanche est agrémentée d'une belle tache noire ocellée de blanc ; quelques rangées de fines perles complètent l'ornementation.

La cuisse, plus longue encore et sorte de fuseau déprimé, porte à la face inférieure, sur la moitié d'avant, une double rangée d'épines acérées. La rangée interne en comprend une douzaine, alternativement noires et plus longues, vertes et plus courtes. Cette alternance des longueurs inégales multiplie les points d'engrenage et favorise l'efficacité de l'arme. La rangée externe est plus simple et n'a que quatre dents. Enfin trois aiguillons, les plus longs de tous, se dressent en arrière de la double série. Bref, la cuisse est une scie à deux lames parallèles, que sépare une gouttière où vient s'engager la jambe repliée.

Celle-ci, très mobile sur son articulation avec la cuisse, est également une scie double, à dents plus petites, plus nombreuses et plus serrées que celles de la cuisse. Elle se termine par un robuste croc dont la pointe rivalise d'acuité avec la meilleure aiguille, croc canaliculé en dessous, à double lame de couteau courbe ou de serpette.

Outil de haute perfection pour transpercer et déchirer, ce harpon m'a laissé de piquants souvenirs. Que de fois, dans mes chasses, griffé par la bête que je venais de prendre et n'ayant pas les deux mains libres, il m'a fallu recourir à l'aide d'autrui pour me libérer de ma tenace capture! Qui voudrait se dépêtrer par la violence, sans dégager avant les crocs implantés, s'exposerait à des éraflures comme pourraient en faire les aiguillons du rosier. Aucun de nos insectes n'est de maniement plus incommode. Cela vous griffe de ses pointes de serpette, vous larde de ses piquants, vous saisit de ses étaux, et vous rend la défense à peu près impossible si, désireux de conserver votre prise vivante, vous ménagez le coup de pouce qui mettrait fin à la lutte en écrasant la bête.

Au repos, le traquenard est plié et redressé contre la poitrine, inoffensif en apparence. Voilà l'insecte qui prie. Mais qu'une proie vienne à passer, et la posture d'oraison brusquement cesse. Soudain déployées, les trois longues pièces de la machine portent au loin le grappin terminal, qui harponne, revient en arrière et amène la capture entre les deux scies. L'étau se referme par un mouvement pareil à celui du bras vers l'avant-bras; et c'est fini : criquet, sauterelle et autres plus puissants, une fois saisis dans l'engrenage à quatre rangées de pointes, sont perdus sans ressource. Ni leurs trémoussements désespérés ni leurs ruades ne feront lâcher le terrible engin.

Impraticable dans la liberté des champs, l'étude suivie des mœurs exige ici l'éducation à domicile. L'entreprise n'a rien de difficile : la Mante est peu soucieuse de son internement sous cloche, à la condition d'être bien nourrie. Tenons-lui des vivres de choix, renouvelés tous les jours, et le regret des buissons ne la tourmentera guère.

J'ai pour volières, à l'usage de mes captives, une dizaine d'amples cloches en

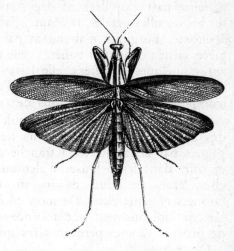

Mante religieuse.

allique, les mêmes dont il se fait emploi pour mettre à l'abri des mouches certaines provisions de table. Chacune repose sur une terrine remplie de sable. Une touffe sèche de thym, une pierre plate où pourra plus tard se faire la ponte, en composent tout l'ameublement. Ces chalets sont rangés sur la grande table de mon laboratoire aux bêtes, où le soleil les visite la majeure partie de la journée. J'y installe mes captives, les unes isolées, les autres par groupes.

C'est dans la seconde quinzaine du mois d'août que je commence à rencontrer l'insecte adulte dans les herbages fanés, les broussailles, au bord des chemins. Les femelles, à ventre déja volumineux, sont de jour en jour plus fréquentes. Leurs fluets compagnons sont, au contraire, assez rares, et j'ai parfois bien de la peine à compléter mes couples, car il se fait dans les volières une tragique consommation de ces nains. Réservons ces atrocités pour plus tard, et parlons d'abord des femelles.

Ce sont de fortes mangeuses dont l'entretien, lorsqu'il doit durer quelques mois, n'est pas sans difficultés. Il faut renouveler presque chaque jour les provisions, pour la majeure part gaspillées en dégustations dédaigneuses. Sur ses broussailles natales, la Mante, j'aime à le croire, est plus économe. Le gibier n'abondant pas, elle utilise à fond la pièce saisie ; dans mes volières, elle est prodigue. Souvent, après quelques bouchées, elle laisse choir, elle abandonne le riche morceau sans en tirer d'autre profit. Ainsi se trompent, paraît-il, les ennuis de la captivité.

Pour faire face à ce luxe de table, il me faut recourir à des aides. Deux ou trois petits désœuvrés du voisinage, gagnés par la tartine et la tranche de melon, vont, matin et soir, dans les pelouses d'alentour, garnir leurs bourriches, étuis en bouts de roseau, où s'entassent vivants criquets et sauterelles. De mon côté, le filet à la main, je fais quotidiennement une tournée dans l'enclos, désireux de procurer à mes pensionnaires quelque gibier de choix.

Ces pièces d'élite, je les destine à m'apprendre jusqu'où peuvent aller l'audace et la vigueur de la Mante. De ce nombre sont le gros Criquet cendré (*Pachytylus cinerascens* Fab.), dépassant en volume celle qui doit le consommer ; le Dectique à front blanc, armé de vigoureuses mandibules dont les doigts ont à se méfier ; le bizarre Truxale, coiffé d'une mitre en pyramide ; l'Éphippigère des vignes, qui fait grincer des cymbales et porte sabre au bout du ventre bedonnant. A cet assortiment de gibier peu commode, ajoutons deux horreurs, deux araignées parmi les plus grandes du pays : l'Épeire soyeuse*, dont l'abdomen discoïde et festonné a l'ampleur d'une pièce de vingt sous ; l'Épeire diadème, affreusement hirsute et ventrue.

Qu'en liberté la Mante s'attaque à de pareils adversaires, je ne peux en douter lorsque je la vois, sous mes cloches, livrer hardiment bataille à tout ce qui se présente. A l'affût parmi les buissons, elle doit profiter des aubaines opulentes offertes par le hasard, comme elle profite, sous le grillage métallique, des richesses dues à ma générosité. Ces grandes chasses, pleines de péril, ne s'improvisent pas ; elles doivent être dans les habitudes courantes. Toutefois, elles paraissent rares, faute d'occasion, et au grand regret de la Mante peut-être.

Criquets de toute espèce, papillons, libellules, grosses mouches, abeilles et autres moyennes captures, voilà ce qu'on rencontre habituellement entre les pattes ravisseuses. Toujours est-il que dans mes volières l'audacieuse chasseresse ne recule devant rien. Criquet cendré et Dectique, Épeire et Truxale, tôt ou tard sont harponnés, immobilisés entre les scies et délicieusement croqués. La chose mérite d'être racontée.

A la vue du gros Criquet qui s'est étourdiment approché sur le treillis de la cloche, la Mante, secouée d'un soubresaut convulsif, se met soudain en terrifiante posture. Une commotion électrique ne produirait pas effet plus rapide. La transition est si brusque, la mimique si menaçante, que l'observateur novice sur-le-champ hésite, retire la main, inquiet d'un danger inconnu. Si la pensée est ailleurs, je ne peux encore, vieil habitué, me défen-

Dectique.

dre d'une certaine surprise. On a devant soi, à l'improviste, une sorte d'épouvantail, de diablotin chassé hors de sa boîte par l'élasticité d'un ressort.

Les élytres s'ouvrent, rejetés obliquement de côté ; les ailes s'étalent dans toute leur ampleur et se dressent en voiles parallèles, en vaste cimier qui domine le dos ; le bout du ventre se convolute en crosse, remonte, puis s'abaisse et se détend par brusques secousses avec une sorte de souffle, un bruit de *puf! puf!* rappelant celui du dindon qui fait la roue. On dirait les bouffées d'une couleuvre surprise.

    Fièrement campé sur les quatre pattes postérieures, l'insecte tient son long corsage presque vertical. Les pattes ravisseuses, d'abord ployées et appliquées l'une contre l'autre devant la poitrine, s'ouvrent toutes grandes, se projettent en croix et mettent à découvert les aisselles ornementées de rangées de perles et d'une tache noire à point central blanc. Les deux ocelles, vague imitation de ceux de la queue du paon, sont, avec les fines bosselures éburnéennes, des joyaux de guerre tenus secrets en temps habituel. Cela ne s'exhibe de l'écrin qu'au moment de se faire terrible et superbe pour la bataille.

    Immobile dans son étrange pose, la Mante surveille l'acridien, le regard fixé dans sa direction, la tête pivotant un peu à mesure que l'autre se déplace*. Le but de cette mimique est évident : la Mante veut terroriser, paralyser d'effroi la puissante venaison, qui, non démoralisée par l'épouvante, serait trop dangereuse.

    Y parvient-elle ? Sous le crâne luisant du Dectique, derrière la longue face du Criquet, nul ne sait ce qui se passe. Aucun signe d'émotion ne se révèle à nos regards sur leurs masques impassibles. Il est certain néanmoins que le menacé connaît le danger. Il voit se dresser devant lui un spectre, les crocs en l'air, prêts à s'abattre ; il se sent en face de la mort et il ne fuit pas lorsqu'il en est temps encore. Lui qui excelle à bondir et qui si aisément pourrait s'élancer loin des griffes, lui le sauteur aux grosses cuisses, stupidement reste en place ou même se rapproche à pas lents.

    On dit que les petits oiseaux, paralysés de terreur devant la gueule ouverte du serpent, médusés par le regard du reptile, se laissent happer, incapables d'essor. A peu près ainsi se comporte, bien des fois, l'acridien. Le voici à portée de la fascinatrice. Les deux grappins s'abattent, les griffes harponnent, les doubles scies se referment, enserrent. Vainement le malheureux proteste : ses mandibules mâchent à vide, ses ruades désespérées fouettent l'air. Il faut y passer. La Mante replie les ailes, son étendard de guerre ; elle reprend la pose normale, et le repas commence.

Dans l'attaque du Truxale et de l'Éphippigère, gibiers moins périlleux que le Criquet cendré et le Dectique, la pose spectrale est moins imposante et de moindre durée. Les grappins lancés souvent suffisent. Ils suffisent aussi à l'égard de l'Épeire, saisie par le travers du corps, sans nul souci des crochets à venin. Avec les modestes Criquets, menu habituel sous mes cloches comme en liberté, la Mante emploie rarement ses moyens d'intimidation ; elle se borne à saisir l'étourdi passant à sa portée.

Lorsque la pièce à capturer peut présenter résistance

Mante dévorant une proie.

sérieuse, la Mante a donc à son service une pose qui terrorise, fascine la proie et donne aux crocs le moyen de happer sûrement. Ses pièges à loups se referment sur une victime démoralisée, incapable de défense. Elle immobilise d'effroi son gibier au moyen d'une brusque attitude de spectre.

Un grand rôle revient aux ailes dans la fantastique pose. Elles sont très amples, vertes au bord externe, incolores et diaphanes dans tout le reste. De nombreuses nervures, rayonnant en éventail, les parcourent dans le sens de la longueur. D'autres, plus fines et transversales, coupent les premières à angle droit et forment avec elles une multitude de mailles. Dans l'attitude spectrale, les ailes s'étalent et se redressent en deux plans parallèles qui se touchent presque, comme le font les ailes des papillons diurnes au repos. Entre les deux se meut, par brusques élans, le bout convoluté de l'abdomen. Du frôlement du ventre contre le réseau des nervures alaires provient l'espèce de souffle que j'ai

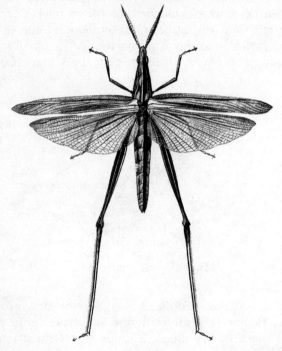

Truxale.

comparé aux bouffées d'une couleuvre en posture défensive. Pour imiter l'étrange bruit, il suffit de promener rapidement le bout de l'ongle contre la face supérieure d'une aile déployée.

Des ailes s'imposent au mâle, nain fluet qui doit, d'une broussaille à l'autre, vagabonder pour la pariade. Il les a bien développées, suffisantes, et de reste, pour ses essors, dont la plus grande portée atteint à peine quatre ou cinq de nos pas. Il est très sobre, ce mesquin. Fort rarement, dans mes volières, je le surprends avec un maigre Criquet, une proie de rien, des plus inoffensives. C'est dire qu'il ne connaît pas la pose de fantôme, inutile pour lui, chasseur de peu d'ambition*.

L'opportunité des ailes ne se comprend pas, au contraire, pour la femelle, démesurément obèse à la maturité des œufs. Elle grimpe, elle court; jamais elle ne vole, alourdie par son embonpoint. Alors dans quel but des ailes, et des ailes comme il y en a bien peu d'ampleur semblable?

La question devient plus pressante si l'on considère la Mante décolorée *(Ameles decolor)*, proche voisine de la Mante religieuse. Le mâle est ailé, et même d'essor assez prompt. La femelle, traînant gros ventre bourré d'œufs, réduit ses ailes à des moignons et porte veston à courtes basques comme les fromagers de l'Auvergne et de la Savoie. Pour qui ne doit pas quitter les gazons secs et les pierrailles, ce costume écourté sied mieux que d'inutiles falbalas de gaze. La Mante décolorée a raison de ne garder que simple vestige de l'encombrante voilure.

L'autre a-t-elle tort de conserver des ailes, de les exagérer quoique d'essor nul? Pas du tout : la Mante religieuse chasse le gros gibier. Parfois, en son affût, se présente une pièce périlleuse à dompter. L'attaque directe pourrait être fatale. Il convient d'abord d'intimider le survenant, de mater sa résistance par la terreur. Dans ce but, elle déploie soudain ses ailes en suaire de fantôme. Les vastes voiles inhabiles au vol sont des engins de chasse. Ce stratagème n'est pas nécessaire à la petite Mante décolorée, qui capture débile proie, Moucherons et Criquets naissants. De mœurs pareilles et ne pouvant ni l'une ni l'autre voler pour cause d'obésité, les deux chasseresses ont des costumes en rapport avec les difficultés de l'embuscade. La première, violente amazone, amplifie ses ailes en menaçant étendard; la seconde, modeste oiseleur, les réduit à des basques exiguës.

En un moment de fringale, après un jeûne de quelques jours, le Criquet cendré, pièce de volume égal ou même supérieur à celui de la Mante religieuse, est intégralement consommé, moins les ailes, trop arides. Pour ronger la monstrueuse venaison, deux heures suffisent. Semblable orgie est rare. J'y ai assisté une ou deux fois, me demandant toujours comment la gloutonne bête trouvait place pour tant de nourriture, et comment se renversait en sa faveur l'axiome du contenu moindre que le contenant. J'admire ces hautes prérogatives d'un estomac où la matière ne fait que passer : aussitôt digérée, fondue, disparue.

L'habituel menu sous mes cloches est le Criquet, de taille et d'espèce fort variables. Il n'est pas sans intérêt de voir la Mante grignoter son acridien, que maintiennent à la fois les deux étaux des pattes ravisseuses. Malgré le fin museau pointu, qui semble peu fait pour cette ripaille, la pièce entière disparaît, à l'exception des ailes, dont la base seule, un peu charnue est mise à profit. Les pattes, les téguments coriaces, tout y passe. Parfois le gigot, l'une des grosses cuisses postérieures, est saisi par le manche. La Mante le porte à la bouche, le déguste, le gruge avec un petit air de satisfaction. La cuisse renflée du Criquet pourrait bien être pour elle un morceau de choix, comme est pour nous le gigot du mouton.

L'attaque de la proie commence par la nuque. Tandis que l'une des pattes ravisseuses tient le patient harponné par le milieu du corps, l'autre presse la tête et fait bâiller le cou en dessus. En ce défaut de la cuirasse fouille et mordille le museau de la Mante, avec une certaine persistance. Une large plaie cervicale s'ouvre. Les ruades de l'acridien se calment, la proie se fait cadavre inerte ; et désormais, plus libre de mouvements, la carnassière bête choisit à sa guise les morceaux.

Ce fait de la nuque rongée la première est trop constant pour ne pas avoir sa raison d'être. Permettons-nous une digression qui nous renseignera. En juin, je rencontre fréquemment sur les lavandes de l'enclos deux petites araignées crabes (*Thomisus onustus* Walck., et *Thomisus rotundatus* Wack.). L'une, d'un blanc satiné, a les pattes annelées de vert et de rose ; l'autre, d'un noir intense, a l'abdomen cerclé de rouge avec tache centrale foliacée. Ce sont deux gracieuses aranéides, marchant de côté à la façon des crabes. Elles ne savent pas se tisser un filet de chasse ; le peu de soie qu'elles possèdent est exclusivement réservé pour le sachet de bourre où sont renfermés les œufs. Leur tactique consiste donc à se tenir en embuscade sur les fleurs, et à se jeter à l'improviste sur la proie qui vient y butiner.

Leur gibier de prédilection est l'Abeille domestique. Je les surprends maintes fois avec leur capture, tantôt happée

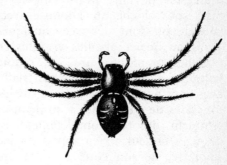

Araignée crabe.

par la nuque et tantôt par un point quelconque du corps, même par le bout de l'aile. Dans tous les cas, l'Abeille est morte, les pattes pendantes, la langue étirée.

Les crochets venimeux implantés dans la nuque me donnent à réfléchir ; j'y vois un trait frappant de ressemblance avec la pratique de la Mante lorsqu'elle entame son Criquet. Puis surgit aussi cette question : comment la faible aranéide, vulnérable en tout point de son corps mou, parvient-elle à s'emparer d'une proie comme l'Abeille, plus forte qu'elle, plus alerte et armée d'un aiguillon à piqûre mortelle ?

La disproportion est si grande entre l'assaillante et l'assaillie pour la vigueur corporelle et la puissance des armes, qu'une telle lutte semble impossible lorsque n'intervient aucun réseau, aucun lacet de soie qui entraverait, ligoterait la redoutable capture. Le contraste ne serait pas plus grand si le mouton s'avisait de sauter à la gorge du loup. Cependant l'audacieuse attaque a lieu, et la victoire reste au plus faible, comme le prouvent les nombreuses abeilles mortes que je vois sucées, des heures durant, par les

Thomises. La faiblesse relative doit être compensée par un art spécial ; l'aranéide doit posséder une stratégie qui lui fait surmonter la difficulté en apparence insurmontable.

Épier les événements sur les bordures de lavande m'exposerait à de longues stations infructueuses. Il est préférable de faire moi-même les préparatifs du duel. Je mets sous cloche un Thomise avec un bouquet d'épis de lavande où sont déposées quelques gouttelettes de miel. Trois ou quatre abeilles vivantes complètent la volière.

Celles-ci n'ont cure du redoutable voisinage. Elles voltigent autour de l'enceinte treillissée ; de temps à autre elles vont prendre une lampée sur les fleurs miellées, parfois tout près de l'aranéide, à un demi-centimètre à peine. Elles semblent ignorer complètement le danger. L'expérience des âges ne leur a rien appris sur leur terrible égorgeur. Le Thomise, de son côté, se tient immobile sur un épi, au voisinage du miel. Les quatre pattes antérieures, plus longues, sont étalées, un peu relevées, prêtes à l'attaque.

Une abeille vient boire à la goutte de miel. C'est le moment. L'araignée s'élance et de ses crocs saisit l'imprudente par le bout des ailes, tandis que les pattes la tiennent gauchement enlacée. Quelques secondes se passent, l'abeille se démenant de son mieux avec l'agresseur sur le dos, hors des atteintes du stylet. Cette prise corps à corps ne peut durer longtemps, l'enlacée se dégagerait. Aussi l'autre lâche l'aile et d'un coup brusque happe la proie exactement par la nuque. Les crochets implantés, c'est fini : mort s'ensuit. L'abeille est foudroyée. De sa turbulente activité il ne reste plus que de faibles frémissements des tarses, dernières convulsions bientôt éteintes.

Tenant toujours la proie par la nuque, le Thomise fait régal, non du cadavre, qui reste intact, mais du sang lentement humé. Lorsque le col est tari, un autre point est sucé, sur l'abdomen, le thorax, au hasard. Ainsi s'explique comment mes observations en plein air me montraient le Thomise avec les crocs fixés tantôt sur la nuque, tantôt sur un autre point de l'abeille. Dans le premier cas, la capture était récente, et le meurtrier conservait sa pose du début ;

dans le second cas, elle était déjà vieille, et l'aranéide avait abandonné la blessure cervicale épuisée pour mordre sur une autre partie riche de sucs, n'importe laquelle.

Déplaçant ainsi ses crochets, un peu de-ci, un peu de-là, à mesure que la proie se tarit, le petit ogre se gorge du sang de la victime avec une voluptueuse lenteur. J'ai vu le repas durer sept heures consécutives, et encore la proie n'a-t-elle été lâchée qu'à la suite d'une surprise causée par mon examen indiscret. Le cadavre abandonné, relief de valeur nulle pour l'aranéide, n'est en rien démembré. Aucune trace de chairs mâchées, aucune blessure apparente. L'abeille est tarie de sang, et c'est tout.

Mon ami Bull, de son vivant, appréhendait par la peau du cou l'adversaire dont il était urgent de maîtriser les crochets. Sa méthode est d'usage général chez la race canine. Une gueule grondante, blanchie d'écume, est là, toute ouverte, prête à mordre ; la prudence la plus élémentaire conseille de l'immobiliser en saisissant la nuque. Dans la lutte avec son abeille, l'aranéide n'a pas le même but. Qu'a-t-elle à craindre de sa capture? L'aiguillon avant tout, le terrible stylet dont le moindre coup la mettrait à mal.

Et cependant elle ne s'en préoccupe point. C'est à l'arrière du cou qu'elle en veut, uniquement là, jamais ailleurs, tant que la proie n'est pas morte. Ce faisant, elle ne se propose pas d'imiter la tactique du chien et d'immobiliser la tête, d'ailleurs bien peu dangereuse. Son dessein, de plus haute portée, nous est révélé par la fin foudroyante de l'abeille. Aussitôt la nuque happée, la capture agonise. Les centres cérébraux sont donc lésés, empoisonnés de venin, et le foyer primordial de vie dès l'instant s'éteint. Ainsi s'évite une lutte qui, prolongée, tournerait certainement au désavantage de l'agresseur. L'abeille a pour elle le dard et la force ; le délicat Thomise a pour lui la profonde science du meurtre.

Revenons à la Mante, qui possède, elle aussi, quelques notions sur cet art d'une mort prompte où excelle la petite araignée, si habile à juguler son abeille. Un robuste Criquet est saisi, parfois une puissante Sauterelle. Il convient de consommer en paix la victuaille, sans les soubresauts d'une proie qui ne veut absolument pas se laisser faire. Repas troublé manque de saveur. Or, le principal moyen de défense consiste ici dans les pattes postérieures, vigoureux leviers aux brutales ruades, et d'ailleurs dentelées en une scie qui éventrerait si par malheur elle venait à frôler la volumineuse panse de la Mante. Comment faire pour les réduire à l'impuissance, ainsi que les autres, peu dangereuses, mais embarrassantes tout de même, avec leurs gesticulations désespérées?

Les amputer une à une serait à la rigueur praticable; un peu long, il est vrai, et non sans péril. La Mante a mieux trouvé. Elle connaît les secrets anatomiques de la nuque. En attaquant d'abord sa capture par l'arrière du cou entrebâillé, elle mâche les ganglions cervicaux, elle étouffe l'énergie musculaire dans sa source principale; et l'inertie survient, non soudaine et complète, car le grossier Criquet n'a pas l'exquise et fragile vitalité de l'abeille, mais enfin suffisante dès les premières bouchées. Bientôt ruades et gesticulations s'épuisent, tout mouvement cesse, et la venaison, si grosse qu'elle soit, se consomme en pleine quiétude.

Parmi les venateurs, j'ai distingué autrefois ceux qui paralysent et ceux qui tuent, effrayants de science anatomique les unes et les autres. Aujourd'hui aux tueurs adjoignons le Thomise, expert dans le coup à la nuque, et la Mante, qui, pour dévorer à l'aise un puissant gibier, l'immobilise en lui rongeant d'abord les ganglions cervicaux.

XIX

LA MANTE. — LES AMOURS

Le peu que nous venons d'apprendre sur les mœurs de la Mante ne concorde guère avec ce que pouvait faire supposer l'appellation populaire. D'après le terme de *Prègo-Diéu*, on s'attendait à un insecte placide, dévotement recueilli, et l'on se trouve en présence d'un cannibale, d'un féroce spectre mâchant la cervelle de sa capture démoralisée par la terreur. Et ce n'est pas encore là le côté le plus tragique. Dans ses relations entre pareilles, la Mante nous réserve des mœurs comme on n'en trouverait pas d'aussi atroces même chez les Araignées, malfamées à cet égard.

Pour réduire le nombre de cloches encombrant ma grande table, pour me faire un peu de large tout en conservant ménagerie suffisante, j'installe dans la même volière plusieurs femelles, parfois jusqu'à la douzaine. Comme espace, le commun logis est convenable. Il y a place de reste pour les évolutions des captives, qui d'ailleurs, lourdes de ventre, n'aiment guère le mouvement. Accrochées au treillis du dôme, elles digèrent, immobiles, ou bien attendent le passage d'une proie. Ainsi font-elles en liberté parmi les broussailles.

La cohabitation a ses dangers. Je sais que lorsque le foin manque au râtelier, les ânes se battent, eux les pacifiques.

Mes pensionnaires, moins accommodantes, pourraient bien, en un moment de disette, s'aigrir le caractère et batailler entre elles. J'y veille en tenant les volières bien approvisionnées de Criquets, renouvelés deux fois par jour. Si la guerre civile éclate, ne pourra s'invoquer l'excuse de la famine.

D'abord les choses ne vont pas mal. La population vit en paix, chaque Mante happant et grugeant ce qui passe à sa portée, sans chercher noise aux voisines. Mais cette période de concorde est de courte durée. Les ventres se gonflent, les ovaires mûrissent leurs chapelets d'œufs, le moment des noces et de la ponte approche. Alors éclate une sorte de rage jalouse, bien que soit absent tout mâle à qui pourraient s'imputer des rivalités féminines. Le travail des ovaires pervertit le troupeau, lui inspire la frénésie de s'entre-dévorer. Il y a des menaces, des prises de corps, des festins de cannibales. Alors reparaissent la pose de spectre, le souffle des ailes, le geste terrible des grappins étendus et levés en l'air. En face du Criquet cendré ou du Dectique à front blanc, les démonstrations hostiles ne seraient pas plus menaçantes.

Sans motif que je puisse soupçonner, deux voisines brusquement se dressent dans leur attitude de guerre. Elles tournent la tête de droite et de gauche, se provoquent, s'insultent du regard. Le puf! puf! des ailes frôlées par l'abdomen sonne la charge. Si le duel doit se borner à la première égratignure, sans autre suite plus grave, les pattes ravisseuses, maintenues ployées, s'ouvrent ainsi que les feuillets d'un livre, se rejettent de côté et encadrent le long corselet. Pose superbe, mais moins terrible que celle d'un combat à mort.

Puis l'un des grappins, d'une soudaine détente, s'allonge, harponne la rivale ; avec la même brusquerie, il se retire et se remet en garde. L'adversaire riposte. Deux chats se giflant rappellent un peu cette escrime. Au premier sang sur la molle bedaine, ou même sans la moindre blessure, l'une s'avoue vaincue et se retire. L'autre replie son étendard de bataille et va méditer ailleurs la capture d'un

Criquet, tranquille en apparence mais toujours prête à recommencer la querelle.

Le dénouement tourne bien des fois de façon plus tragique. Alors est prise dans sa plénitude la pose des duels sans merci. Les pattes ravisseuses se déploient et se dressent en l'air. Malheur à la vaincue! L'autre la saisit entre ces étaux, et se met sur l'heure à la manger, en commençant par la nuque, bien entendu. L'odieuse bombance se fait aussi paisiblement que s'il s'agissait de croquer une Sauterelle. L'attablée savoure sa sœur ainsi qu'un mets licite; et l'entourage ne proteste pas, désireux d'en faire autant à la première occasion.

Ah! les féroces bêtes! On dit que les loups ne se mangent pas entre eux. La Mante n'a pas ce scrupule; elle fait régal de sa pareille quand abonde autour d'elle son gibier favori, le Criquet. Elle a l'équivalent de l'anthropophagie, cet épouvantable travers de l'homme.

Ces aberrations, ces envies de bête en gésine peuvent atteindre un degré plus révoltant encore. Assistons à la pariade, et, pour éviter les désordres d'une société nombreuse, isolons les couples sous des cloches différentes. A chaque paire son domicile, où nul ne viendra troubler les noces. N'oublions pas les vivres, maintenus abondants, afin que n'intervienne pas l'excuse de la faim.

Nous sommes vers la fin d'août. Le mâle, fluet amoureux, juge le moment propice. Il lance des œillades vers sa puissante compagne; il tourne la tête de son côté, il fléchit le col, il redresse la poitrine. Sa petite frimousse pointue est presque visage passionné. En cette posture, immobile, longtemps il contemple la désirée. Celle-ci ne bouge pas, comme indifférente. L'amoureux cependant a saisi un signe d'acquiescement, signe dont je n'ai pas le secret. Il se rapproche; soudain il étale les ailes, qui frémissent d'un tremblement convulsif. C'est là sa déclaration. Il s'élance, chétif, sur le dos de la corpulente; il se cramponne de son mieux, se stabilise. En général, les préludes sont longs. Enfin l'accouplement se fait, de longue durée lui aussi, cinq à six heures parfois.

Rien qui mérite attention entre les deux conjoints immobiles. Enfin ils se séparent, mais pour se rejoindre bientôt de façon plus intime. Si le pauvret est aimé de la belle comme vivificateur des ovaires, il est aimé aussi comme gibier de haut goût. Dans la journée, en effet, le lendemain, au plus tard, il est saisi par sa compagne, qui lui ronge d'abord la nuque, suivant les us et coutumes, et puis méthodiquement, à petites bouchées, le consomme, ne laissant que les ailes. Ce n'est plus ici jalousie de sérail entre pareilles, mais bien fringale dépravée.

La curiosité m'est venue de savoir comment serait reçu un second mâle par la femelle qui vient d'être fécondée. Le résultat de mon enquête est scandaleux. La Mante, dans bien des cas, n'est jamais assouvie d'embrassements et de festins conjugaux. Après un repos de durée variable, la ponte déjà faite ou non, un second mâle s'accepte, puis se dévore comme le premier. Un troisième lui succède, remplit son office et disparaît mangé. Un quatrième a semblable sort. Dans l'intervalle de deux semaines, je vois ainsi la même Mante user jusqu'à sept mâles. A tous elle livre ses flancs, à tous elle fait payer de la vie l'ivresse nuptiale.

De telles orgies sont fréquentes, à des degrés divers, tout en souffrant des exceptions. Dans les journées très chaudes, à forte tension électrique, elles sont presque la règle générale. En des temps pareils, les Mantes ont leurs nerfs. Sous les cloches à population multiple, les femelles mieux que jamais s'entre-dévorent ; sous les cloches à couples séparés, mieux que jamais les mâles sont traités en vulgaire proie après accouplement.

Comme excuse de ces atrocités conjugales, je voudrais pouvoir me dire : en liberté, la Mante ne se comporte pas de la sorte ; le mâle, sa fonction remplie, a le temps de se garer, d'aller au loin, de fuir la terrible commère, puisque, dans mes volières, un répit lui est donné, parfois jusqu'au lendemain. Ce qui se passe réellement sur les broussailles, je l'ignore, le hasard, pauvre ressource, ne m'ayant jamais renseigné sur les amours de la Mante en liberté. Il faut que je m'en rapporte aux événements des volières, où les captives bien ensoleillées, grassement nourries, amplement logées, ne semblent en aucune façon atteintes de nostalgie. Ce qu'elles font là, elles doivent le faire dans les conditions normales.

Eh bien, ces événements rejettent l'excuse du délai donné aux mâles pour s'éloigner. Je surprends, isolé, l'horrible couple que voici. Le mâle, recueilli dans ses vitales fonctions, tient la femelle étroitement enlacée. Mais le malheureux n'a pas de tête ; il n'a pas de col, presque pas de corsage. L'autre, le museau retourné sur l'épaule, continue de ronger, fort paisible, les restes du doux amant. Et ce tronçon masculin, solidement cramponné, continue sa besogne !

L'amour est plus fort que la mort, a-t-on dit. Pris à la lettre, jamais l'aphorisme n'a reçu confirmation plus éclatante. Un décapité, un amputé jusqu'au milieu de la poitrine, un cadavre persiste à vouloir donner la vie. Il ne lâchera prise que lorsque sera entamé le ventre, siège des organes procréateurs*.

Manger l'amoureux après mariage consommé, faire repas du nain épuisé, désormais bon à rien, cela se comprend, dans une certaine mesure, chez l'insecte peu scrupuleux en matière de sentiment ; mais le croquer pendant l'acte, cela dépasse tout ce qu'oserait rêver une atroce imagination. Je l'ai vu, de mes yeux vu, et ne suis pas encore remis de ma surprise.

Pouvait-il fuir et se garer, celui-là, surpris en sa besogne ? Non certes. Concluons : les amours de la Mante sont tragiques, tout autant, peut-être même plus que celles de l'Araignée. L'espace restreint des volières favorise, je n'en disconviens pas, le massacre des mâles, mais la cause de ces tueries est ailleurs.

Peut-être est-ce une réminiscence des temps géologiques, lorsque, à l'époque houillère, l'insecte s'ébauchait en des ruts monstrueux. Les Orthoptères, dont les Mantiens font partie, sont les premiers-nés du monde entomologique**. Grossiers, incomplets en transformation, ils vaguaient parmi les fougères arborescentes, déjà florissants lorsque n'existait encore aucun des insectes à délicates métamorphoses, Papillons, Scarabées, Mouches, Abeilles. Les mœurs n'étaient pas douces en ces temps de fougue pressée de détruire afin de produire ; et les Mantes, faible souvenir des antiques spectres, pourraient bien continuer les amours d'autrefois.

La consommation des mâles comme gibier est en usage chez d'autres membres de la famille mantienne. Volontiers je l'admettrais générale. La petite Mante décolorée, si mignonne, si paisible sous mes cloches, ne cherchant jamais noise à ses voisines malgré population nombreuse, happe son mâle et s'en repaît aussi férocement que le fait la Mante religieuse. Je me lasse en courses pour procurer à mon gynécée le complément indispensable. A peine ma trouvaille, bien ailée, bien alerte, est-elle introduite, qu'elle est le plus souvent griffée et dévorée par l'une de celles qui n'ont plus besoin de son concours. Une fois les ovaires satisfaits, les deux Mantes ont le mâle en horreur, ou plutôt ne voient en lui qu'une exquise pièce de venaison.

XX

LA MANTE. — LE NID

Montrons sous un meilleur aspect l'insecte aux tragiques amours. Son nid est une merveille. Dans le langage scientifique, on l'appelle *oothèque,* la « boîte aux œufs ». Je ne ferai pas abus de l'étrange vocable. Du moment qu'on ne dit pas « la boîte aux œufs de pinson » pour dire « le nid de pinson », pourquoi serais-je obligé de recourir à la boîte en parlant de la Mante ? Que ce soit de tournure plus savante, c'est possible ; mais ce ne sont pas là mes affaires.

Aux expositions ensoleillées se trouve, un peu partout, le nid de la Mante religieuse, sur les pierres, le bois, les souches de vigne, les brindilles des arbrisseaux, les tiges sèches des herbages, et jusque sur les produits de l'industrie humaine, fragments de brique, lambeaux de toile grossière, restes racornis de chaussures. Tout support indistinctement suffit, à la condition d'offrir des inégalités où le nid puisse empâter sa base et trouver solide appui.

Quatre centimètres de longueur sur deux de largeur sont les habituelles dimensions. La couleur est blonde comme celle du grain de froment. Exposée à la flamme, la matière brûle assez bien et répand une faible odeur de soie roussie. C'est en effet une substance voisine de la soie, qui, au lieu de s'étirer en fil, se concrète en masse spumeuse. Si le nid est fixé sur un rameau, la base cerne, enveloppe les brindilles voisines et prend configuration variable suivant les accidents du support ; s'il est fixé sur une surface plane, la face inférieure, toujours moulée sur l'appui, est plane elle-même. Le nid prend alors la forme d'un demi-ellipsoïde, plus ou moins obtus à l'un des bouts, effilé à l'autre et même souvent terminé par un court appendice en éperon.

Dans tous les cas, la face supérieure est régulièrement convexe. On y distingue trois zones longitudinales bien accentuées. La médiane, plus étroite que les autres, se compose de lamelles disposées par couples et se recouvrant à la manière des tuiles d'un toit. Les bords de ces lamelles sont libres et laissent deux séries parallèles d'entre-bâillements ou de fissures par où se fait la sortie des jeunes au moment de l'éclosion. Dans un nid récemment abandonné, cette zone médiane est hérissée de fines dépouilles, qui s'agitent au moindre souffle et ne tardent pas à disparaître sous les vicissitudes du plein air. Je lui donnerai le nom de *zone de sortie*, parce que c'est uniquement le long de cette bande que s'accomplit la libération des jeunes, à la faveur des issues ménagées à l'avance.

Partout ailleurs, le berceau de la nombreuse famille présente paroi infranchissable. Les deux zones latérales, en effet, occupant la majeure part du demi-ellipsoïde, sont d'une continuité parfaite à la superficie. Dans ces régions à substance tenace, nulle possibilité de sortir pour les petites Mantes si faibles au début ; on y voit seulement de nombreux et fins sillons transverses, indices des diverses tranches dont l'amas d'œufs se compose.

Coupons le nid en travers. On reconnaît alors que l'ensemble des œufs constitue un noyau allongé, de consistance très ferme, revêtu latéralement d'une épaisse écorce poreuse, pareille à de l'écume solidifiée. En dessus s'élèvent des lames courbes, très serrées, à peu près libres, dont la terminaison aboutit à la zone de sortie, en y formant une double série de petites écailles imbriquées.

Les œufs sont noyés dans une gangue jaunâtre, d'aspect corné. Ils sont rangés par couches, suivant des arcs de cercle, avec l'extrémité céphalique convergeant vers la zone de sortie. Cette orientation nous dit le mode de délivrance. Les nouveau-nés se glisseront dans l'intervalle

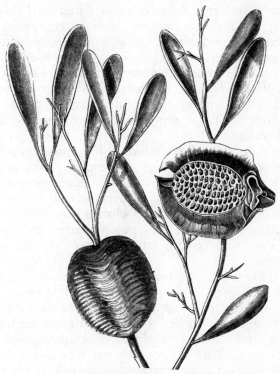

Nid de Mante religieuse. A droite, nid coupé en travers.

que laissent entre eux deux feuillets voisins, prolongement du noyau ; ils y trouveront passage étroit, difficile à franchir, mais enfin suffisant avec le curieux dispositif dont nous aurons à nous occuper tout à l'heure ; ils parviendront ainsi à la bande médiane. Là, sous les écailles imbriquées, s'ouvrent deux issues pour chaque couche d'œufs. Une moitié des sortants se libérera par la porte de droite, l'autre moitié par la porte de gauche. Cela se répète d'un bout à l'autre du nid, tant qu'il y a des couches.

Résumons ces détails de structure, assez difficiles à saisir pour qui n'a pas l'objet sous les yeux. Suivant l'axe du nid, et semblable de forme à un noyau de datte, est l'ensemble des œufs, groupés par assises. Une écorce protectrice, sorte d'écume solidifiée, enveloppe cet amas, sauf en dessus dans la région médiane, où l'écorce spumeuse est remplacée par de minces feuillets juxtaposés. Les extrémités libres de ces feuillets forment à l'extérieur la zone de sortie ; elles s'y imbriquent en deux séries d'écailles et laissent, pour chaque couche d'œufs, une couple d'issues, étroites fissures.

Assister à la confection du nid, voir comment s'y prend la Mante pour édifier ouvrage si complexe, était le point saillant de mon étude. J'y suis parvenu non sans peine, car la ponte se fait à l'improviste et presque toujours de nuit. Après bien d'inutiles attentes, la chance enfin me favorisa. Le 5 septembre, une de mes pensionnaires, fécondée le 29 août, s'avisa de pondre sous mes yeux vers les quatre heures du soir.

Avant d'assister à son travail, une remarque : tous les nids que j'ai obtenus en volière — et ils y sont assez nombreux — ont pour appui, sans exception aucune, la toile métallique des cloches. J'avais eu soin de mettre à la disposition des Mantes quelques pierrailles rugueuses, quelques bouquets de thym, supports très usités dans la liberté des champs. Les captives ont préféré le réseau du fil de fer, qui, par ses mailles où s'incruste la matière d'abord molle de l'édifice, donne parfaite fixité.

Les nids, dans les conditions naturelles, n'ont aucun abri ; ils doivent supporter les intempéries de l'hiver, résister aux pluies, aux vents, aux gelées, aux neiges, sans se détacher. Aussi la pondeuse choisit toujours un support inégal où puissent se mouler et obtenir prise les fondations du nid. Au médiocre est préféré le meilleur, au meilleur l'excellent, lorsque les circonstances le permettent ; et telle doit être la cause de la constante adoption du treillis des volières.

L'unique Mante qu'il m'a été donné d'observer au moment de la ponte travaille dans une position renversée, accrochée qu'elle est vers le sommet de la cloche. Ma présence, ma loupe, mes investigations ne la dérangent en rien, tant son œuvre l'absorbe. Je peux enlever le dôme treillissé, l'incliner, le renverser, le tourner et le retourner, sans que l'insecte suspende un moment sa besogne. Je peux, avec des pinces, soulever les longues ailes pour voir un peu mieux ce qui se passe dessous. La Mante ne s'en préoccupe point. Jusque-là, tout est bien : la pondeuse ne bouge pas et se prête impassible à toutes mes indiscrétions d'observateur. N'importe : les choses ne marchent pas au gré de mes désirs, tant l'opération est rapide, et l'examen difficultueux.

Le bout du ventre est constamment immergé dans un flot d'écume qui ne permet pas de bien saisir les détails de l'acte. Cette écume est d'un blanc grisâtre, un peu visqueuse et presque semblable à de la mousse de savon. Au moment de son apparition, elle englue légèrement le bout de paille que j'y plonge. Deux minutes après, elle est solidifiée et n'adhère plus à la paille. En peu de temps, sa consistance est celle que l'on constate sur un nid vieux.

La masse spumeuse se compose en majeure partie d'air emprisonné dans de petites bulles. Cet air, qui donne au nid un volume bien supérieur à celui du ventre de la Mante, ne provient pas évidemment de l'insecte, quoique l'écume apparaisse dès le seuil des organes génitaux ; il est emprunté à l'atmosphère. La Mante construit donc surtout avec de l'air, éminemment apte à protéger le nid contre les intempéries. Elle rejette une composition gluante, analogue au liquide à soie des chenilles ; et de cette composition, amalgamée à l'instant avec l'air extérieur, elle produit l'écume.

Elle fouette son produit comme nous fouettons le blanc des œufs pour le faire gonfler et mousser. L'extrémité de l'abdomen, ouverte d'une longue fente, forme deux amples cuillers latérales qui se rapprochent, s'écartent d'un mouvement rapide, continuel, battent le liquide visqueux et le convertissent en écume à mesure qu'il est déversé au-dehors. On voit en outre, entre les deux cuillers bâillantes, monter et descendre, aller et venir, en manière de tige de piston, les organes internes, dont il est impossible de démêler le jeu précis, noyés qu'ils sont dans l'opaque flot mousseux.

Le bout du ventre, toujours palpitant, ouvrant et refermant ses valves avec rapidité, exécute des oscillations de droite à gauche et de gauche à droite à la façon d'un pendule. De chacune de ces oscillations résultent à l'intérieur une couche d'œufs, à l'extérieur un sillon transversal. A mesure qu'il avance dans l'arc décrit, brusquement, à des intervalles très rapprochés, il plonge davantage dans l'écume, comme s'il enfonçait quelque chose au fond de l'amas mousseux. Chaque fois, à n'en pas douter, un œuf est déposé ; mais les choses se passent si vite et dans un milieu si peu favorable à l'observation que je ne parviens pas une seule fois à voir fonctionner l'oviducte. Je ne peux juger de l'apparition des œufs que par les mouvements du bout du ventre, qui, d'un plongeon brusque, s'immerge davantage.

En même temps, par ondées intermittentes, est déversée la composition visqueuse, que fouettent et convertissent en écume les deux valves terminales. La mousse obtenue s'épanche sur les flancs de la couche d'œufs et à la base, où je la vois faire saillie à travers les mailles du treillis, refoulée qu'elle est par la pression du bout de l'abdomen. Ainsi s'obtient progressivement l'enveloppe spongieuse, à mesure que les ovaires se vident.

Je me figure, sans pouvoir faire intervenir l'observation directe, que pour le noyau central, où les œufs sont noyés dans un milieu plus homogène que l'écorce, la Mante emploie son produit tel quel, sans le battre de ses cuillers et le faire mousser. La couche d'œufs déposée, les deux valves produiraient de l'écume pour l'envelopper. Mais, encore une fois, tout cela est fort difficile à démêler sous le voile de la masse écumante.

Sur un nid récent, la zone de sortie est enduite d'une couche de matière finement poreuse, d'un blanc pur, mat, presque crayeux, qui fait contraste avec le reste du nid, d'un blanc sale. On dirait la composition que les pâtissiers obtiennent avec du blanc d'œuf battu, du sucre et de la fécule, pour agrémenter certains de leurs produits. Cet enduit neigeux est très friable, facile à détacher. Quand il a disparu, la zone de sortie se montre nettement caractérisée, avec sa double série de lamelles à bord libre. Les intempéries, la pluie, le vent l'enlèvent tôt ou tard par lambeaux, par écailles ; aussi les vieux nids n'en gardent-ils aucun vestige.

Au premier examen, on serait tenté de voir dans cette matière neigeuse une substance différente de celle du reste du nid. La Mante emploierait-elle, en effet, deux produits distincts ? En aucune manière. L'anatomie d'abord nous affirme l'unité des matériaux. L'organe sécréteur de la substance du nid se compose de tubes cylindriques, recroquevillés, répartis en deux groupes d'une vingtaine chacun. Tous sont pleins d'un fluide visqueux, incolore, d'aspect identique quelle que soit la région considérée. Nulle part aucun indice d'un produit à coloration crétacée.

A son tour, le mode de formation du ruban neigeux écarte l'idée de matériaux divers. On voit, en effet, les deux filets caudaux de la Mante balayer la surface du flot mousseux, cueillir pour ainsi dire l'écume de l'écume, la rassembler et la maintenir sur le dos du nid pour y former la bande semblable à un ruban de sucrerie. Ce qui reste après ce balayage, ou ce qui ruisselle de la bande non encore figée, s'étale sur les flancs en un léger badigeon à bulles si fines qu'il faut la loupe pour les apercevoir.

Une eau boueuse, chargée d'argile, se couvre d'écume grossière dans le cours d'un torrent. Sur cette écume fondamentale, salie de matières terreuses, çà et là se montrent des amas spumeux d'un beau blanc, à bulles moins volumineuses. Une sélection se fait par la différence des densités, et l'écume blanche comme neige surmonte par places l'écume sale d'où elle provient. Quelque chose de semblable se passe lors de l'édification du nid de la Mante. Les deux cuillers réduisent en écume le jet visqueux des glandes. La partie la plus ténue, la plus légère, rendue plus blanche par sa délicate porosité, monte à sa surface, où les filets caudaux la balayent pour l'amasser en ruban neigeux sur le dos du nid.

Jusque-là, avec un peu de patience, l'observation est praticable et donne des résultats satisfaisants. Elle devient impossible quand il s'agit de la structure si complexe de cette zone médiane où, pour la sortie des larves, des issues sont ménagées sous le couvert d'une double série de lamelles imbriquées. Le peu que je parviens à démêler se réduit à ceci. Le bout de l'abdomen, largement fendu de haut en bas, forme une sorte de boutonnière dont l'extrémité supérieure reste à peu près fixe, tandis que l'inférieure oscille en produisant de l'écume et immergeant des œufs. C'est à l'extrémité supérieure que revient certainement le travail de la zone médiane.

Je la vois toujours dans le prolongement de cette zone, au sein de la fine écume blanche rassemblée par les filets caudaux. Ceux-ci, l'un à droite, l'autre à gauche, délimitent la bande. Ils en palpent les bords ; ils semblent s'informer de l'ouvrage. J'y verrai volontiers deux longs doigts, d'exquise délicatesse, dirigeant la difficultueuse construction.

Mais comment s'obtiennent les deux rangées d'écailles et les fissures, les portes de sortie qu'elles abritent ? Je l'ignore. Je ne peux même le soupçonner. Je lègue à d'autres la fin du problème.

Quelle merveilleuse mécanique qui déverse avec tant d'ordre et si prestement la langue cornée du noyau central, la mousse protectrice, l'écume blanche du ruban médian, les œufs, la liqueur fécondante, et peut en même temps édifier des feuillets qui se superposent, des écailles qui s'imbriquent, des fissures libres qui alternent ! On s'y perd.

Et cependant, quelle aisance dans le travail! Accrochée à la toile métallique dans l'axe de son nid, la Mante est immobile. Aucun regard n'est donné à la chose qui s'édifie en arrière; aucune intervention des pattes ne vient en aide. Cela se fait tout seul. Ce n'est pas ici œuvre industrieuse nécessitant le savoir-faire de l'instinct; c'est besogne purement machinale, réglée par l'outillage, par l'organisation. Le nid de structure si complexe résulte du jeu seul des organes, comme dans notre industrie se façonnent mécaniquement une foule d'objets dont la perfection mettrait en défaut la dextérité des doigts.

Sous un autre aspect, le nid de la Mante est plus remarquable encore. On y trouve, excellemment appliquée, une des plus belles données de la physique sur la conservation de la chaleur. La Mante nous a devancés dans la connaissance des corps athermanes.

On doit au physicien Rumford l'originale expérience que voici, propre à démontrer la faible conductibilité de l'air pour la chaleur. L'illustre savant plongeait un fromage glacé dans une masse d'écume fournie par des œufs bien battus. Le tout était soumis à la chaleur d'un four. En peu de temps s'obtenait ainsi une omelette soufflée brûlante, au centre de laquelle se trouvait le fromage aussi froid qu'au début. L'air emprisonné dans les bulles de l'écume enveloppante explique cette étrangeté. Matière éminemment athermane, il avait arrêté la chaleur du four, il l'avait empêchée d'arriver au corps central glacé.

Or, que fait la Mante? Précisément ce que faisait Rumford : elle fouette sa glaire pour obtenir une omelette soufflée, protectrice des germes rassemblés en noyau central. Son but est inverse, il est vrai; son écume coagulée doit défendre du froid, et non de la chaleur. Mais ce qui protège contre l'un protège contre l'autre, et l'ingénieux physicien, renversant son expérience, aurait pu, avec la même enveloppe écumeuse, maintenir un corps chaud dans une enceinte froide.

Rumford connaissait les secrets du matelas d'air par le savoir accumulé de ses prédécesseurs, par ses propres recherches, ses propres études. Comment, depuis on ne sait combien de siècles, la Mante a-t-elle devancé notre physique dans ce délicat problème de la chaleur? Comment s'est-elle avisée d'envelopper d'écume son amas d'œufs, qui fixé, sans aucun abri, sur un rameau, sur une pierre, doit supporter impunément les rudesses de l'hiver?

Les autres Mantiens de mon voisinage, les seuls dont je puisse parler en pleine connaissance de cause, font emploi de l'enveloppe athermane en écume solidifiée ou la suppriment, suivant que les œufs sont destinés ou non à passer l'hiver. La petite Mante grise *(Ameles decolor)*, si différente de l'autre par l'absence presque complète des ailes chez la femelle, édifie un nid gros à peine comme un noyau de cerise et le revêt fort bien d'une écorce écumeuse. Pourquoi cette enveloppe soufflée? Parce que le nid de l'*Ameles* doit, comme celui de la Mante religieuse, passer l'hiver, exposé sur un rameau, sur une pierre, à toutes les rigueurs de la mauvaise saison.

D'autre part, malgré sa taille, équivalente à celle de la Mante religieuse, l'Empuse appauvrie *(Empusa pauperata)*, le plus étrange de nos insectes, construit un nid aussi petit que celui de l'*Ameles*. C'est un très modeste édifice, composé de cellules peu nombreuses disposées côte à côte sur trois ou quatre rangées accolées. Ici, absence complète de l'enveloppe soufflée, bien que le nid soit fixé à découvert, comme les précédents, sur quelque ramille ou éclat de pierraille. Ce défaut de matelas athermane annonce d'autres conditions climatériques. En effet, les œufs de l'Empuse éclosent peu après la ponte, pendant la belle saison. N'ayant pas à subir les sévices de l'hiver, ils n'ont pour protection que le mince étui de leurs gaines.

Si délicates et si rationnelles, ces précautions, rivales de l'omelette soufflée de Rumford, sont-elles un résultat fortuit, une des combinaisons sans nombre issues de l'urne du hasard? Si oui, ne reculons pas devant l'absurde et reconnaissons que la cécité du hasard est douée d'une merveilleuse clairvoyance.

La Mante religieuse commence son nid par le bout obtus et le termine par le bout rétréci. Ce dernier souvent se prolonge en une sorte de promontoire où s'est dépensée, en s'étirant, la dernière goutte du liquide glaireux. Une séance de deux heures environ, sans interruption aucune, est nécessaire pour accomplir la totalité de l'ouvrage.

Aussitôt la ponte terminée, la mère se retire, indifférente*. Je m'attendais à la voir se retourner et témoigner quelque tendresse pour le berceau de sa famille. Mais pas le moindre signe de joie maternelle. L'ouvrage est parachevé, plus rien ne la regarde. Des Criquets se sont approchés. L'un même s'est campé sur le nid. La Mante ne fait aucune attention à ces importuns, pacifiques il est vrai. Les chasserait-elle s'ils étaient dangereux et s'ils faisaient mine d'éventrer le coffret aux œufs ? Son impassibilité me dit que non. Que lui importe désormais le nid ? Elle ne le connaît plus.

J'ai dit les accouplements multiples de la Mante religieuse et la fin tragique du mâle, presque toujours dévoré comme vulgaire gibier. Dans l'intervalle d'une paire de semaines, j'ai vu la même femelle convoler en nouvelles noces jusqu'à sept reprises. La veuve si facile à consoler avait, chaque fois, mangé son conjoint. De telles mœurs font prévoir des pontes multiples. Il y en a, en effet, bien qu'elles ne soient pas une règle générale. Parmi mes pondeuses, les unes ne m'ont donné qu'un seul nid ; d'autres en ont fourni deux, aussi volumineux l'un que l'autre. La plus féconde en a produit trois, les deux premiers de grosseur normale, le troisième réduit à la moitié des habituelles dimensions.

Cette dernière va nous apprendre de quelle population disposent les ovaires de la Mante. D'après les sillons transverses du nid, il est aisé de dénombrer les couches d'œufs, très inégalement riches suivant qu'elles occupent l'équateur de l'ellipsoïde ou bien les extrémités. Le relevé des œufs dans la couche la plus grande et dans la couche moindre fournit une moyenne d'où se déduit approximativement le total. Je trouve ainsi qu'un nid de belles dimensions contient environ quatre cents œufs. La pondeuse à trois nids, dont le dernier moitié moindre que les autres, laissait donc pour descendance un millier de germes ; celles à ponte double, huit cents, et les moins fécondes, de trois à quatre cents. Dans tous les cas, superbe famille, vite encombrante si elle n'était largement émondée.

La mignonne Mante décolorée est beaucoup moins prodigue. Sous mes cloches, elle ne donne qu'une ponte, et son nid contient une soixantaine d'œufs au plus. Bien que construit sur les mêmes principes et fixé lui aussi à découvert, son ouvrage diffère notablement de celui de la Mante religieuse, d'abord par ses dimensions exiguës, mesurant dix millimètres de longueur sur cinq de largeur ; ensuite par certains détails de structure. Il est façonné en dos d'âne. Les deux flancs sont courbes, et la ligne médiane fait saillie en une crête légèrement dentelée. Une douzaine de sillons, plus ou moins, correspondant aux diverses couches d'œufs, le labourent en travers. Ici, pas de zone de sortie à courts feuillets imbriqués ; pas de ruban neigeux avec issues alternantes. Toute la surface, y compris la base d'appui, est uniformément couverte d'une écorce luisante, à fines bulles et d'un roux brunâtre. L'extrémité initiale est configurée en ogive ; l'extrémité finale se tronque brusquement et se prolonge en haut en court éperon. Les œufs, rangés couche par couche, sont enchâssés dans une matière non poreuse, d'aspect corné, sorte de gangue très résistante à la pression. Le tout forme un noyau qu'enveloppe l'écorce écumeuse. Comme la Mante religieuse, c'est de nuit que la Mante décolorée travaille à son nid, condition fâcheuse pour l'observateur.

De gros volume, de structure curieuse et d'ailleurs bien en évidence sur sa pierre ou sa broussaille, le nid de la Mante religieuse ne pouvait manquer d'attirer l'attention du paysan provençal. Il est très connu, en effet, dans les campagnes, où il porte le nom de *tigno* ; il a même haute renommée. Nul cependant ne semble s'être informé de son origine. C'est toujours sujet de surprise pour les rustiques voisins lorsque je leur apprends que la célèbre *tigno* est le nid du vulgaire *Prègo-Diéu*. Cette ignorance pourrait bien avoir pour cause la ponte nocturne de la Mante. L'insecte n'a pas été surpris travaillant à son nid dans le mystère de la nuit, et le trait d'union fait défaut entre l'ouvrier et l'ouvrage, l'un et l'autre cependant connus de tous au village.

N'importe : le singulier objet existe ; il attire le regard, il captive l'attention. Donc cela doit être bon à quelque chose, cela doit avoir des vertus. Ainsi de tout temps a raisonné le naïf espoir de trouver dans l'étrange un soulagement à nos misères.

D'un accord général, la pharmacopée rurale, en Provence, vante la *tigno* comme le meilleur des remèdes contre les engelures. Le mode d'emploi est des plus simples. On coupe la chose en deux, on la comprime et l'on frictionne la partie malade avec la section ruisselante de suc. Le spécifique est souverain, à ce qu'on dit. Qui ressent aux doigts le prurit d'enflures violacées ne manque pas de recourir à la *tigno*, suivant les us traditionnels. En est-il réellement soulagé?

Malgré l'unanime croyance, je me permettrai d'en douter, après les essais infructueux tentés sur moi-même et sur quelques personnes de ma maisonnée pendant l'hiver 1895, si fertile en misères épidermiques par ses froids rigoureux et prolongés. Nul de nous, enduit du célèbre onguent, n'a vu diminuer ses enflures digitales ; nul n'a senti les démangeaisons se calmer un peu sous le vernis albumineux de la *tigno* écrasée. Il est à croire que l'insuccès est pareil chez les autres, et, malgré tout, la renommée populaire du spécifique se maintient, probablement à cause d'une simple similitude de nom entre le remède et l'infirmité : en provençal, engelure se dit *tigno*. Du moment que le nid de la Mante religieuse et l'engelure ont même dénomination, les vertus du premier ne sont-elles pas évidentes? Ainsi se créent les réputations.

Dans mon village, et sans doute quelque peu à la ronde, la *tigno* — entendons ici le nid de la Mante — est en outre préconisée comme odontalgique merveilleux. Il suffit de l'avoir sur soi pour être affranchi du mal de dents. Les bonnes femmes la cueillent en lune favorable ; elles la conservent religieusement dans un recoin de l'armoire ; elles la cousent au fond de la poche, crainte de la perdre en retirant le mouchoir ; elles se l'empruntent entre voisines si quelque molaire s'endolorit. « Prête-moi la *tigno* : je souffre le martyre, » fait la dolente à joue fluxionnée. L'autre s'empresse de découdre et de transmettre le précieux objet. « Ne la perds pas, au moins, recommande-t-elle ; je n'en ai pas d'autre, et nous ne sommes plus en bonne lune. »

N'allons pas rire de l'extravagant odontalgique : bien des remèdes qui s'étalent triomphalement à la quatrième page des journaux ne sont pas plus efficaces. D'ailleurs ces naïvetés rurales sont dépassées par quelques vieux livres où dort la science d'autrefois. Un naturaliste anglais du XVIe siècle, le médecin Thomas Moufet, nous raconte que les enfants égarés dans la campagne s'adressent à la Mante pour retrouver leur chemin. L'insecte consulté, étendant la patte, indique la direction à suivre ; et presque jamais il ne se trompe, ajoute l'auteur. Ces belles choses-là sont dites avec une adorable bonhomie. *Tam divina censetur bestiola, ut puero interroganti de via, extento digito rectam monstrat, atque raro vel nunquam fallat**.

Où le crédule érudit a-t-il puisé ce joli conte ? Ce n'est pas en Angleterre, où la Mante ne peut vivre ; ce n'est pas en Provence, où ne se trouve nulle part trace de la puérile interrogation. Aux imaginations du vieux naturaliste, je préfère encore les vertus mirobolantes de la *tigno*.

XXI

LA MANTE. — L'ÉCLOSION

Par un beau soleil du milieu de juin, vers les dix heures du matin, se fait habituellement l'éclosion des œufs de la Mante religieuse. La bande médiane ou zone de sortie est la seule région du nid qui donne issue aux jeunes.

Sous chaque feuillet de cette zone, on voit lentement poindre une protubérance obtuse, diaphane, suivie de deux gros points noirs, qui sont les yeux. Doucement, le nouveau-né glisse sous la lame et se dégage à demi. Est-ce la petite Mante avec sa forme larvaire, si voisine de celle de l'adulte? Pas encore. C'est une organisation transitoire. La tête est opalescente, obtuse, turgide, avec palpitations causées par l'afflux du sang. Le reste est teinté de jaune rougeâtre. On distingue très bien, sous une tunique générale, les gros yeux noirs louchis par le voile qui les recouvre, les pièces de la bouche étalées contre la poitrine, les pattes collées au corps d'avant en arrière. En somme, exception faite des pattes très apparentes, le tout, avec sa grosse tête obtuse, ses yeux, sa fine segmentation abdominale, sa forme naviculaire, rappelle un peu l'état initial des Cigales au sortir de l'œuf, état dont un minuscule poisson sans nageoires donne une image assez exacte.

Voilà donc un second exemple d'une organisation de très courte durée ayant pour office d'amener au jour, à travers des défilés difficiles, un animalcule dont les membres libres seraient, par leur longueur, insurmontable embarras. Pour sortir de l'étroite galerie de son rameau, galerie hérissée de fibres ligneuses, encombrée de coques déjà vides, la Cigale naît emmaillotée, avec la forme naviculaire, éminemment favorable à un doux glissement.

La jeune Mante est exposée à des difficultés analogues.

Naissance de larves de Mante religieuse.

Elle doit émerger des profondeurs du nid par des voies tortueuses, enserrées, où des membres fluets, longuement étalés, ne sauraient trouver place. Les hautes échasses, les harpons de rapine, les fines antennes, organes qui tout à l'heure seront de si grande utilité sur les broussailles, entraveraient maintenant la sortie, la rendraient très laborieuse, impossible. L'animalcule naît donc emmailloté et affecte, lui aussi, la configuration naviculaire.

Le cas de la Cigale et celui de la Mante nous ouvrent un nouveau filon dans l'inépuisable mine entomologique. J'en extrais cette loi, que d'autres faits analogues, glanés un peu partout, ne manqueront certainement pas de confirmer. La vraie larve n'est pas toujours le produit direct de l'œuf. Si le nouveau-né est exposé à des difficultés spéciales de libération, une organisation accessoire, que je continue d'appeler *larve primaire,* précède l'état larvaire véritable et a pour fonction d'amener un jour l'animalcule impuissant à se libérer lui-même.

Reprenons notre récit. Sous les lamelles de la zone de sortie, les larves primaires se montrent. Dans la tête se fait un puissant afflux d'humeurs, qui la ballonnent, la convertissent en une hernie diaphane, à continuelles palpitations. Ainsi se prépare la machine de rupture. En même temps, à demi engagé sous son écaille, l'animalcule oscille, avance, se retire. Chacune de ces oscillations est accompagnée d'un accroissement dans la turgescence céphalique. Enfin le prothorax fait gros dos, la tête s'infléchit fortement vers la poitrine. La tunique se rompt sur le prothorax. La bestiole tiraille, se démène, oscille, se courbe, se redresse. Les pattes sont extraites de leurs fourreaux ; les antennes, deux longs fils parallèles, se libèrent semblablement. L'animal ne tient plus au nid que par un cordon en ruine. Quelques secousses achèvent la délivrance.

Voilà l'insecte avec sa véritable forme larvaire. Il reste en place une sorte de cordon irrégulier, une nippe informe que le moindre souffle agite comme un frêle duvet.

C'est, réduite à un chiffon, la casaque de sortie violemment dépouillée.

Ma surveillance a manqué l'instant de l'éclosion pour la Mante décolorée. Le peu que je sais se réduit à ceci : à l'extrémité du bec ou promontoire qui termine le nid en avant, se voit une petite tache d'un blanc mat, formée d'une écume friable, de très faible résistance. Ce pore rond, à peine barricadé d'un tampon spumeux, est l'unique issue du nid, partout ailleurs robustement fortifié. Il remplace la longue zone d'écailles par où se libère la Mante religieuse. C'est par là que les jeunes doivent un à un émerger de leur coffret. La chance ne me sert pas pour assister à l'exode, mais, peu après la sortie de la famille, je vois pendiller, sur le seuil du pore libérateur, un bouquet informe de dépouilles blanches, pellicules subtiles qu'un souffle dissipe. Ce sont les défroques rejetées par les jeunes en paraissant à l'air libre, les témoins d'une enveloppe transitoire qui permet de se mouvoir dans le labyrinthe du nid. La Mante décolorée a donc aussi sa larve primaire, qui s'empaquette dans un étroit fourreau, propice à l'évasion. Juin est l'époque de cette sortie.

Revenons à la Mante religieuse. L'éclosion ne se fait pas dans la totalité du nid à la fois, mais bien par fractions, par essaims successifs que peuvent séparer des intervalles de deux jours et davantage. L'extrémité pointue, peuplée des derniers œufs, ordinairement débute.

Cette inversion chronologique, qui appelle au jour le dernier avant le premier, pourrait bien avoir pour cause la forme du nid. Le bout atténué, mieux accessible au stimulant d'une belle journée, s'éveille avant le bout obtus, qui, plus volumineux, ne gagne pas aussi vite la somme de chaleur nécessaire.

Parfois néanmoins, quoique toujours fractionnée par essaims, l'éclosion embrasse toute la longueur de la zone de sortie. C'est spectacle frappant que le brusque exode d'une centaine de jeunes Mantes. A peine un animalcule montre-t-il ses yeux noirs sous une lame, que d'autres soudain apparaissent, nombreux. On dirait que certain ébranlement se communique de proche en proche, qu'un signal d'éveil se transmet, tant l'éclosion se propage rapidement à la ronde. Presque en un instant, la bande médiane est couverte de jeunes Mantes qui tumultueusement s'agitent, se dépouillent de leurs nippes rompues.

Les agiles bestioles séjournent peu de temps sur le nid. Elles se laissent choir ou bien grimpent sur la verdure voisine. En moins d'une vingtaine de minutes tout est fini. Le berceau commun rentre dans le repos pour fournir nouvelle légion quelques jours après, jusqu'à épuisement.

Aussi souvent que je l'ai voulu, j'ai assisté à ces exodes, soit dans le plein air de l'enclos, où j'avais établi, en bonne exposition, les nids recueillis un peu partout pendant les loisirs de l'hiver ; soit dans la retraite d'une serre, où je croyais, naïf, mieux sauvegarder la naissante famille ; vingt fois pour une, j'ai assisté à l'éclosion, et j'ai toujours eu sous les yeux une scène d'inoubliable carnage. Des germes, elle peut en procréer par mille, la Mante au ventre rebondi : elle n'en a pas de trop pour tenir tête aux dévorants qui doivent émonder la race dès la sortie de l'œuf.

Les Fourmis surtout sont ardentes à l'extermination. Je surprends chaque jour sur mes rangées de nids leurs visites de mauvais augure. J'ai beau intervenir, de façon très sérieuse même, leur assiduité ne faiblit pas. Rarement elles parviennent à faire brèche dans la forteresse, — c'est trop difficile, — mais, friandes des tendres chairs en formation là-dedans elles attendent l'occasion favorable, elles épient la sortie.

Malgré ma quotidienne surveillance, elles sont là, aussitôt les jeunes Mantes parues. Elles les happent par le ventre, les extirpent de leurs fourreaux, les dépècent. C'est une lamentable mêlée de tendres nouveau-nés qui gesticulent pour tout moyen de défense, et de féroces forbans chargés de dépouilles opimes au bout des mandibules.

En moins de rien, le massacre des innocents est consommé. Il ne reste de la populeuse famille que de rares survivants échappés par hasard.

Le futur bourreau des insectes, l'effroi du Criquet sur les broussailles, le terrible mangeur de chair fraîche, est mangé, dès sa naissance, par l'un des moindres, la Fourmi.

L'ogre, prolifique à outrance, est limité de famille par le nain. Mais la tuerie est de courte durée. Dès qu'elle a pris un peu de consistance à l'air et qu'elle est affermie sur ses jambes, la Mante n'est plus attaquée. Allégrement elle trottine parmi les fourmis, qui s'écartent sur son passage, n'osant plus l'appréhender. Les pattes ravisseuses ramenées sur la poitrine, comme des bras prêts à la boxe, elle leur en impose déjà par sa fière contenance.

Un second amateur de chairs tendres n'a souci de ces menaces. C'est le petit Lézard gris, l'ami des murailles ensoleillées. Averti de la curée je ne sais comment, le voici qui cueille une à une, du bout de sa fine langue, les errantes bestioles échappées aux Fourmis. C'est petite bouchée, mais exquise, paraît-il, si j'en crois les clignotements du reptile. Pour chaque misérable avalée, sa paupière se ferme à demi, signe de profonde satisfaction. Je chasse le téméraire, opérant sa razzia sous mes yeux. Il revient, et cette fois il paye chèrement son audace. Si je le laissais faire, il ne me resterait rien.

Est-ce tout? Pas encore. Un autre ravageur, le moindre de tous, mais non le moins redoutable, a devancé le Lézard et la Fourmi. C'est un très petit hyménoptère armé d'une sonde, un Chalcidien, qui établit ses œufs dans le nid récent. La nichée de la Mante a le même sort que celle de la Cigale : une vermine parasite en attaque les germes, en vide les coques. De beaucoup de mes récoltes, je n'obtiens rien ou presque rien. Le Chalcidien a passé par là*.

Recueillons ce que me laissent les divers exterminateurs, connus ou inconnus. Nouvellement éclose, la larve est pâle, d'un blanc lavé de jaune. Sa hernie céphalique rapidement diminue, disparaît. Sa couleur ne tarde pas à se foncer, et devient d'un brun clair dans les vingt-quatre heures. Très agile, la petite Mante redresse les pattes ravisseuses, les ouvre, les referme ; elle tourne la tête à droite et à gauche, elle recourbe l'abdomen. La larve en plein développement n'a pas tournure plus alerte. Quelques minutes la famille stationne, grouille sur le nid, puis se dissémine au hasard sur le sol, sur les plantes voisines.

J'installe sous cloche quelques douzaines d'émigrantes. Avec quoi nourrir ces futures chasseresses? Avec du gibier, c'est tout clair. Mais lequel? A ces minuscules, je ne peux offrir que des atomes. Je leur sers un rameau de rosier chargé de pucerons verts. Le pou dodu, tendre morceau proportionné à la faiblesse des convives, est absolument dédaigné. Pas un des captifs n'y touche.

J'essaye des moucherons, les moindres que le hasard jette dans mon filet battant les herbes. Même refus obstiné.

Je présente des morceaux de mouche, appendus çà et là au grillage de la cloche. Nul n'accepte mes quartiers de venaison. Le Criquet peut-être les tentera, le Criquet passion de la Mante adulte? De fastidieuses recherches me mettent en possession de ce que je désire. Le menu consistera cette fois en quelques Acridiens d'éclosion récente. Si jeunes qu'ils soient, ils ont déjà la taille de mes nourrissons. Les petites Mantes en voudront-elles? Elles n'en veulent pas : devant la proie si menue, elles fuient effarées.

Que vous faut-il donc? Sur les broussailles natales, quel gibier autre pouvez-vous rencontrer? Je n'entrevois rien. Auriez-vous un régime spécial du jeune âge, végétarien peut-être? Consultons même l'improbable. Ce que la laitue a de plus tendre dans son cœur est refusé. Sont refusés les divers herbages que je m'ingénie à varier ; sont refusées les gouttes de miel que je dépose sur des épis de lavande. Toutes mes tentatives échouent, et mes captives périssent d'inanition*.

Cet échec a sa valeur. Il semble affirmer une alimentaton transitoire que je n'ai pas su découvrir. Autrefois les larves des Méloïdes me causèrent bien des ennuis, avant de savoir qu'il leur faut pour premier aliment l'œuf de l'Apiaire dont elles consommeront après les provisions en miel. Peut-être les jeunes Mantes réclament-elles aussi, au début, des bouchées spéciales, en rapport avec leur débilité. Je ne me figure pas bien, malgré son air décidé, la faible bestiole giboyant. L'assailli, quel qu'il soit, rue, se trémousse, se défend, et l'assaillante n'est pas encore en mesure de parer au simple coup d'aile d'un moucheron. De quoi donc se nourrit-elle ? Je ne serais pas surpris qu'il y eût des faits intéressants à glaner dans cette question des vivres du jeune âge.

Ces dédaigneuses, si difficiles à nourrir, périssent plus misérablement encore que par la faim. A peine nées, elles sont la proie de la Fourmi, du Lézard et d'autres ravageurs qui guettent, patients, l'éclosion de l'exquise provende. L'œuf lui-même n'est pas respecté. Un infime sondeur inocule sa ponte dans le nid à travers le rempart d'écume solidifiée ; il y établit sa famille qui, plus précoce, détruit en germe celle de la Mante. Combien nombreux les appelés, et combien réduits les élus ! Ils étaient un millier peut-être, issus d'une même mère capable de trois nichées. Un seul couple échappe à l'extermination, un seul fait race, puisque le nombre se maintient à peu près le même d'une année à l'autre.

Ici se pose grave question. La Mante aurait-elle acquis par degrés son actuelle fécondité ? A mesure que l'émondage par la Fourmi et les autres réduisait sa descendance, aurait-elle gonflé ses ovaires de germes plus nombreux, afin de balancer l'excès de destruction par un excès de production ? L'énorme ponte d'aujourd'hui serait-elle la conséquence des ruines d'autrefois? Ainsi le pensent quelques-uns, enclins, sans preuves convaincantes, à voir dans l'animal des modifications encore plus profondes amenées par les circonstances.

Devant ma fenêtre se dresse, sur le talus du bassin, un superbe cerisier. Il est venu là par hasard, robuste sauvageon, indifférent à mes prédécesseurs, respecté aujourd'hui pour son ample branchage bien plus que pour ses fruits, de qualité fort médiocre. En avril, c'est une splendide coupole de satin blanc. Il neige sous sa ramée ; les pétales tombés font tapis. Bientôt, à profusion, rougissent les cerises. O mon bel arbre, que tu es prodigue! que de corbeilles tu remplirais!

Aussi, quelle fête là-haut! Informé le premier des cerises mûres, le Moineau, matin et soir, y vient, par bandes, picorer et piailler ; il avertit les amis du voisinage, le Verdier, la Fauvette, qui accourent et font régal des semaines durant. Des Papillons volent d'une cerise entamée à l'autre et puisent de délicieuses lampées. Des Cétoines mordent sur les fruits à pleines bouchées, puis s'endorment repues. Des Guêpes, des Frelons crèvent les outres sucrées où viennent après eux s'enivrer les Moucherons. Un asticot dodu, établi au sein même de la pulpe, béatement fait ventre de sa demeure juteuse, devient gros et s'engraisse. Il se lèvera de table pour se changer en une élégante Mouche.

A terre, le banquet a d'autres convives. Des cerises tombées, tout un monde de piétons fait liesse. De nuit, les Mulots viennent cueillir les noyaux dépouillés par les Cloportes, les Forficules, les Fourmis, les Limaces ; ils les thésaurisent au fond de leurs terriers. Dans les loisirs de l'hiver, ils les perceront d'un trou pour en gruger l'amande. Un peuple sans nombre vit du généreux cerisier.

Que faudrait-il à l'arbre pour le remplacer un jour et maintenir sa race dans un état de prospérité harmonieusement équilibrée? Une seule semence suffirait, et chaque année il en donne des boisseaux et des boisseaux. Pourquoi, s'il vous plaît?

Dirons-nous que le cerisier, très économe de fruits au début, est par degrés devenu prodigue afin d'échapper ainsi à la multitude de ses exploiteurs? Dirons-nous de lui comme de la Mante : « La destruction excessive a petit à petit provoqué l'excessive production? » Qui oserait s'aventurer dans ces témérités-là? Ne saute-t-il pas aux yeux que le cerisier est une de ces usines où se travaillent les éléments changés en matières organiques, un de ces laboratoires où se fait la transmutation de la chose morte en la chose apte à la vie? Sans doute, il mûrit des cerises pour se perpétuer ; mais c'est le petit nombre, le très petit nombre. Si toutes ses semences devaient germer et se développer en plein, depuis longtemps il n'y aurait pas place sur la terre, pour le seul cerisier. A l'immense majorité de ses fruits revient un autre rôle. Ils servent de nourriture à une foule de vivants, non habiles, comme le végétal, dans la chimie transcendante qui de l'immangeable fait le mangeable.

La matière, pour être appelée aux suprêmes manifestations de la vie, exige de lentes et très délicates élaborations. Cela débute dans l'officine de l'infiniment petit, chez le microbe par exemple, dont l'un, plus puissant que les violences de la foudre, associe l'oxygène à l'azote et prépare les nitrates, aliment primordial des végétaux. Cela commence sur les confins du néant, se perfectionne dans la plante, s'affine encore dans l'animal, et de progrès en progrès peut monter jusqu'à la substance du cerveau.

Que d'ouvriers occultes, que d'ignorés manipulateurs ont travaillé, des siècles durant peut-être, à l'extraction minérale, puis à l'affinage de cette pulpe qui devient le cerveau, le plus merveilleux des outils de l'âme, ne serait-il capable que de nous faire dire : « Deux et deux font quatre! »

La fusée qui monte réserve pour le point culminant de son ascension l'éblouissant jet de ses feux multicolores. Puis tout rentre dans le noir. De ses fumées, de ses gaz, de ses oxydes, d'autres explosifs pourront à la longue se reconstituer par la voie de la végétation. Ainsi fait la matière dans ses métamorphoses. D'une étape à l'autre, d'un affinage délicat à un autre plus délicat, il lui arrive d'atteindre les hauteurs où éclatent, par son intermédiaire, les magnificences de la pensée ; puis, brisée par l'effort, elle revient à cette chose sans nom d'où elle était partie, à ces ruines moléculaires, origine commune des vivants.

En tête des assembleurs de matière organique est la plante, l'aînée de l'animal. De façon directe ou de façon indirecte, elle est aujourd'hui, comme dans les temps géologiques, le premier fournisseur des êtres mieux doués en vie. Dans l'officine de sa cellule se prépare, se dégrossit au moins l'universel manger. L'animal vient, qui retouche la préparation, l'améliore et la transmet à d'autres d'ordre plus élevé. Du gazon brouté se fait chair de mouton, et de celle-ci se fait chair d'homme ou chair de loup, suivant le consommateur.

Parmi les arrangeurs d'atomes nourriciers qui ne créent pas la matière organique de toutes pièces, en partant du minéral comme le fait la plante, les plus prolifiques sont les poissons, premiers-nés des animaux à charpente osseuse. Demandez à la morue ce qu'elle fait de ses millions d'œufs. Sa réponse sera celle du hêtre avec ses myriades de faînes, celle du chêne avec ses myriades de glands.

Elle est immensément féconde afin de nourrir une immensité d'affamés. Elle continue l'œuvre de ses prédécesseurs dans les anciens âges, alors que la nature, peu riche encore de matière organique, se hâtait d'augmenter ses réserves vitales en donnant prodigieuse exubérance à ses ouvriers de la première heure.

La Mante, comme le poisson, remonte à ces lointaines époques. Sa forme étrange, ses rudes mœurs nous l'ont appris. La richesse de ses ovaires nous le répète. Elle garde dans ses flancs un reste affaibli de la fougue procréatrice d'autrefois sous l'ombrage humide des fougères en arbre ; elle contribue pour une part, très modeste il est vrai, mais enfin réelle, à la sublime alchimie des choses vivantes.

Serrons de près son travail. Du gazon verdoie, nourri par la terre. Le Criquet le broute. La Mante fait repas du Criquet et se gonfle d'œufs, pondus, en trois paquets, au nombre d'un millier. A l'éclosion survient la Fourmi, qui prélève tribut énorme sur la nichée. Nous rétrogradons, ce semble. En importance de volume, oui ; en instinct raffiné, certes non. Sous ce rapport, combien la Fourmi est supérieure à la Mante! D'ailleurs le cycle des événements possibles n'est pas clos.

Avec de jeunes fourmis encore closes dans leur cocon — vulgairement œufs de fourmi* — s'élève la couvée du faisan, volaille domestique aux mêmes titres que la poularde et le chapon, mais coûteuse de soins et d'entretien. Devenue forte, cette volaille est lâchée à travers bois, et des gens, se disant civilisés, prennent un plaisir extrême à cribler de coups de fusil les pauvres bêtes qui ont perdu dans les faisanderies, disons tout bonnement dans le poulailler, l'instinct de se sauver. On coupe la gorge au poulet réclamé par la broche ; on fusille, avec tout l'apparat des grandes chasses, cet autre poulet, le faisan. Je ne comprends pas ces massacres insensés.

Tartarin de Tarascon, le gibier manquant, tirait sur sa casquette. J'aime mieux cela. J'aime mieux surtout la chasse, la véritable chasse à un autre passionné consommateur de fourmis, le Torcol, le *Tiro-lengo* des Provençaux, ainsi dénommé de son art consistant à étendre en travers d'une procession de fourmis sa langue visqueuse et démesurée, puis à la retirer brusquement, lorsqu'elle est toute noire d'insectes englués. Avec telles bouchées, l'oiseau devient en automne scandaleusement gras ; il se plaque de beurre le croupion, le dessous de l'aile, les flancs ; il s'en fait un chapelet tout le long du cou ; il s'en matelasse le crâne jusqu'à la base du bec.

C'est alors délicieux rôti, petit, j'en conviens, de la taille au plus d'une alouette, mais, dans sa petitesse, à nul autre pareil. Combien lui est inférieur le faisan, qui, pour acquérir goût relevé, exige un commencement de pourriture!

Que je puisse au moins une fois rendre justice au mérite des plus humbles ! Lorsque, la table levée après le repas du soir, la tranquillité faite, le corps affranchi momentanément des misères physiologiques, il m'arrive de cueillir par-ci par-là quelques bonnes idées, il peut se faire que la Mante, le Criquet, la Fourmi, de moindres encore, contribuent à ces éclaircies soudaines surgies dans l'esprit on ne sait ni pourquoi ni comment. Par d'inextricables détours, ils ont fourni, chacun à sa manière, la goutte d'huile où s'alimente le lumignon de la pensée. Leurs énergies, lentement ébauchées, économisées et transmises par des prédécesseurs, s'infusent dans nos veines et soutiennent nos défaillances. Nous vivons de leur mort.

Concluons. La Mante, prolifique à l'excès, fait à son tour de la matière organique, dont héritera la Fourmi, dont héritera le Torcol, dont héritera peut-être l'Homme. Elle procrée mille, un peu pour se perpétuer, beaucoup pour contribuer, suivant ses moyens, au pique-nique général des vivants. Elle nous ramène à l'antique symbole du serpent qui se mord la queue. Le monde est un cercle revenant sur lui-même : tout finit afin que tout recommence ; tout meurt afin que tout vive.

XXII

L'EMPUSE

La mer, première nourrice de la vie, conserve encore, dans ses abîmes, beaucoup de ces formes singulières, discordantes, qui furent les essais de l'animalité ; la terre ferme, moins féconde, mais plus apte au progrès, a presque totalement perdu ses étrangetés d'autrefois. Le peu qui persiste appartient surtout à la série des insectes primitifs, insectes d'industrie très bornée, de métamorphoses très sommaires, presque nulles. Dans nos régions, au premier rang de ces anomalies entomologiques qui font songer aux populations des forêts houillères, se trouvent les Mantiens, dont fait partie la Mante religieuse, si curieuse de mœurs et de structure. Là prend place aussi l'Empuse (*Empusa pauperata** Latr.), sujet de ce chapitre.

Sa larve est bien la créature la plus étrange de la faune terrestre provençale, fluette, dandinante et d'aspect si fantastique que les doigts novices n'osent la saisir. Les enfants de mon voisinage, frappés de sa tournure insolite, l'appellent le diablotin. Dans leur imagination, la bizarre bestiole confine à la sorcellerie. On la rencontre, toujours clairsemée, au printemps jusqu'en mai, en automne, en hiver parfois si le soleil est vif. Les gazons coriaces des terrains arides, les menues broussailles abritées de quelques tas de pierres en chaude exposition, sont la demeure favorite de la frileuse.

Donnons-en un rapide croquis. Toujours relevé jusqu'à toucher le dos, le ventre s'élargit en spatule et se convolute en crosse. Des lamelles pointues, sortes d'expansions foliacées, disposées sur trois rangs, hérissent la face inférieure, devenue supérieure par le retournement. Cette crosse écailleuse est hissée sur quatre longues et fines échasses, sur quatre pattes armées de genouillères, c'est-à-dire portant vers le bout de la cuisse, au point de jonction avec la jambe, une lame saillante et courbe semblable à celle d'un couperet.

Au-dessus de cette base, escabeau à quatre pieds, s'élève, par un coude brusque, le corselet rigide, démesurément long et rapproché de la verticale. L'extrémité de ce corsage, rond et fluet comme un fétu de paille, porte le traquenard de chasse, les pattes ravisseuses, imitées de celles de la Mante. Il y a là harpon terminal, mieux acéré qu'une aiguille, étau féroce, à mâchoires dentées en scie. La mâchoire formée par le bras est creusée d'un sillon et porte de chaque côté cinq longues épines, accompagnées dans les intervalles de dentelures moindres. La mâchoire formée par l'avant-bras est canaliculée pareillement, mais sa double scie, que reçoit au repos la gouttière du bras, est formée de dents plus fines, plus serrées, plus régulières. La loupe y compte une vingtaine de pointes égales pour chaque rangée. Il ne manque à la machine que d'amples dimensions pour être effroyable engin de tortionnaire.

La tête s'accorde avec cet arsenal. Oh! la bizarre tête! Frimousse pointue, avec moustaches en croc fournies par les palpes; gros yeux saillants; entre les deux une dague, un fer de hallebarde; et sur le front quelque chose d'inouï, d'insensé : une sorte de haute mitre, de coiffure extravagante qui se dresse en promontoire, se dilate à droite et à gauche en aileron pointu et se creuse au sommet en gouttière bifide. Que peut faire le diablotin de ce monstrueux bonnet pointu, comme ni les mages de l'Orient ni les adeptes de l'art trismégiste n'en ont jamais porté de plus mirobolant? Nous l'apprenons en le voyant en chasse.

Le costume est vulgaire; le grisâtre y domine. Sur la fin de la période larvaire, après quelques mues, il commence à laisser entrevoir la livrée plus riche de l'adulte et se zone, de façon très indécise encore, de verdâtre, de blanc, de rose. Aux antennes déjà se distinguent les deux sexes. Les futures mères les ont filiformes; les futurs mâles les renflent en fuseau dans la moitié inférieure et s'en font un étui d'où émergeront plus tard d'élégants panaches.

Voilà la bête, digne du crayon fantastique d'un Callot. Si vous la rencontrez parmi les broussailles, cela se dandine sur ses quatre échasses, cela dodeline de la tête, cela vous regarde d'un air entendu, cela fait pivoter la mitre sur le col et s'informe par-dessus l'épaule. On croit lire la malice sur son visage pointu. Vous voulez la saisir. Aussitôt cesse la pose d'apparat. Le corselet dressé s'abaisse, et la bête détale par longues enjambées en s'aidant des pattes ravisseuses, qui happent les brindilles. La fuite n'est pas longue, pour peu que l'on ait coup d'œil exercé. L'Empuse est capturée, mise dans un cornet de papier qui épargnera des entorses à ses frêles membres, et finalement parquée sous une cloche en toile métallique. En octobre, j'obtiens ainsi un troupeau suffisant.

Comment le nourrir? Mes Empuses sont bien petites; elles datent d'un mois ou deux au plus. Je leur sers des Criquets proportionnés à leur taille, les moindres que je puisse trouver. Elles n'en veulent pas. Bien mieux, elles en sont effrayées. Si quelque étourdi se rapproche pacifiquement de l'une d'elles, appendue par les quatre pattes d'arrière à la coupole treillissée, l'importun est mal accueilli. La mitre pointue s'abaisse, et d'un coup de boutoir le culbute au loin. Nous y sommes : le bonnet magique est une arme défensive, un éperon protecteur. Le bélier heurte de son front, l'Empuse bouscule de sa mitre.

Mais cela ne fait pas dîner. Je sers, vivante, la mouche domestique. Sans hésitation, elle est acceptée. Dès que le diptère passe à sa portée, le diablotin aux aguets vire la tête, incline la tige du corselet suivant l'oblique, et, lançant la patte, harponne, serre entre ses doubles scies. Le chat n'est pas plus leste à griffer la souris.

Si petit qu'il soit, le gibier suffit pour un repas. Il suffit pour la journée entière, souvent pour plusieurs jours. Première désillusion : sobriété extrême chez ces insectes si férocement outillés. Je m'attendais à des ogres : je trouve des jeûneurs que satisfait de loin en loin une maigre collation. Une mouche leur remplit le ventre pour au moins vingt-quatre heures.

Ainsi se passe l'arrière-saison, les Empuses de jour en jour plus sobres, et accrochées immobiles à la toile métallique. Leur abstinence naturelle me vient en aide. Les mouches se font rares, et un moment vient où mon embarras serait extrême s'il me fallait fournir des vivres à la ménagerie.

Pendant les trois mois de l'hiver, rien ne bouge. S'il fait beau, j'expose de temps en temps la cloche sur la fenêtre aux rayons du soleil. En ce bain de chaleur, les captives s'étirent un peu les membres, se dandinent, se décident à se déplacer, mais sans aucun éveil d'appétit. Les rares moucherons que la bonne fortune offre à mon assiduité ne paraissent pas les tenter. Il est de règle pour elles de passer la froide saison dans une abstinence complète.

Mes cloches m'apprennent ce qui doit se passer dehors pendant l'hiver. Réfugiées dans les anfractuosités des rocailles, aux meilleures expositions, les jeunes Empuses attendent, engourdies, que la chaleur revienne. Malgré l'abri d'un tas de pierres, il doit y avoir de pénibles moments à passer quand la gelée se prolonge, quand la neige imbibe, de ses indéfinis suintements, le recoin le mieux protégé. N'importe : plus robustes qu'elles n'en ont l'air, les recluses échappent aux périls de l'hivernage. Parfois, lorsque le soleil est vif, elles se hasardent hors de leur cachette et viennent s'informer si le printemps s'avance.

Il vient en effet. Nous sommes en mars. Mes prisonnières se remuent, changent de peau. Il leur faut des vivres.

Mes soucis d'approvisionnement recommencent. La mouche domestique, facile capture, manque aujourd'hui. Je me rabats sur des diptères plus précoces, des Éristales. L'Empuse n'en veut pas. C'est trop gros pour elle, de trop vive résistance. A coups de mitre, elle se défend de leur approche.

Quelques locustiens très jeunes, tendres morceaux, sont acceptés à merveille. Malheureusement, pareille aubaine est rare au fond de mon filet faucheur. L'abstinence s'impose jusqu'à l'arrivée des premiers papillons. C'est le blanc papillon du chou, la Piéride, qui fera désormais, pour la majeure part, les frais des victuailles.

Lâchée, telle quelle, sous cloche, la Piéride est jugée gibier excellent. L'Empuse la guette, la saisit, mais aussitôt l'abandonne, impuissante à la maîtriser. Les grandes ailes du papillon, fouettant l'air, lui impriment des secousses qui la forcent à lâcher prise. Je viens en aide à sa faiblesse. D'un coup de ciseaux je tronque les ailes de la proie. Les manchots, toujours pleins de vie, grimpent au treillage, aussitôt saisis par les Empuses, qui les grugent, non effrayées de leurs protestations. Le mets est de leur goût, tout autant que la mouche, et, de plus, copieux, tellement qu'il y a toujours des reliefs dédaignés.

La tête seule et le haut de la poitrine sont dévorés ; le reste, abdomen grassouillet, majorité du thorax, pattes et enfin — cela va sans dire — moignons des ailes, sont rejetés intacts. Est-ce là un choix de morceaux plus tendres, plus sapides ? Non, car le ventre est à coup sûr plus juteux, et l'Empuse n'en veut pas, elle qui utilise sa mouche jusqu'à la dernière parcelle. C'est tactique de guerre. Je me retrouve en présence d'un opérateur par la nuque, aussi expert que la Mante dans l'art de tuer rapidement la proie qui se débat et trouble les bouchées.

Une fois averti, je constate, en effet, que le gibier, n'importe lequel, mouche, criquet, locustien, papillon, est toujours frappé par le col, en arrière. La première morsure porte sur le point qui recèle les ganglions cervicaux ; d'où mort, immobilité soudaines. L'inertie complète laissera en paix le consommateur, condition essentielle de tout bon repas.

Donc le diablotin, si frêle, possède, lui aussi, le secret d'annihiler sur-le-champ la résistance d'une proie. Il mord à la nuque tout d'abord afin de donner le coup de grâce. Il continue de ronger autour du point de première attaque. Ainsi disparaissent le haut du thorax et la tête du papillon. Mais alors le chasseur est repu. Il lui en faut si peu! Le reste choit à terre, dédaigné, non par défaut de saveur, mais par surabondance. Une Piéride excède de beaucoup ses facultés stomacales. Les fourmis profiteront de la desserte.

Encore un point à mettre en lumière avant d'assister à la métamorphose. Le mode de station des jeunes Empuses sous la cloche en toile métallique est invariablement le même du début à la fin. Accroché au réseau par les griffettes des quatre pattes postérieures, l'insecte occupe le haut du dôme et pend, immobile, le dos en bas, tout le poids du corps supporté par les quatre points de suspension. S'il veut se déplacer, les harpons d'avant s'ouvrent, s'allongent, saisissent une maille et tirent à eux. La courte promenade finie, les pattes ravisseuses se replient contre la poitrine. En somme, ce sont les quatre échasses d'arrière qui soutiennent presque toujours à elles seules l'animal suspendu.

Et cette station renversée, si pénible, nous semble-t-il, n'est pas de courte durée ; dans mes volières, elle se prolonge une dizaine de mois sans interruption. La mouche, suspendue au plafond, est dans une position pareille, il est vrai ; mais elle a des moments de repos : elle vole, elle marche dans la posture normale, elle s'étale à plat ventre au soleil. Et puis, ses exercices d'acrobate sont de courte saison.

Sans relâche, dix mois durant, l'Empuse réalise ce singulier équilibre. Suspendue au treillis le dos en bas, elle chasse, mange, digère, somnole, se dépouille, se transforme, s'accouple, pond et meurt. Elle a grimpé là-haut toute jeune ; elle en tombe rassasiée de jours et devenue cadavre.

A l'état libre, les choses ne se passent pas tout à fait ainsi. L'insecte stationne sur les broussailles le dos en haut ; il s'équilibre suivant la pose réglementaire et ne se renverse

L'Empuse et ses larves (diablotins).

qu'en des circonstances de loin en loin répétées. Non habituelle à leur race, la longue suspension de mes incarcérées n'est que plus remarquable.

Cela fait songer aux chauves-souris, appendues, la tête en bas, par les pattes d'arrière, au plafond de leurs cavernes.

Une structure spéciale des doigts permet à l'oiseau de dormir sur une patte, qui serre automatiquement, sans fatigue, le rameau balancé. L'Empuse ne me montre rien d'analogue à ce mécanisme. L'extrémité de ses pattes ambulatoires a la conformation ordinaire : au bout double griffe, double croc de romaine, et voilà tout.

Je souhaiterais que l'anatomie me montrât en jeu, dans ces tarses, dans ces jambes moindres que des fils, les muscles, les nerfs, les tendons qui commandent les griffettes et les maintiennent dix mois fermées sans lassitude pendant la veille et pendant le sommeil. Si quelque subtil scalpel s'occupe de ce problème, je lui en recommanderai un autre, plus singulier encore que celui de l'Empuse, de la chauve-souris et de l'oiseau. C'est l'attitude de certains hyménoptères pendant le repos nocturne.

Une Ammophile à pattes antérieures rouges *(Ammophila holosericea*)* est fréquente dans mon enclos sur la fin d'août, et choisit pour dortoir certaine bordure de lavande. Au crépuscule, surtout lorsque la journée a été étouffante et qu'un orage couve, je suis certain d'y trouver établie l'étrange dormeuse. Ah! l'originale attitude pour se reposer la nuit! La tige de lavande est saisie à pleines mandibules. Sa forme carrée donne base plus ferme que ne le ferait la forme ronde. Avec cet unique appui, le corps de l'insecte longuement se projette en l'air, rigide, les pattes repliées. Il fait un angle droit avec l'axe de sustentation, de manière que le poids total de la bête, devenue bras de levier, a pour antagoniste le seul effort des mandibules.

L'Ammophile dort tendue dans l'espace à la force des mâchoires. Il n'y a que les bêtes pour avoir de ces idées-là, qui bouleversent nos conceptions du repos. Si l'orage qui menaçait éclate, si le vent agite la tige, l'endormie n'a souci de son branlant hamac ; tout au plus vient-elle pour un moment appuyer un peu les pattes antérieures sur le mât secoué. L'équilibre rétabli, la pose favorite de levier horizontal est reprise. Peut-être les mandibules ont-elles, comme les doigts de l'oiseau, la faculté de mieux serrer à mesure que le vent berce.

L'Ammophile n'est pas la seule à dormir dans cette singulière position ; bien d'autres l'imitent, Anthidies, Odynères, Eucères, et principalement les mâles. Tous happent une tige avec les mandibules et sommeillent, le corps tendu, les pattes repliées. Quelques-uns, les plus corpulents, se permettent d'appuyer sur le mât le bout du ventre courbé en arc.

Cette visite au dortoir de certains hyménoptères n'explique pas le problème de l'Empuse ; elle en suscite un autre, non moins difficile. Elle nous dit combien nous sommes peu clairvoyants encore lorsqu'il s'agit d'interpréter ce qui est fatigue et ce qui est repos dans les rouages de la machine animale. L'Ammophile, avec son paradoxe de statique mandibulaire ; l'Empuse, avec ses crocs de romaine non lassés par une suspension de dix mois, laissent perplexe le physiologiste, qui se demande en quoi consiste vraiment le repos. En réalité, de repos il n'y en a point, hors celui qui met fin à la vie. La lutte ne cesse pas ; toujours quelque muscle peine, quelque tendon tiraille. Le sommeil, qui semble un retour au calme du néant, est, comme la veille, un effort, ici par la patte, le bout de la queue roulé ; là par la griffe, la mâchoire.

Vers le milieu de mai s'accomplit la transformation et apparaît l'Empuse adulte, remarquable de forme et de costume encore plus que la Mante religieuse. Des extravagances larvaires, elle garde la mitre pointue, les brassards en scie, le long corsage, les genouillères, la triple rangée de lamelles à la face inférieure du ventre ; mais actuellement l'abdomen ne se recourbe plus en crosse, et l'animal possède tournure plus correcte. De grandes ailes d'un vert tendre, roses à l'épaule et promptes d'essor dans l'un comme dans l'autre sexe, font toit au ventre, zoné en dessous de blanc et de vert. Le mâle, sexe coquet, s'empanache d'antennes plumeuses, semblables à celles de certains papillons crépusculaires, les Bombyx. Pour la taille, il est presque l'équivalent de sa compagne.

Quelques menus détails de structure à part, l'Empuse est la Mante religieuse. Le paysan s'y méprend. Lorsque, au printemps, il rencontre l'insecte mitré, il croit voir le vulgaire *Prégo-Diéu,* fils de l'automne. Des formes pareilles sembleraient signe de parité de mœurs. Séduit par l'armure hétéroclite, on serait même tenté d'attribuer à l'Empuse un genre de vie plus atroce encore que celui de la Mante. Je le pensais ainsi d'abord, et chacun penserait de même, confiant en de fallacieuses analogies. Nouvelle erreur à dissiper : malgré son aspect belliqueux, l'Empuse est une bête pacifique, qui ne dédommage guère des frais d'éducation.

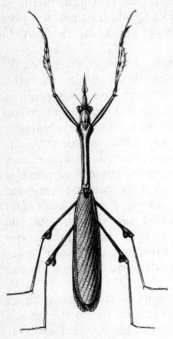

Empusa pauperata.

Installée sous cloche, soit par assemblées d'une demi-douzaine, soit par couples séparés, à aucun moment elle ne se départit de sa placidité. Comme la larve, elle est très sobre, satisfaite d'une mouche ou deux pour ration quotidienne.

Les forts mangeurs sont turbulents. Gonflée de criquets, la Mante aisément s'irrite et pose pour la boxe. L'Empuse, à frugale collation, ne connaît pas les démonstrations hostiles. Jamais, entre voisines, de noise ; jamais de ces brusques déploiements d'ailes chers à la Mante pour prendre l'attitude spectrale avec souffle de couleuvre surprise ; jamais la moindre velléité de ces festins de cannibale où se dévore la sœur vaincue au pugilat. Ces horreurs sont ici totalement inconnues.

Sont inconnues aussi les tragiques amours. Le mâle est assidu, entreprenant, et soumis à longue épreuve avant le succès. Des jours et des jours, il harcèle sa compagne, qui finit par céder. Tout est correct après la noce. L'empanaché se retire, respecté de la femelle, et vaque à ses petites affaires de chasse sans danger aucun d'être appréhendé et dévoré.

Les deux sexes cohabitent en paix, indifférents l'un à l'autre, jusque vers le milieu de juillet. Alors le mâle, usé par l'âge, se recueille, ne chasse plus, titube, peu à peu descend des hauteurs du dôme treillissé et s'affale enfin sur le sol. Il finit de sa belle mort. L'autre, celui de la Mante religieuse, finit, ne l'oublions pas, dans l'estomac de la goulue.

La ponte suit de près la disparition des mâles. Sur le point de nidifier, l'Empuse n'a pas la ventripotence de la Mante religieuse, alourdie par sa fécondité. Toujours svelte et apte à l'essor, elle annonce lignée peu nombreuse. Son nid, en effet, fixé sur un chaume, une brindille, un éclat de pierre, est petite construction tout autant que celui de la Mante naine, l'*Ameles decolor*, et mesure un centimètre de longueur au plus. La forme générale est celle d'un trapèze dont les moindres côtés seraient, l'un faiblement convexe, et l'autre incliné en talus. D'habitude, au sommet de ce talus se dresse un appendice filiforme rappelant, sous un aspect plus délié, l'éperon final des nids de la Mante et de l'*Ameles*. Là s'est figée, étirée en fil, la dernière goutte des matériaux visqueux. Leur édifice terminé, les maçons plantent à la cime un rameau de verdure enrubanné. De même, les Mantiens dressent un mât sur le nid parachevé.

Un badigeon grisâtre, très mince, formé d'écume desséchée, couvre l'œuf de l'Empuse, surtout à la face supérieure. Sous ce délicat enduit, aisément disparu, se montre la substance fondamentale, homogène, cornée et d'un roux pâle. Six ou sept sillons, peu sensibles, découpent les flancs en tranches courbes.

Après l'éclosion, sur la crête de l'édifice, s'ouvrent une douzaine d'orifices ronds, en deux rangées qui alternent. Ce sont les portes de sortie des jeunes larves. La margelle, un peu saillante, se continue d'une ouverture à l'autre en une sorte de ruban à double série d'anses alternées. Il est visible que les ondulations de ce ruban sont le résultat d'un mouvement oscillatoire de l'oviducte en travail. Ces trous de sortie, si réguliers de forme et d'arrangement, complétés par les côtes latérales du nid, donnent l'image de deux mignonnes flûtes de Pan juxtaposées.

A chacun correspond une loge où se dressent deux œufs. Le total de la ponte est donc de deux douzaines environ.

Je n'ai pas assisté à l'éclosion. J'ignore si la larve est précédée, comme celle de la Mante religieuse, d'un état transitoire propre à faciliter la délivrance. Il pourrait bien se faire qu'il n'y eût ici rien de pareil, tant les choses sont bien préparées pour la sortie. Au-dessus des loges bâille un vestibule très court, libre de tout obstacle. Il est bouché uniquement par un peu de matière spumeuse, très friable, qui doit aisément céder aux mandibules des nouveau-nés. Avec cet ample couloir conduisant au-dehors, longues pattes et fines antennes cessent d'être appendices embarrassants ; et l'animalcule peut fort bien les avoir libres dès la sortie de l'œuf, sans passer par l'état de larve primaire. N'ayant pas vu, je me borne à mentionner la probabilité de la chose.

Encore un mot sur les mœurs comparées. A la Mante la bataille, le cannibalisme ; à l'Empuse l'humeur pacifique, le respect entre pareilles. D'où peuvent provenir des différences morales aussi profondes lorsque l'organisation est la même? Du régime peut-être. La frugalité effectivement adoucit le caractère, chez la bête comme chez l'homme ; la ripaille l'abrutit. Le goinfre gorgé de viandes et d'alcool, ferment des bestiales colères, ne saurait avoir l'aménité du frugal qui trempe son pain dans un peu de lait. La Mante est ce goinfre, l'Empuse est ce frugal. Accordé.

Mais d'où proviennent à l'une la boulimie, à l'autre la sobriété, lorsque l'organisation presque identique semblerait devoir amener l'identité des besoins? Les Mantiens nous répètent, à leur manière, ce que bien d'autres nous ont déjà dit : les propensions, les aptitudes ne sont pas sous la dépendance exclusive de l'anatomie ; bien au-dessus des lois physiques qui régissent la matière, planent d'autres lois régissant les instincts.

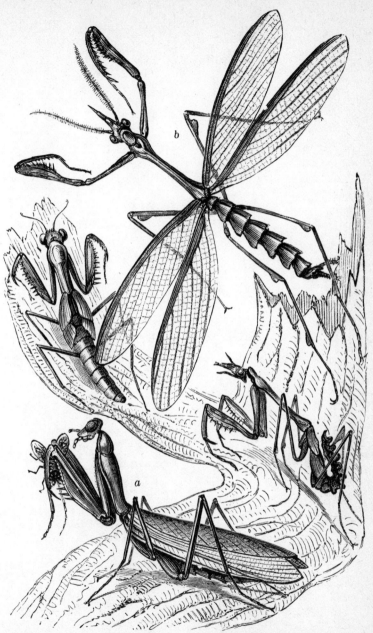

Mante religieuse et sa larve *(a)*. Empuse pauvresse et sa larve *(b)*.

NOTES

Les astérisques contenus dans le texte de Jean-Henri Fabre correspondent aux notes ci-dessous, établies pour la présente édition par Claude Nuridsany et Marie Pérennou.

Pages

2. *Législateur mythique de Sparte (IXe s. av. J.-C.).
   **D'autres exemples de soins donnés aux jeunes ont été observés dans plusieurs groupes d'insectes. Ainsi, chez les Passalides (coléoptères vivant dans le bois mort), les adultes fournissent aux larves leur nourriture sous une forme prédigérée. Par ailleurs, la Chrysomèle du peuplier prend la défense de ses petits en se postant sur la branche où ils viennent d'éclore afin de barrer la route aux fourmis. Chez les Forficules, ou « perce-oreilles », la mère prend également soin de sa progéniture : elle nettoie sans cesse ses jeunes et s'empresse de rapporter au nid les fuyards.

3. *L'acide benzoïque est l'un des composants caractéristiques de l'urine des herbivores.
   **L'églogue est le nom donné à un petit poème pastoral.

6. Personnages qui, dans la Grèce antique, portaient les offrandes destinées aux morts.

13. *Le Scarabée sacré vrai *(Scarabaeus sacer)*, qui vit en Égypte et dans tout le bassin méditerranéen, se rencontre très rarement en France méridionale. Une forme très voisine, *Scarabaeus affinis*, de taille légèrement inférieure, est en réalité l'espèce observée par Fabre.

   **Voir les deux premiers chapitres du volume « Les guêpes chasseresses » de la présente édition.

17. Ancienne mesure de longueur représentant l'intervalle compris entre l'extrémité du pouce et celle du petit doigt lorsque la main est ouverte le plus possible. Un empan équivaut environ à 22 centimètres.

50. Voir le volume « Les guêpes chasseresses » de la présente édition.

57. Embranchement du règne végétal regroupant les algues, les champignons, les lichens, les mousses et les fougères.

58. Étienne Mulsant (1797-1873), professeur d'histoire naturelle à Lyon, est l'auteur de plusieurs ouvrages d'entomologie.

62. Le tarse correspond au segment terminal de la patte des insectes. Il comprend plusieurs articles dont le dernier porte une paire de griffes.

65. Pierre-André Latreille (1762-1833), professeur d'entomologie au Museum d'histoire naturelle, membre de l'Institut, est l'auteur de très nombreux ouvrages et articles sur les insectes.

76. « C'est dans les plus petites choses qu'on trouve le plus à admirer. »

78. En plus de *Gymnopleurus pilularius* (= *G. mopsus*) et

Gymnopleurus flagellatus (= G. coriarus), il existe deux autres espèces de Gymnopleures en France : *G. Sturni* et *G. Geoffroy*.

80. Le pouce, ancienne mesure de longueur, équivaut environ à 27 mm.

109. On donne le nom d'endosmose au phénomène résultant du transfert de constituants qui s'effectue, de l'extérieur vers l'intérieur, entre deux solutions de concentrations différentes séparées par une membrane perméable très mince.

117. L'épistome, que l'on désigne aussi sous le nom de chaperon, correspond à la région antérieure de la tête des insectes, située entre les pièces buccales et le front.

123. Voir note de la page 2.

125. *Onthophagus Schreberi* porte aujourd'hui le nom de *Caccobius Schreberi*.

128. L'Oniticelle à pieds jaunes *(Oniticellus flavipes)* est également désigné sous le nom latin d'*Oniticellus fulvus*.

132. Les fleurs femelles du verne (nom vulgaire donné parfois à l'aulne) sont réunies en cônes dressés dont les écailles s'écartent à maturité.

135. Le Bubas bison fait partie du groupe des Onthophages.

138. Voir note** de la page 2.

143. *Geotrupe hypocrita* est synonyme de *G. niger*.

154. Johan Leonhard Frisch (1666-1743), membre de l'Académie des Sciences de Berlin, publia de nombreux ouvrages sur des sujets divers, dont un gros traité sur la *Description de tous les insectes de l'Allemagne*.

163. Dans les régions tropicales, on connaît plusieurs cas de batraciens mâles qui veillent au bon développement de leur progéniture. Le mâle de la petite Grenouille des Seychelles, par exemple, garde sur son dos les têtards jusqu'à ce qu'ils achèvent leur métamorphose. En France, le Crapaud accoucheur *(Alytes obstetricans)* prend soin des œufs pondus par la femelle : pendant environ trois semaines, il les garde enroulés autour de ses pattes arrière. De plus, si le temps est sec, il sort le soir les tremper dans la mare la plus proche afin d'entretenir leur humidité.

178. Les cigales fréquentent presque exclusivement les régions chaudes. Quelques espèces s'aventurent cependant dans des contrées moins ensoleillées ; ainsi la Cigale rouge *(Tibicina haematodes)* remonte jusqu'à Fontainebleau, et *Cicadetta montana* s'étend au nord jusqu'en Angleterre.

179. *L'édition des *Fables* de La Fontaine, illustrées par Grandville, fut publiée chez Fournier aîné et Perrotin en 1838.
**Pour le protéger du froid, on « chausse l'olivier » en entourant de terre le pied de l'arbre.

180. D'origine égyptienne, le calame est le roseau dont les Anciens se servaient pour écrire sur le papyrus ou le parchemin.

183. Chez la Cigale, le rostre (encore appelé trompe) est constitué par la lèvre inférieure, ou labium, dont le centre est percé d'une sorte de gouttière par où la sève est aspirée.

185. L'auteur de cette pièce provençale, qui réhabilite la Cigale injustement dépeinte par La Fontaine, n'est autre que Fabre lui-même. Tout au long de sa vie, Fabre ne cessa d'écrire des poèmes, des fables et des chansons dont il composait la musique sur son « modeste harmonium ». Le félibrige est une école littéraire fondée en 1854 pour

le maintien et l'épuration de la langue provençale par un groupe de poètes réunis autour de Joseph Roumanille et Frédéric Mistral ; elle décerna à Fabre le titre de majoral (dont l'insigne représentait une cigale d'or) pour son œuvre poétique, les « oubreto », écrites en langue provençale. A l'occasion de son centenaire, une édition définitive des textes, assemblés par son frère et ses amis, parut chez Delagrave sous le titre *Poésies françaises et provençales.*

192. Le trois-six, solution alcoolique à degré élevé (environ 85°) était autrefois utilisé comme eau-de-vie (trois volumes de cet alcool ajoutés à trois volumes d'eau fournissaient six volumes d'alcool à boire).

201. *Le thorax des insectes se compose de trois segments. Le premier, immédiatement situé derrière la tête, est le prothorax ; le suivant le mésothorax et le dernier le métathorax.

    **En plus de leurs yeux à facettes, les insectes adultes possèdent souvent des yeux simples, plus petits (appelés ocelles) au nombre de trois chez la Cigale. On réserve actuellement le nom de stemmates aux yeux simples des larves. Ocelles et stemmates ne donnent pas d'images, mais on pense aujourd'hui que leur sensibilité aux variations de lumière aide les insectes à s'orienter.

    ***Le sang des insectes, ou hémolymphe, n'a pas la même composition que le sang des vertébrés. En effet, il ne contient pas de pigments respiratoires comme l'hémoglobine (le transfert de l'oxygène est assuré chez les insectes par le système des trachées, minuscules tubes respiratoires débouchant directement à l'extérieur du corps).

202. Au moment de la sortie, les muscles alaires se contractent pour pomper l'air à l'intérieur des trachées sillonnant les ailes. Celles-ci, une fois libérées de leur enveloppe, se déplissent lentement sous l'effet de la pression sanguine.

203. Des travaux datant d'une quarantaine d'années ont

montré que dans les heures qui suivent l'émergence, une hormone produite par le cerveau était véhiculée par le sang et répandue dans tout le corps. L'action de cette hormone, combinée à celle de l'oxygène de l'air, est responsable du durcissement et de la mélanisation (ou brunissement) de la cuticule des insectes.

204. Grâce aux travaux de Vincent B. Wiggleworth et de Carroll Williams, on sait aujourd'hui que les forces mises en œuvre lors de la métamorphose sont dominées par des actions hormonales. Au moment de la transformation, une minuscule glande située à l'arrière du cerveau sécrète une hormone qui va stimuler la glande thoracique productrice de l'hormone de mue, ou ecdysone. Des expériences ont montré qu'en faisant une ligature au milieu du corps d'une chrysalide de papillon, seule la partie antérieure, soumise à l'action de l'ecdysone, donnait naissance au papillon adulte, alors que la partie antérieure demeurait à l'état de chrysalide.

205. *Jean-Joseph Jacotot (1770-1840) est le créateur de la méthode de l' « enseignement universel ».
**Pierre-André Matthiole (1500-1577), médecin et botaniste italien, est l'auteur d'ouvrages de médecine et de célèbres commentaires se rapportant au traité de Dioscoride, médecin grec épris de botanique, qui vécut au premier siècle de notre ère.
***Dans son *Histoire des animaux*, Aristote parle de la saveur des Cigales en ces termes : « Il naît beaucoup de cigales quand le temps est pluvieux. La larve en grandissant dans la terre devient une cigale-mère (il s'agit de la nymphe. C.N.-M.P.) : c'est le moment où elles sont les meilleures, avant qu'elles n'aient brisé leur enveloppe. Lorsque arrive l'époque du solstice, elles sortent de terre la nuit ; immédiatement l'enveloppe se déchire et il sort de la nymphe des cigales : celles-ci sont tout de suite noires, plus dures et plus grandes, et elles chantent. Dans

les deux variétés, les cigales qui chantent sont les mâles, les autres les femelles. Dans les premiers temps, les mâles ont meilleur goût, mais après l'accouplement, ce sont les femelles, car elles ont des œufs blancs. »

208. « Les cigales, mangées rôties, soulagent les douleurs de la vessie. »

218. Aujourd'hui appelée *Tibicina tomentosa*.

222. *Il y a quelques années, des expériences ont permis de mettre en évidence la sensibilité auditive de certaines espèces de Cigales, en particulier *Maggicicada cassini*. Les Cigales répondent par un chant à la stimulation provoquée par l'émission d'un son pur. Celui-ci doit toutefois obéir à certaines conditions : son intensité doit être comprise entre 5 et 60 décibels et sa fréquence entre 400 et 10 000 hertz. Il n'est cependant pas encore prouvé que le chant du mâle ait un pouvoir attractif vis-à-vis des femelles.
**Des observations effectuées il y a une vingtaine d'années sur les Éphippigères ont mis en évidence le rôle du chant dans la rencontre des sexes chez ces Sauterelles du Midi de la France, dont les ailes atrophiées sont transformées en un organe stridulant. Les femelles répondent à l'appel du mâle en dirigeant leurs pas vers lui. En réalité, les Éphippigères répondent à presque tous les sons brefs émis par des haut-parleurs, des sifflets ou n'importe quel autre instrument musical : l'imitation fidèle du chant original est sans importance ; il suffit que l'intensité soit égale ou supérieure à l'intensité du signal du mâle.
Par ailleurs, on est certain aujourd'hui que la voix joue, chez les Grenouilles, un rôle déterminant lors de la période de reproduction. Les mâles, qui arrivent les premiers sur les lieux de ponte, appellent les femelles en coassant d'une façon caractéristique. La signification des chœurs, composés de plusieurs trios de mâles chantant ensemble, reste toutefois encore obscure.

224. *Les sphériacées sont des champignons appartenant à l'ordre des pyrénomycètes qui poussent sur les brindilles et les feuilles mortes. Leurs fructifications, appelées périthèces, ont un aspect caractéristique évoquant de minuscules bouteilles.
Passionné de mycologie, Fabre approfondit l'étude de nombreuses familles de champignons, en particulier des sphériacées. Vers 1868, il rencontre le philosophe Stuart Mill qui, à cette époque, vivait dans la banlieue d'Avignon. Ils herborisent ensemble et conçoivent le projet d'une flore du Vaucluse. Fabre se charge de la partie consacrée à la cryptogamie. Ce projet ne verra jamais le jour mais, vingt ans plus tard, Fabre publiera un traité sur les sphériacées. C'est pendant la réalisation de ce travail que Victor Duruy, ministre de l'Instruction publique, lui fait parvenir un microscope perfectionné pour l'aider dans ses observations.
Parallèlement à cette étude, Fabre peint de somptueuses aquarelles représentant la plupart des espèces de champignons du Vaucluse. Il invente même une méthode de coloris originale. En 1886, il fait part de ses réalisations à son ami Delacour, directeur des établissements Vilmorin : « Voici que les pluies ont fini par nous visiter. Les bois exhalent déjà un fumet fungique qui m'annonce un travail assidu du pinceau pendant une paire de mois. »
Au même, il écrit encore dans une autre lettre : « Je décris, je dessine, je peins tout ce qui me tombe sous la main. J'ai déjà un atlas de planches qui ferait votre bonheur s'il nous était donné de mycologuer ensemble [...]. Ces études m'absorbent et me font oublier un peu les rudesses de la vie [...]. Je me suis attaqué aux vulgaires champignons, aux Hyménomycètes [...]. Presque la moitié de mes trouvailles font défaut dans les auteurs à ma disposition. Il y a là, comme pour les sphériacées, un travail énorme à faire. »
On peut aujourd'hui contempler cette splendide collection, riche de quelque 700 planches, à Sérignan où elle est conservée dans une pièce de l'*Harmas* à l'abri de la lumière.

225. L'oviscape, ou tarière, est une sorte de tube allongé situé à l'extrémité de l'abdomen. Il sert à déposer les œufs dans les tissus d'une plante, dans le sol ou encore dans le corps d'un insecte-hôte.

233. On conserve aujourd'hui le nom de larve primaire donné par Fabre à cet état initial qu'il a découvert chez les Cigales et les Mantes religieuses.

240. La Mante religieuse abonde dans le Midi de la France. Mais elle se rencontre aussi au nord de la Loire en des points isolés, en particulier sur les coteaux bien exposés au soleil.

241. *Actuellement, la Mante religieuse n'est plus rattachée à l'ordre des Orthoptères, mais à celui des Dictyoptères, aux côtés de la Blatte (surnommée « cafard »).
**Qu'ils appartiennent aux pattes antérieures, moyennes ou postérieures, les noms des différents segments constituant les pattes des insectes sont toujours identiques. On trouve d'abord la hanche, suivie du trochanter, de la cuisse (ou fémur), de la jambe (ou tibia) et enfin du tarse, lui-même divisé en plusieurs articles.

244. Cette Épeire soyeuse, cantonnée aux régions méridionales, est l'Argiope lobée *(Argiope lobata),* la plus grande des araignées européennes.

246. Contrairement à la plupart des insectes, la Mante peut tourner aisément la tête pour fixer un objet qui l'intéresse. Cette faculté est d'autant plus utile que la partie centrale de ses yeux possède une acuité visuelle bien supérieure à celle de la périphérie. Ce phénomène résulte de l'action conjuguée de plusieurs facteurs en particulier de la forme allongée des cônes rétiniens, de la grande surface des cornées et du très faible angle de divergence des ommatidies de cette région (les ommatidies sont les yeux élémentaires composant l'œil à facettes des insectes).

249. En réalité, l'attitude spectrale du mâle de la Mante religieuse peut être déclenchée en captivité. Elle n'a toutefois jamais été observée dans la nature.

259. *La persistance de l'activité génitale du mâle décapité est due à des réactions réflexes ayant pour siège les ganglions nerveux thoraciques et abdominaux. On observe même chez l'insecte ainsi amputé un renforcement de ce pouvoir réflexe qui, en temps normal, est inhibé par l'action des centres nerveux supérieurs situés dans la tête.
C'est toujours en captivité que la consommation de mâles de la Mante religieuse a été constatée. Mais il n'est pas dit que, dans la nature, elle ait toujours la même attitude envers son compagnon.
**L'étude des insectes fossiles révèle en effet que les Dictyoptères (ordre comprenant les Mantes et les Blattes) existent sur terre depuis 300 millions d'années environ et qu'ils sont probablement les insectes ailés les plus anciens de la planète.

271. On connaît le cas d'une Mante africaine *(Tarachodes Maurus)* qui fait preuve d'un attachement maternel envers son oothèque. Elle reste à ses côtés pendant plusieurs semaines et, au moindre danger, la protège en la couvrant de son corps.

274. « On attribue à la petite bête un caractère si divin qu'on raconte qu'elle indique à l'enfant qui lui demande son chemin la direction en étendant la patte, et qu'elle ne se trompe que rarement, voire jamais. »

280. Ce Chalcidien, dont les œufs se développent aux dépens des œufs de la Mante, est probablement *Podagrion splendens*. Un autre Hyménoptère *(Mantibaria manticida)*, vivant en parasite sur le corps de la Mante, en général à l'aisselle d'une aile, profite de la ponte pour déposer également ses œufs dans l'oothèque.

281. Pour nourrir les Mantes nouveau-nées, des essais avec des

Pucerons ou des petites Mouches du vinaigre que l'on fait éclore à l'intérieur de la cage ont donné parfois de bons résultats.

285. Ce que l'on nomme communément « œufs de fourmis » ne désigne pas en effet les véritables œufs, qui ne mesurent guère plus d'un millimètre, mais les nymphes enfermées dans leurs cocons.

287. Aujourd'hui désignée sous le nom d'*Empusa egena*.

294. Le nom latin de l'Ammophile soyeuse est aujourd'hui *Ammophila Heydeni*.

TABLE DES MATIÈRES

	Pages
Préface	IX
Avant-propos	1
I. Le Scarabée sacré. — La pilule	13
II. Le Scarabée sacré. — La poire	25
III. Le Scarabée sacré. — Le modelage	39
IV. Le Scarabée sacré. — La larve	49
V. Le Scarabée sacré. — La nymphe, la libération	60
VI. Le Scarabée à large cou. Les Gymnopleures	73
VII. Le Copris espagnol. — La ponte	86
VIII. Le Copris espagnol. — Mœurs de la mère	105
IX. Les Onthophages. — Les Oniticelles	124
X. Les Géotrupes. — L'hygiène générale	138
XI. Les Géotrupes. — La nidification	150
XII. Les Géotrupes. — La larve	166
XIII. La fable de la Cigale et la Fourmi	177
XIV. La Cigale. — La sortie du terrier	192
XV. La Cigale. — La transformation	201
XVI. La Cigale. — Le chant	210
XVII. La Cigale. — La ponte. — L'éclosion	223
XVIII. La Mante. — La chasse	240
XIX. La Mante. — Les amours	255
XX. La Mante. — Le nid	261
XXI. La Mante. — L'éclosion	275
XXII. L'Empuse	287
Notes	301

Recherche iconographique :
Claude Nuridsany et Marie Pérennou.
Les gravures illustrant
cette édition des œuvres de Fabre
proviennent essentiellement des ouvrages suivants :
Merveilles de la nature, de Brehm ;
Les Insectes, de Figuier ;
Histoire naturelle des animaux articulés,
de Castelnau, Blanchard et Lucas ;
Métamorphoses des insectes, de Blanchard
(Fabre tenait particulièrement en estime
ces deux derniers ouvrages
qui ont contribué à lui révéler sa vocation).

Clichés du Muséum national d'histoire naturelle :
78, 87, 246, 251, 276.
Cliché Bibliothèque nationale : 187.
Les dessins des pages 43, 47, 101, 158
ont été spécialement réalisés pour cette édition
par Marie Mallard.
Couverture :
illustration de René Hausman.

CHEZ LE MÊME ÉDITEUR
DANS LA COLLECTION « GRANDES ŒUVRES »

Les Intégrales Jules Verne :

VINGT MILLE LIEUES SOUS LES MERS

LE TOUR DU MONDE EN 80 JOURS
suivi de : LE RAYON-VERT

VOYAGE AU CENTRE DE LA TERRE
suivi de : LES INDES NOIRES

LES ENFANTS DU CAPITAINE GRANT

L'ÎLE MYSTÉRIEUSE

LA JANGADA

DEUX ANS DE VACANCES

CINQ SEMAINES EN BALLON
suivi de : UNE VILLE FLOTTANTE

NORD CONTRE SUD

KÉRABAN-LE-TÊTU

MICHEL STROGOFF

LE PHARE DU BOUT DU MONDE
suivi de : LE CHANCELLOR

VOYAGES ET AVENTURES
DU CAPITAINE HATTERAS

DE LA TERRE À LA LUNE
suivi de : AUTOUR DE LA LUNE

HECTOR SERVADAC

UN CAPITAINE DE QUINZE ANS

ROBUR-LE-CONQUÉRANT
suivi de : MAÎTRE DU MONDE

LA MAISON À VAPEUR

MATHIAS SANDORF

LES NAUFRAGÉS DU JONATHAN

LES TRIBULATIONS
D'UN CHINOIS EN CHINE
suivi de : FAMILLE-SANS-NOM

LE PAYS DES FOURRURES

LE TESTAMENT D'UN EXCENTRIQUE

L'ÉTOILE DU SUD
suivi de : L'ARCHIPEL EN FEU

MISTRESS BRANICAN
suivi de : CLOVIS DARDENTOR

LE VOLCAN D'OR

L'ÎLE À HÉLICE

Honoré de Balzac

EUGÉNIE GRANDET
suivi de : URSULE MIROUËT

HISTOIRE DES TREIZE
Ferragus – La duchesse de Langeais
La Fille aux yeux d'or

LE PÈRE GORIOT
suivi de : LA PEAU DE CHAGRIN

LE LYS DANS LA VALLÉE
suivi de : LA FEMME DE TRENTE ANS

Fenimore Cooper
LE DERNIER DES MOHICANS

Alexandre Dumas
LE COMTE DE MONTE-CRISTO
(3 volumes)

Erckmann-Chatrian
HISTOIRE D'UN CONSCRIT DE 1813
suivi de : WATERLOO
MADAME THÉRÈSE
suivi de : HISTOIRE D'UN HOMME DU PEUPLE

Théophile Gautier
LE CAPITAINE FRACASSE

Victor Hugo
LES MISÉRABLES
(3 volumes)
QUATREVINGT-TREIZE
suivi de : BUG-JARGAL
LES TRAVAILLEURS DE LA MER
suivi de : L'ARCHIPEL DE LA MANCHE
NOTRE-DAME DE PARIS

Jean de La Fontaine
FABLES

Hector Malot
SANS FAMILLE

Charles Perrault
CONTES

Edgar Poe
HISTOIRES EXTRAORDINAIRES

George Sand
LA MARE AU DIABLE
suivi de : MAUPRAT
LA PETITE FADETTE
suivi de : FRANÇOIS LE CHAMPI

Walter Scott
IVANHOE

William Shakespeare
THÉATRE - TRAGÉDIES I
Roméo et Juliette - Hamlet - Othello - Jules César

Stevenson
L'ÎLE AU TRÉSOR
suivi de : LES AVENTURES DE DAVID BALFOUR

Eugène Sue
LE JUIF ERRANT
(3 volumes)

Jonathan Swift
VOYAGES DE GULLIVER

J. R. R. Tolkien
BILBO LE HOBBIT

Émile Zola
GERMINAL
L'ASSOMMOIR
LA FORTUNE DES ROUGON
LA BÊTE HUMAINE
AU BONHEUR DES DAMES

Imprimé en France
Sur les presses de Maury-Imprimeur S.A.
45330 Malesherbes
N° d'imprimeur : I 80/9021
Dépôt légal : 1819 – 4ᵉ trimestre 1980
29.03.0129.01
I.S.B.N. 2.01. 006479-8